D1698073

n der 54. Ob...
geben am: August 01

Name	am	

Schnitt*punkt*

Mathematik für Mittelschulen Sachsen

von
**Rainer Maroska
Achim Olpp
Claus Stöckle
Hartmut Wellstein**

**bearbeitet von
Henry Kaiser, Freital
Jochen Kreusch, Löbau
Karl-Heinz Umlauft, Freital**

**Ernst Klett Verlag
Stuttgart Düsseldorf Leipzig**

Bildquellenverzeichnis

Antony Verlag, Starnberg 86.2 (H. J. Rech) – Archiv für Kunst und Geschichte, Berlin 109.1 –Herrmann Klaus, Ackergiganten: Technik, Geschichte und Geschichten S. 12, Braunschweig, Westermann 1985; 90 – Bavaria Bildagentur, Gauting, U1 (The Telegraph), 33.1, 58, 87.1 (Picutes Finders) – Bildberg Hamburg 50.1 (Thomas Ernsting) – Bilderdienst Süddeutscher Verlag, ZDF, München 98.1 – Das Fotoarchiv, Essen 45 (Andreas Riedmüller) – Deutsche Bahn AG, Mainz 51.2 – Deutsches Museum, München 107.2 – dpa. Frankfurt 42 (Rech) – Dresdner Verkehrsbetriebe AG, Dresden 65 – Foto-Raake, Flensburg 99, 107.1 – Gebhardt Dieter, Grafik- und Fotodesign, Asperg 7, 31.2, 33.4, 109.2, 160, 161, 162, 163, 164 – Globus Infografik, Hamburg 118.1+2, 119.2+3 – Hansmann Claus, München 86.1 – Husmo-Foto-Bildarchiv, Oslo 89.2 – IBM, Deutschland 12 – IFA Bilderteam, München 85 (Geiersperger), 89.1 (L. Lessing/ P. Arnold) – Interfoto-Pressebild-Agentur, München 50.3 (George Kasndr), 51.1 (Peter Senter) – Klett, Perthes, Gotha 23 – Lade Helga, Fotoagentur, Frankfurt/Main 63, 86.3 (Welsh), 101 (G. Gerst) – Laenderpress, Universal-Bildagentur, Düsseldorf 50.2 (MO) – Landesvermessungsamt, Baden-Württemberg, Stuttgart 53.2, 53.4 – Landesvermessungsamt, Nordrheinwestfalen 53.3 – Maroska Rainer, Geislingen 76 – Mauritius, Superstock, Stuttgart 13, 28 (Bach), 29 (Dr. J. Müller), 33.3 (Vidler), 47 (ACE), 89.4 (Baumann), 92 (ACE), 158 – Okapia, Frankfurt/Main 89.3 (Richard Megna) – Redferns, London 31.1 (Mick Hutson) – Schacht Jens, Holzgerlingen 24 – Streck Klaus, Schloß Holte-Stuckenbrock 119 – taz, die tageszeitung, Berlin 33.2 – Tittlbach, Nürnberg 122 – Vogelsberger Kurt, Kaiserslautern 33.5 – Volkswagen, AG, Wolfsburg 36 – Zefa-Deuter Zentrale Farbbildagentur, Düsseldorf 87.3 (Rosenstiel), 98.2 Hackenberg

Gedruckt auf Papier aus chlorfrei gebleichtem Zellstoff, säurefrei.

1. Auflage € A 1 7 6 5 4 3 | 2005 2004 2003 2002 2001

Alle Drucke dieser Auflage können im Unterricht nebeneinander benutzt werden, sie sind im Wesentlichen untereinander unverändert. Die letzte Zahl bezeichnet das Jahr dieses Druckes.
Ab dem Druck 2001 ist diese Auflage auf die Währung EURO umgestellt. Zum überwiegenden Teil sind in diesen Aufgaben keine zahlenmäßigen Veränderungen erfolgt. Die wenigen notwendigen Änderungen sind mit € gekennzeichnet. Lösungen und Hinweise zu diesen Aufgaben sind im Internet unter http://www.klett-verlag.de verfügbar.
© Ernst Klett Verlag GmbH, Stuttgart 1999. Alle Rechte vorbehalten.
Internetadresse: http://www.klett-verlag.de
Zeichnungen: Rudolf Hungreder, Leinfelden, Günter Schlierf, Neustadt, und Dieter Gebhardt, Asperg
Umschlagsgestaltung: Manfred Muraro, Ludwigsburg
Satz: Grafoline T·B·I·S. GmbH, L.-Echterdingen
Druck: Appl, Wemding

ISBN 3-12-741080-8

Inhalt

I Potenzen. Wurzeln 7

1 Potenzen mit natürlichen Exponenten. Potenzgesetze 8
2 Potenzen mit negativen ganzen Exponenten 10
3 Kleine Zahlen 12
4 Potenzgesetze für negative ganze Exponenten 14
5 Potenzen mit rationalen Exponenten 16
6 Addition und Subtraktion von Wurzeln 18
7 Multiplikation und Division von Wurzeln 20
8 Wurzelgesetze 22
9 Der Logarithmus 23
10 Vermischte Aufgaben 27
Thema: Lautstärke 31
Rückspiegel 32

II Potenzfunktionen. Exponentialfunktionen 33

1 Die Funktionen $y = x$, $y = x^2$, $y = x^3$ 34
2 Die Funktionen $y = x^{-1}$, $y = x^{-2}$ 36
3 Die Funktionen $y = \sqrt{x}$, $y = \sqrt[3]{x}$ 38
4 Die Funktionen $y = ax^n$ 39
5 Wachstum und Abnahme 41
6 Wachstumsrate und Wachstumsfaktor 43
7 Exponentielles Wachstum 45
8 Die Exponentialfunktion 47
9 Vermischte Aufgaben 49
Thema: Brücken und Parabeln 50
Rückspiegel 52

Inhalt

III Trigonometrische Berechnungen 53

1 Das rechtwinklige Dreieck 54
2 Sinus. Kosinus. Tangens 56
3 Werte von Sinus, Kosinus und Tangens 59
4 Berechnungen rechtwinkliger Dreiecke 61
5 Berechnungen gleichschenkliger Dreiecke 66
6 Beziehungen zwischen Sinus, Kosinus, Tangens 68
7 Besondere Werte 70
8 Berechnungen mit dem Sinussatz 72
9 Berechnungen mit dem Kosinussatz 76
10 Berechnungen von Vierecken und Vielecken 79
11 Vermischte Aufgaben 83
Thema: Pyramiden von einst bis heute 86
Rückspiegel 88

IV Trigonometrische Funktionen 89

1 Sinus und Kosinus am Einheitskreis 90
2 Sinusfunktion und Kosinusfunktion 92
3 Periodizität 95
4 Die Funktionen $y = a \cdot \sin \alpha$ 97
5 Die Tangensfunktion 99
6 Winkelfunktionen im Bogenmaß 101
7 Vermischte Aufgaben 105
Thema: Schwingungen 107
Rückspiegel 108

V Komplexe Übungen 109

1 Arbeiten mit Größen 110
2 Proportionalität 113
3 Prozentrechnung. Grundaufgaben 115
4 Prozentrechnung. Veränderte Grundwerte 116
5 Prozentrechnung. Tabellen und Schaubilder 117
6 Prozentrechnung. Mehrwertsteuer, Rabatt und Skonto 120
7 Prozentrechnung. Preiskalkulation 121
8 Prozentrechnung. Lohn und Lohnabzüge 122
9 Zinsrechnung. Grundaufgaben 123
10 Zinsrechnung. Zinseszins 124
11 Zinsrechnung. Zuwachssparen 125
12 Zinsrechnung. Ratensparen 126
13 Zinsrechnung. Darlehen und Tilgung 127
14 Zinsrechnung. Kleinkredit 128
15 Variable. Gleichungen. Ungleichungen 129
16 Lineare Funktionen 132
17 Lineare Gleichungssysteme 134
18 Quadratische Funktionen und Gleichungen 136
19 Potenzen und Potenzfunktionen 139
20 Wurzeln 141
21 Winkelfunktionen 142
22 Strahlensätze 144
23 Satz des Pythagoras 146
24 Flächenberechnungen 148
25 Körperdarstellungen 151
26 Körperberechnungen 153
27 Beweise 156
28 Häufigkeiten und Mittelwerte 158
29 Wahrscheinlichkeit und Zufallsexperiment 159

Projektseiten

Parkplätze 160
Autobahn 162
Verkehrsströme 163
Witterungseinflüsse 164

Lösungen 165
Mathematische Symbole und Bezeichnungen/Maßeinheiten 169
Register 170

Hinweise

1

Jede **Lerneinheit** beginnt mit ein bis drei **Einstiegsaufgaben**. Sie sollen die Möglichkeit bieten, sich an das neue Thema heranzuarbeiten und früher Erlerntes einzubeziehen. Sie sind ein Angebot für den Unterricht und können neben eigenen Ideen von der Lehrerin und vom Lehrer herangezogen werden.

Im anschließenden **Informationstext** wird der neue mathematische Inhalt erklärt, Rechenverfahren werden erläutert, Gesetzmäßigkeiten plausibel gemacht. Hier können die Schülerinnen und Schüler jederzeit nachlesen.

> Im Kasten wird das **Merkwissen** zusammengefasst dargestellt. In der knappen Formulierung dient es wie ein Lexikon zum Nachschlagen.

Beispiele
Sie stellen die wichtigsten Aufgabentypen vor und zeigen Lösungswege. In diesem „Musterteil" können sich die Schülerinnen und Schüler beim selbständigen Lösen von Aufgaben im Unterricht oder zu Hause Hilfen holen. Auch für die richtige Darstellung einer Lösung werden wichtige Hinweise gegeben. Außerdem helfen Hinweise, typische Fehler zu vermeiden und Schwierigkeiten zu bewältigen.

Aufgaben

2 3 4 5 6 7 ...
Der Aufgabenteil bietet eine reichhaltige **Auswahlmöglichkeit**. Den Anfang bilden stets Routineaufgaben zum Einüben der Rechenfertigkeiten und des Umgangs mit dem geometrischen Handwerkszeug. Sie sind nach Schwierigkeiten gestuft. Natürlich kommen das Kopfrechnen und Überschlagsrechnen dabei nicht zu kurz. Eine Fülle von Aufgaben mit Sachbezug bieten interessante und altersgemäße Informationen und verknüpfen so nachvollziehbar Alltag und Mathematik.

Kleine Trainingsrunden für die Grundrechenarten

> Angebote ...
> ... von Spielen, zum Umgang mit „schönen" Zahlen und geometrischen Mustern, für Knobeleien, ...
> Kleine Exkurse, die interessante Informationen am Rande der Mathematik bereithalten und zum Rätseln, Basteln und Nachdenken anregen. Sie können im Unterricht behandelt oder von Schülerinnen und Schülern selbständig bearbeitet werden.
> Sie sollen auch dazu verleiten, einmal im Mathematikbuch zu schmökern.

Vermischte Aufgaben
Auf diesen Seiten wird am Ende eines jeden Kapitels nochmals eine Fülle von Aufgaben angeboten. Sie greifen die neuen Inhalte in teilweise komplexerer Fragestellung auf.

Themenseiten
Hier wird die Mathematik des Kapitels unter ein Thema gestellt. Es wird ein anwendungsorientiertes und fächerverbindendes Arbeiten ermöglicht und angeregt, den Unterricht einmal anders zu gestalten.

Mit diesem Symbol sind Aufgaben gekennzeichnet, in denen Fehler gesucht werden müssen.

Rückspiegel
Dieser Test liefert am Ende jedes Kapitels Aufgaben, die sich in Form und Inhalt an möglichen Klassenarbeiten orientieren. Sie geben den Schülerinnen und Schülern die Möglichkeit, die wichtigsten Inhalte des Kapitels zu wiederholen. Die Lösungen befinden sich am Ende des Buchs.

I Potenzen. Wurzeln

Das ägyptische Zeichen für 1 Million.

Bereits vor 5 000 Jahren verwendeten Ägypter und Babylonier eigene Zeichen für Potenzen. Auch die Griechen kannten diese Art der Zahldarstellung. So verwendete Diophant von Alexandria (ca. 250 n. Chr.) das Wort *kybokybos* für die Potenz x^6, was sich auf den Würfel (lateinisch: *cubus*), dessen Volumen durch die Potenz x^3 ausgedrückt werden kann, zurückführen lässt. Wesentlich komplizierter drückten die Römer große Zahlen aus. So benützten sie für die Million die Bezeichnung *decies centena millia*, was so viel wie zehnmal jeweils hundert Tausender bedeutet.

Die so genannte „Schneeflocken-Kurve" ist ein Gebilde, welches mit (Zeichen)programmen auf Computern erstellt werden kann. Die Abbildungen zeigen, auf welche Weise eine weitere Schneeflocke aus der vorhergehenden erzeugt wird. Die Anzahl der Teilstrecken wächst mit dem Faktor 4.

Die Potenzschreibweise hatte in der Vergangenheit oftmals ganz unterschiedliches Aussehen:

Raffaelle Bombelli (1526–1572)

-3	-2	-1	0	1	2	3	4	5	6
$\frac{1}{8}$	$\frac{1}{4}$	$\frac{1}{2}$	1	2	4	8	16	32	64

$A(4) + B(4) - 4A(3) \text{ in } B \quad a^4 + b^4 - 4a^3 b$

Adriaen van Roomen (1561–1615)

René Descartes benutzte im Jahre 1637 erstmals die heute gebräuchliche Schreibweise in seinem Buch „La Géométrie".

Das Wurzelzeichen veränderte sich im Laufe der Jahrhunderte ständig.

℞. $\sqrt{}$
Leonardo von Pisa (1228)

√25 $\sqrt{25}$
Christoff Rudolff (1525)

℞.v.(℞ 24 piu ℞ 12) $\sqrt{24 + \sqrt{12}}$
Niccolo Tartaglia (1556)

$\sqrt{a+b}$ $\sqrt{a+b}$
René Descartes (1637)

Mit leistungsfähigen Computern kann man die Nachkommastellen von Wurzeln heutzutage beliebig genau bestimmen.

$\sqrt{2} = 1{,}41421356237309$
$\phantom{\sqrt{2} = 1{,}}50488016887242$
$\phantom{\sqrt{2} = 1{,}}09698078569671$
$\phantom{\sqrt{2} = 1{,}}87537694807317$
$\phantom{\sqrt{2} = 1{,}}667973\ldots$

Potenzen mit natürlichen Exponenten. Potenzgesetze

1
Berechne für die Seitenlänge a = 2,0 cm eines Würfels
a) die Summe s seiner Kantenlängen, b) den Oberflächeninhalt O,
c) das Volumen V.

2
Vergleiche
a) $3,5 + 3,5 + 3,5 + 3,5$ mit $3,5^4$ b) $0,7 + 0,7 + 0,7 + 0,7 + 0,7$ mit $0,7^5$

Ein Produkt der Form 6x (6 heißt Koeffizient) kann man als verkürzte Darstellung einer Additionsaufgabe ansehen: $6x = x + x + x + x + x + x$.
Dagegen stellt x^6 eine verkürzte Schreibweise eines Produktes aus 6 Faktoren x dar:
$x^6 = x \cdot x \cdot x \cdot x \cdot x \cdot x$

> Unter der Potenz a^n ($a \in \mathbb{R}$; $a \neq 0$; $n \in \mathbb{N}$; $n > 0$) versteht man das Produkt von n Faktoren a.
> $$a^n = \underbrace{a \cdot a \cdot a \ldots \cdot a}_{n \text{ Faktoren}}$$

Beispiele
a) $8^4 = 8 \cdot 8 \cdot 8 \cdot 8$ b) $0,72^3 = 0,72 \cdot 0,72 \cdot 0,72$ c) $(-\tfrac{3}{4})^2 = (-\tfrac{3}{4}) \cdot (-\tfrac{3}{4})$
$\quad = 4096$ $\quad = 0,373248$ $\quad = +\tfrac{9}{16}$

a^n — Exponent (Hochzahl), Basis

Aufgaben

3
Rechne im Kopf.
a) 2^5 b) 3^4 c) 8^2 d) $(-5)^3$
e) $(-\tfrac{1}{3})^4$ f) $1,2^2$ g) $(-\tfrac{3}{4})^3$ h) $0,5^3$

4
Schreibe als Zehnerpotenz.
a) 10 000 b) 100 000 000 000
c) 1 000 000 d) 1 000 000 000

5
Stelle in der Zehnerpotenzschreibweise dar.
Beispiel: $2400 = 2,4 \cdot 1000 = 2,4 \cdot 10^3$
a) 38 000 b) 120 000 000
c) 75 600 000 d) 756 000 000 000
e) 7560 f) 12 340 000

6
Schreibe als natürliche Zahl.
a) $9,6 \cdot 10^5$ b) $8,55 \cdot 10^4$
c) $3,4 \cdot 10^6$ d) $8 \cdot 10^2$
e) $2,345 \cdot 10^8$ f) $5,7 \cdot 10^{10}$

7
Schreibe die Taschenrechnerangaben auf der Randspalte als natürliche Zahlen.

8
Berechne mit dem Taschenrechner.
a) $1,85^3$ b) $17,2^4$ c) 112^5
d) $0,81^6$ e) $38,12^3$ f) 3500^4

9
Schreibe die folgenden Größen zunächst als Produkt mit einer Zehnerpotenz und danach mit natürlichen Maßzahlen.
a) 2,4 TByte b) 45 Mg
c) 72 GJ d) 1,8 kHz

10
Berechne mit dem Taschenrechner näherungsweise.
Beispiel: $17^{12} \approx 5,8 \cdot 10^{14}$
a) 5^{15} b) 23^{11} c) $2,5^{31}$
d) $7,9^{12}$ e) $(\tfrac{4}{3})^{37}$ f) $(\tfrac{8}{5})^{16}$

Potenzen mit natürlichen Exponenten. Potenzgesetze

Potenzgesetze; n ∈ N

① $a^n \cdot a^m = a^{n+m}$
② $a^n : a^m = a^{n-m}$ (m < n)
③ $(a^n)^m = a^{n \cdot m}$
④ $a^n \cdot b^n = (a \cdot b)^n$
⑤ $\dfrac{a^n}{b^n} = \left(\dfrac{a}{b}\right)^n$

Beispiele

① $10^3 \cdot 10^2 = (10 \cdot 10 \cdot 10) \cdot (10 \cdot 10)$
$10^{3+2} = 10 \cdot 10 \cdot 10 \cdot 10 \cdot 10$

② $\dfrac{10^3}{10^2} = \dfrac{\cancel{10} \cdot \cancel{10} \cdot 10}{\cancel{10} \cdot \cancel{10}}$
$10^{3-2} = 10^1$

③ $(2^2)^3 = 4 \cdot 4 \cdot 4$
$2^6 = 64$

④ $3{,}5^3 \cdot 0{,}4^3 = 3{,}5 \cdot 3{,}5 \cdot 3{,}5 \cdot 0{,}4 \cdot 0{,}4 \cdot 0{,}4$
$= (3{,}5 \cdot 0{,}4) \cdot (3{,}5 \cdot 0{,}4) \cdot (3{,}5 \cdot 0{,}4)$
$= (3{,}5 \cdot 0{,}4)^3$
$2{,}744 = 1{,}4^3$

⑤ $\dfrac{0{,}8^4}{0{,}2^4} = \dfrac{0{,}8 \cdot 0{,}8 \cdot 0{,}8 \cdot 0{,}8}{0{,}2 \cdot 0{,}2 \cdot 0{,}2 \cdot 0{,}2}$
$= \left(\dfrac{0{,}8}{0{,}2}\right) \cdot \left(\dfrac{0{,}8}{0{,}2}\right) \cdot \left(\dfrac{0{,}8}{0{,}2}\right) \cdot \left(\dfrac{0{,}8}{0{,}2}\right)$
$= \left(\dfrac{0{,}8}{0{,}2}\right)^4$
$= 4^4$

Aufgaben

11
Schreibe das Produkt als Potenz.
a) $3^1 \cdot 3^3$ b) $5^4 \cdot 5^2$ c) $7^8 \cdot 7^3$
d) $12^4 \cdot 12^6$ e) $25^{10} \cdot 25^{15}$ f) $7{,}5^{11} \cdot 7{,}5^{13}$
g) $(-0{,}5)^9 \cdot (-0{,}5)^7$ h) $\left(\dfrac{5}{8}\right)^{20} \cdot \left(\dfrac{5}{8}\right)^{23}$

12
Berechne.
a) $\dfrac{3^{17}}{3^{15}}$ b) $\dfrac{2^{11}}{2^{10}}$ c) $\dfrac{5^9}{5^6}$
d) $\dfrac{(-4)^{33}}{(-4)^{31}}$ e) $\dfrac{3{,}6^{15}}{3{,}6^{14}}$ f) $\left(\dfrac{4}{5}\right)^9 : \left(\dfrac{4}{5}\right)^7$

13
Forme um.
a) $a^2 \cdot a^6 \cdot a^1$ b) $30^4 \cdot 30^2 \cdot 30^5$
c) $(-x)^5 \cdot (-x)^{11}$ d) $s \cdot s^2 \cdot s^3$
e) $r^7 \cdot (-r)^2 \cdot r$ f) $(-1)^2 \cdot (-1)^3$

14
a) $x^9 : x^3$ b) $x^9 : x^8$
c) $(-a)^{10} : (-a)$ d) $s^{17} : s^{15}$

15
a) $x^3 \cdot y^3$ b) $a^5 \cdot b^5$ c) $2^8 \cdot (5x)^8$
d) $(0{,}2)^6 \cdot 100^6$ e) $4^4 \cdot (0{,}5)^4 \cdot z^4$
f) $\dfrac{c^5}{d^5}$ g) $\dfrac{(x+y)^{10}}{2^{10}}$ h) $\dfrac{m^9}{(a-b)^9}$
i) $m^8 : n^8$ k) $y^{99} : 2^{99}$ l) $(-1)^4 : 2^4$

16
Rechne vorteilhaft.
a) $3{,}5 \cdot 10^7 + 6{,}5 \cdot 10^7$
b) $8{,}7 \cdot 10^4 - 10^5 + 1{,}3 \cdot 10^4$
c) $0{,}45 \cdot 10^5 + 55 \cdot 10^3$
d) $(1{,}44 \cdot 10^{22}) : 1{,}2 + 88 \cdot 10^{21}$

17
Forme um und rechne anschließend im Kopf.
a) $2^4 \cdot 5^4$ b) $5^2 \cdot 20^2$
c) $25^3 \cdot 4^3$ d) $(-2)^5 \cdot (-5)^5$
e) $\left(\dfrac{2}{3}\right)^4 \cdot \left(\dfrac{3}{4}\right)^4$ f) $(-0{,}2)^2 \cdot 100^2$
g) $0{,}1^2 \cdot (-1)^2 \cdot 10^2$ h) $0{,}5^3 \cdot 1^3 \cdot 2^3$
i) $42^3 : 21^3$ k) $(-39)^2 : 13^2$
l) $0{,}4^4 : 0{,}8^4$ m) $33{,}3^3 : 66{,}6^3$

18
Forme um und berechne.
a) $(2^3)^2$ b) $(3^2)^1$ c) $(5^2)^2$
d) $(10^2)^4$ e) $((-2)^3)^2$ f) $((-2)^2)^3$

19
Forme um und berechne mit dem Taschenrechner auf zwei Dezimalstellen.
a) $(2{,}5^4)^5$ b) $((-2{,}5)^4)^5$ c) $(3{,}3^2)^6$
d) $\left(\left(\dfrac{2}{3}\right)^3\right)^4$ e) $\left(\left(-\dfrac{4}{3}\right)^3\right)^2$ f) $((0{,}3)^8)^9$

20
Ergänze die Leerstellen. Arbeite in deinem Heft.
a) $(5^2)^3 = 5^\square$ b) $(4^3)^5 = 4^\square$
c) $(3^\square)^5 = 3^{10}$ d) $(9^3)^\square = 9^{27}$

21
Löse die Gleichungen inhaltlich.
a) $(3^3 + 3^2) : x^2 = 1$ b) $6^3 - x^2 = 200$
c) $10^3 - 2^x = 992$ d) $(4^3)^2 : 4^x = 1$
e) $2^3 : 4^3 + x = 1$ f) $(0{,}4)^2 \cdot 10^2 - x^2 = 0$
g) $x^2 + x^3 = 2$ h) $2^x \cdot 5 = 10$

2 Potenzen mit negativen ganzen Exponenten

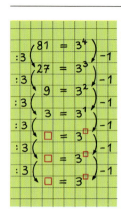

1
Yvonne rechnet: $\frac{2^5}{2^5} = 2^{5-5} = 2^0$. Axel behauptet: „Zähler und Nenner des Bruchs $\frac{2^5}{2^5}$ sind gleich, also hat der Bruch den Wert 1."
Wer hat Recht?

2
Setze die begonnene Reihe fort.

Für das Potenzgesetz zur Division von Potenzen mit gleicher Basis haben wir bislang vorausgesetzt, dass der Exponent der Potenz im Zähler größer ist als der Exponent der Potenz im Nenner.

Sind die Exponenten in Zähler und Nenner gleich, dann gilt: $\frac{a^m}{a^m} = a^{m-m} = a^0$.

Andererseits hat jeder Bruch, dessen Zähler und Nenner übereinstimmen, den Wert 1. Also hat man vereinbart: $a^0 = 1$.

In dem Term $\frac{2^2}{2^5}$ ist der Exponent des Nenners größer als der Exponent des Zählers.

Es gilt: $\frac{2^2}{2^5} = \frac{2 \cdot 2}{2 \cdot 2 \cdot 2 \cdot 2 \cdot 2} = \frac{1}{2 \cdot 2 \cdot 2} = \frac{1}{2^3}$.

Rechnet man mit dem Potenzgesetz für die Division von Potenzen mit gleicher Basis, erhält man $\frac{2^2}{2^5} = 2^{2-5} = 2^{-3}$.

Damit das Potenzgesetz auch für diesen Fall gilt, vereinbart man $2^{-3} = \frac{1}{2^3}$.

> Für Potenzen mit negativen ganzen Exponenten gilt: $a^{-n} = \frac{1}{a^n}$ und $a^0 = 1$
> ($a \in \mathbb{R}$; $a \neq 0$; $n \in \mathbb{N}$).

Eingabe in den Taschenrechner:

Beispiele

a) $2^{-5} = \frac{1}{2^5}$
$= \frac{1}{32} = 0{,}03125$

b) $0{,}3^{-2} = \frac{1}{0{,}3^2}$
$= \frac{1}{0{,}09}$

c) $x^{-3} = \frac{1}{x^3}$

d) $(3y)^{-4} = \frac{1}{(3y)^4}$
$= \frac{1}{81y^4}$

Bemerkung: Für den Bruch $\frac{a}{b}$ gilt: $\left(\frac{a}{b}\right)^{-n} = \left(\frac{b}{a}\right)^n$.

Dies lässt sich so begründen: $\left(\frac{a}{b}\right)^{-n} = \frac{1}{\left(\frac{a}{b}\right)^n} = \frac{1}{\frac{a^n}{b^n}} = 1 \cdot \frac{b^n}{a^n} = \left(\frac{b}{a}\right)^n$

e) $\left(\frac{2}{3}\right)^{-4} = \left(\frac{3}{2}\right)^4$
$= \frac{3^4}{2^4}$
$= \frac{81}{16}$
$= 5\frac{1}{16}$

f) $\left(\frac{x}{2y}\right)^{-3} = \left(\frac{2y}{x}\right)^3$
$= \frac{(2y)^3}{x^3}$
$= \frac{8y^3}{x^3}$

$4^0 = 1 \qquad 0^4 = 0$
$3^0 = 1 \qquad 0^3 = 0$
$2^0 = 1 \qquad 0^2 = 0$
$1^0 = 1 \qquad 0^1 = 0$
$\vdots \qquad\qquad \vdots$

Bemerkung: Der Term 0^0 ist nicht bestimmt.
Setzt man die linke Reihe fort, ergibt sich $0^0 = 1$. Bei der rechten Reihe hieße die folgerichtige Fortsetzung $0^0 = 0$.
Also legen wir für $0^0 = 0$ keinen Wert fest.

Potenzen mit negativen ganzen Exponenten

? ? ?

Berechne

$$\left[\left(-\frac{229}{851}\right)^{-4} \cdot \left(\frac{397}{438}\right)^{-4}\right]^0$$

Aufgaben

3 Schreibe mit positivem Exponenten.
a) 2^{-3} b) 2^{-4} c) 5^{-2}
d) 1^{-8} e) $(-7)^{-7}$ f) 10^{-5}
g) $1{,}5^{-2}$ h) $4{,}2^{-3}$ i) $(-0{,}8)^{-4}$

4 Schreibe zunächst mit positivem Exponenten. Rechne dann.
a) 2^{-6} b) 3^{-4} c) 4^{-3}
d) 1^{-7} e) 11^{-2} f) $(-2)^{-4}$
g) $(-1)^{-5}$ h) $(-3)^{-3}$ i) $(-2)^{-9}$

5 Berechne.
a) 2^3; 2^2; 2^1; 2^0; 2^{-1}; 2^{-2}; 2^{-3}
b) 5^3; 5^2; 5^1; 5^0; 5^{-1}; 5^{-2}; 5^{-3}
c) $0{,}1^2$; $0{,}1^1$; $0{,}1^0$; $0{,}1^{-1}$; $0{,}1^{-2}$
d) $(-3)^2$; $(-3)^1$; $(-3)^0$; $(-3)^{-1}$; $(-3)^{-2}$
e) $(-0{,}2)^2$, $(-0{,}2)^1$; $(-0{,}2)^0$; $(-0{,}2)^{-1}$

6 Schreibe als Potenz mit negativem Exponenten. Gib alle Möglichkeiten an.

Beispiel: $\frac{1}{16} = \frac{1}{4^2} = 4^{-2}$
$\frac{1}{16} = \frac{1}{2^4} = 2^{-4}$

a) $\frac{1}{27}$ b) $\frac{1}{32}$ c) $\frac{1}{125}$
d) $\frac{1}{128}$ e) $\frac{1}{343}$ f) $\frac{1}{289}$
g) $\frac{1}{256}$ h) $\frac{1}{400}$ i) $\frac{1}{729}$

7 Ordne die Potenzen nach ihrer Größe.
a) 3^{-3}; 2^{-3}; 3^2; 2^3; -2^3; -3^2
b) 3^{-4}, $(-4)^3$; $(-4)^{-3}$; -3^4; $(-3)^{-4}$
c) 4^{-2}; -2^4; $(-4)^2$; -2^{-4}; $(-4)^{-2}$
d) $(-\frac{1}{2})^3$; $(\frac{1}{2})^2$; $(-\frac{1}{2})^{-2}$; $(\frac{1}{2})^{-2}$; $(\frac{1}{2})^{-1}$

8 Berechne mit dem Taschenrechner.
a) $4^{-3} \cdot 3^4$ b) $2^{-7} \cdot 13^0$
c) $2^5 \cdot 4^{-3}$ d) $-2^{-3} \cdot 6^2$
e) $10^{-2} + 5^{-3} \cdot 20$ f) $(-3)^{-3} \cdot (-4{,}5^2) - \frac{1}{4}$
g) $7^{-3} : 35^{-2} - \frac{4}{7}$ h) $(-2)^{-6} - 4^{-3} \cdot 5^{-2}$

9 Forme wie im Beispiel um.

Beispiel: $(\frac{3}{4})^{-2} = (\frac{4}{3})^2$
$= \frac{4^2}{3^2}$
$= \frac{16}{9}$

a) $(\frac{2}{3})^{-2}$ b) $(\frac{2}{3})^{-3}$ c) $(\frac{5}{3})^{-2}$
d) $(\frac{1}{2})^{-7}$ e) $(-\frac{4}{5})^{-2}$ f) $(-\frac{1}{6})^{-3}$

10 Berechne.
a) $3^{-2} + 3^{-1} + 3^0 + 3^1 + 3^2$
b) $2^0 + 2^{-1} + 2^{-2} + 2^{-3} + 2^{-4}$
c) $5^{-3} + 5^{-2} + 5^{-1} + 5^0$
d) $4^0 - 4^{-1} - 4^{-2} - 4^{-3}$

11 Schreibe mit positivem Exponenten.
a) x^{-5} b) y^{-6} c) $2x^{-3}$
d) $3y^{-4}$ e) $(2a)^{-2}$ f) $(5z)^{-3}$
g) $(3xy)^{-2}$ h) $(5a^2b)^{-3}$ i) $(0{,}2x^2y^3)^{-2}$

12 Schreibe ohne Bruchstrich.
a) $\frac{1}{x^3}$ b) $\frac{1}{y^5}$ c) $\frac{1}{2x^2}$
d) $\frac{1}{x^n}$ e) $\frac{1}{a^{2m}}$ f) $\frac{1}{x^{m+1}}$
g) $\frac{1}{(a-b)^2}$ h) $\frac{1}{a^2} + \frac{1}{b^2}$ i) $\frac{1}{x^p} - \frac{1}{y^q}$

13 Forme wie im Beispiel um.

Beispiel: $\frac{x^{-4}}{(2y)^{-3}} = x^{-4} \cdot \frac{1}{(2y)^{-3}}$
$= \frac{1}{x^4} \cdot (2y)^3$
$= \frac{8y^3}{x^4}$

a) $\frac{x^{-2}}{y^{-3}}$ b) $\frac{a^{-3}}{b^{-1}}$ c) $\frac{(3s)^{-2}}{t^{-4}}$
d) $\frac{(2x)^{-3}}{(3y)^{-1}}$ e) $\frac{(-4a)^{-2}}{(5b)^{-3}}$ f) $\frac{(x^2y)^{-3}}{(yz^2)^{-2}}$

14 Berechne.
a) $\left(\frac{2x}{3y}\right)^{-2} \cdot \frac{4x}{3y}$ b) $\left(\frac{3a}{5b}\right)^{-3} \cdot \left(\frac{3a}{b}\right)^2$
c) $\left(\frac{x}{2y}\right)^{-3} : \frac{-4y^2}{x^3}$ d) $\left(\frac{-3z}{w}\right)^{-4} : \left(\frac{-3z}{2w}\right)^{-5}$

3 Kleine Zahlen

1
Berechne das Produkt
$0{,}000\,003 \cdot 0{,}000\,006$ mit dem Taschenrechner. Kannst du die Anzeige erklären?

2
Setze die begonnene Reihe fort.

3
Auf einem lediglich 140 mm² großen 16-Mbit-Speicher-Chip sind 34 Millionen Bauelemente untergebracht.
Berechne den durchschnittlichen Platzbedarf für ein einziges Bauelement.

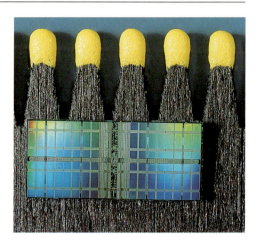

Um Zahlen, die sehr nahe an der Zahl Null liegen, übersichtlich darstellen zu können, schreiben wir sie zunächst als Produkt. Dabei ist ein Faktor der Kehrwert einer Zehnerpotenz.

$$0{,}000\,009\,87 = 0{,}000\,098\,7 \cdot \tfrac{1}{10} = 0{,}000\,098\,7 \cdot 10^{-1}$$
$$= 0{,}000\,987 \cdot \tfrac{1}{10^2} = 0{,}000\,987 \cdot 10^{-2}$$
$$\ldots$$
$$= 0{,}987 \cdot \tfrac{1}{10^5} = 0{,}987 \cdot 10^{-5}$$

Eingabe des Produkts $9{,}87 \cdot 10^{-6}$:
9.87 [EE] 6 [+/−]

Um die in der Zehnerpotenzschreibweise dargestellten kleinen Zahlen besser vergleichen zu können, schreibt man den ersten Faktor stets mit einer von Null verschiedenen Ziffer vor dem Komma: $0{,}000\,009\,87 = 9{,}87 \cdot 10^{-6}$

> Zahlen, die zwischen 0 und 1 liegen, lassen sich übersichtlicher als Produkt einer Zahl zwischen 1 und 10 und einer Zehnerpotenz mit negativem Exponenten darstellen.

Beispiele
a) $0{,}000\,2 = 2 \cdot \tfrac{1}{10000} = 2 \cdot \tfrac{1}{10^4} = 2 \cdot 10^{-4}$ b) $0{,}002\,5 = 2{,}5 \cdot 10^{-3}$

c) Im Zusammenhang mit Größen werden häufig Vorsilben benutzt, die den Exponenten der Zehnerpotenz bestimmen.

1 **Dezi**meter	= 1 dm	= 10^{-1} m	1 **Nano**sekunde	= 1 ns	= 10^{-9} s
1 **Zenti**meter	= 1 cm	= 10^{-2} m	1 **Pico**farad	= 1 pF	= 10^{-12} F
1 **Milli**liter	= 1 ml	= 10^{-3} l	1 **Femto**gramm	= 1 fg	= 10^{-15} g
1 **Mikro**gramm	= 1 µg	= 10^{-6} g	1 **Atto**meter	= 1 am	= 10^{-18} m

Die Dicke von Blattgold beträgt ungefähr 80 nm = $80 \cdot 10^{-9}$ m = $0{,}000\,000\,08$ m.
Die Masse eines größeren Staubkorns beträgt ungefähr 1 µg = 10^{-6} g = $0{,}000\,001$ g.

!!
Auch für sehr kleine Zahlen, existiert die **technische Notation,** bei der der Exponent stets ein Vielfaches von −3 ist:

$0{,}00325$ [2nd] [ENG]
$= 3{,}25 \cdot 10^{-3}$

Aufgaben

4
Schreibe als Zehnerpotenz.
a) 0,01   b) 0,001
c) 0,000 1   d) 0,000 01
e) 0,000 000 1   f) 0,000 000 001

5
Schreibe in der Zehnerpotenzschreibweise.
a) 0,05   b) 0,004
c) 0,000 76   d) 0,010 32
e) 0,000 095 4   f) 0,000 000 020 371

Kleine Zahlen

6
Schreibe als Dezimalbruch.
a) $4 \cdot 10^{-3}$ b) $7 \cdot 10^{-7}$
c) $7,8 \cdot 10^{-5}$ d) $1,4 \cdot 10^{-4}$
e) $0,38 \cdot 10^{-3}$ f) $0,071 \cdot 10^{-4}$
g) $3,005 \cdot 10^{-4}$ h) $0,0002 \cdot 10^{-8}$

7
Schreibe die Taschenrechneranzeige in der Zehnerpotenzschreibweise und ausführlich.

8
Berechne mit dem Taschenrechner näherungsweise.
Beispiel: $0,00078^4 \approx 3,7 \cdot 10^{-13}$
a) $0,000165^3$ b) $0,0157^5$
c) $0,0023^4$ d) $-0,078^7$
e) $(\frac{11}{111})^{11}$ f) $(-\frac{12}{89})^{36}$

9
Schreibe ausführlich und in der Zehnerpotenzschreibweise.
a) 100 ml b) 10 pF
c) 50 ns d) 65 µg
e) 750 fm f) 800 am
g) 3,5 µm h) 0,8 nF

10
Forme zuerst in die Zehnerpotenzschreibweise um. Berechne dann mit dem Taschenrechner.
a) $0,0000000025 \cdot 0,0008$
b) $0,00125 \cdot 0,000000000004$
c) $0,00075 : 250000000000$
d) $0,0000000000288 : 12000000$
e) $(-0,000384) \cdot 0,0000000000064$

11
Berechne vorteilhaft.
a) $2,7 \cdot 10^{-4} + 7,3 \cdot 10^{-4}$
b) $6,9 \cdot 10^{-3} - 1,9 \cdot 10^{-3} + 5 \cdot 10^{-3}$
c) $6,1 \cdot 10^{-5} + 3,9 \cdot 10^{-5} - 10^{-6}$
d) $36 \cdot 10^{-7} + 0,64 \cdot 10^{-5}$
e) $(4,9 \cdot 10^{-10} - 17 \cdot 10^{-11}) : (0,8 \cdot 10^{-9})$
f) $150 \cdot 10^{-3} + (6,5 \cdot 10^{-12}) : (0,13 \cdot 10^{-9})$

12
Wandle die Angaben in die Zehnerpotenzschreibweise um.

Dicke eines Menschenhaares: 0,00006 m

Dicke der Magnetschicht einer Diskette: 0,0000025 m

13
a) 32 g Schwefel enthalten $6,23 \cdot 10^{23}$ Atome. Wie viel wiegt 1 Atom Schwefel?
b) Für die Strecke 10^{-10} m verwendet man die Einheit Ångström Å. Gib die Atomradien in mm an.
Helium 0,3 Å   Kohlenstoff 0,77 Å
Kalium 2,31 Å   Sauerstoff 0,66 Å
c) Ein Atomkern hat einen Radius von ungefähr 10^{-15} m. Der Radius der umgebenden Atomhülle misst ca. 10^{-11} m. Um das Wievielfache ist der Radius des Kerns kleiner?

14
Luft unter der Lupe
In einer Luftmessstation wurden folgende Mittelwerte gemessen. Angaben in mg/m³.

SO_2 0,007	CO 0,6	NO_2 0,049
NO 0,023	O_3(Ozon) 0,124	Staub 0,047
1 m³ Luft wiegt 1,290 kg.		

a) Bestimme die Anteile der Angaben.
Beispiel: NO_2: $\frac{0,049 \text{ mg}}{1,290 \text{ kg}} = \frac{0,049 \text{ mg}}{1290000 \text{ mg}}$
$= 0,000000038$
$= 3,8 \cdot 10^{-8}$

b) Mit den Bezeichnungen ppm (parts per million) bzw. ppb (parts per billion) können geringe Mengen einer Substanz als Bestandteil der Gesamtmenge ausgedrückt werden. Das Zahlwort billion stammt hier aus dem Englischen und bedeutet Milliarde.
Für NO_2 gilt: $3,8 \cdot 10^{-8} = 38 \cdot 10^{-9} = 38$ ppb.
Drücke die restlichen Messwerte in gleicher Weise aus.

4 Potenzgesetze für negative ganze Exponenten

Tafel:
$5^4 \cdot 5^{-2} = ?$
$2^{-3} \cdot 5^{-3} = ?$
$\dfrac{3^4}{3^{-2}} = ?$
$\dfrac{8^{-2}}{4^{-3}} = ?$
$(2^{-3})^2 = ?$

1
Schreibe alle Potenzen auf der Tafel zunächst mit positiven Exponenten.

2
Setze die begonnenen Reihen fort.

$3^2 \cdot 3^3 = 3^{2+3} = 3^5$
$3^2 \cdot 3^2 = 3^{2+2} = 3^4$
$3^2 \cdot 3^1 = 3^{2+1} = 3^3$
$3^2 \cdot 3^0 = 3^{2+0} = 3^2$
$3^2 \cdot 3^{-1} = 3^\square = 3^\square$
$3^2 \cdot 3^{-2} = 3^\square = 3^\square$
$3^2 \cdot 3^{-3} = 3^\square = 3^\square$
$\vdots \quad \vdots \quad \vdots$

$\dfrac{3^2}{3^1} = 3^{2-1} = 3^1$
$\dfrac{3^2}{3^2} = 3^{2-2} = 3^0$
$\dfrac{3^2}{3^3} = 3^\square = 3^\square$
$\dfrac{3^2}{3^4} = 3^\square = 3^\square$
$\vdots \quad \vdots \quad \vdots$

Zerlegt man Zähler und Nenner des Quotienten $\dfrac{x^2}{x^5}$ in Faktoren, erhält man:

$\dfrac{x^2}{x^5} = \dfrac{x \cdot x}{x \cdot x \cdot x \cdot x \cdot x} = \dfrac{1}{x \cdot x \cdot x} = \dfrac{1}{x^3}$.

Mit $\dfrac{1}{a^n} = a^{-n}$ ergibt sich somit $\dfrac{x^2}{x^5} = x^{-3}$.

Dies erhält man jedoch auch, wenn man das Potenzgesetz $\dfrac{a^m}{a^n} = a^{m-n}$ unmittelbar anwendet: $\dfrac{x^2}{x^5} = x^{2-5} = x^{-3}$.

Auch die übrigen Potenzgesetze lassen sich auf diese Weise begründen.

Potenzen mit gleicher Basis

$x^3 \cdot x^{-5} = x^3 \cdot \dfrac{1}{x^5}$
$= \dfrac{x^3}{x^5}$
$= \dfrac{1}{x^2}$
$= x^{-2}$
$= x^{3+(-5)}$

Potenzen mit gleichen Exponenten

$x^{-4} \cdot y^{-4} = \dfrac{1}{x^4} \cdot \dfrac{1}{y^4}$
$= \dfrac{1}{x^4 \cdot y^4}$
$= \dfrac{1}{(x \cdot y)^4}$
$= (x \cdot y)^{-4}$

Potenzieren von Potenzen

$(x^{-2})^3 = (x^{-2}) \cdot (x^{-2}) \cdot (x^{-2})$
$= \dfrac{1}{x^2} \cdot \dfrac{1}{x^2} \cdot \dfrac{1}{x^2}$
$= \dfrac{1}{x^6}$
$= x^{-6}$
$= x^{(-2) \cdot 3}$

> Die Potenzgesetze gelten auch für negative ganze Exponenten.

① $a^m \cdot a^n = a^{m+n}$
② $\dfrac{a^m}{a^n} = a^{m-n}$
③ $a^m \cdot b^m = (a \cdot b)^m$
④ $\dfrac{a^m}{b^m} = \left(\dfrac{a}{b}\right)^m$
⑤ $(a^m)^n = a^{m \cdot n}$

Beispiele

Multiplikation und Division von Potenzen mit **gleicher Basis**

① $5^{-7} \cdot 5^4 = 5^{(-7)+4}$
   $= 5^{-3}$

② $\dfrac{7^3}{7^{-2}} = 7^{3-(-2)}$
   $= 7^{3+2}$
   $= 7^5$

Multiplikation und Division von Potenzen mit **gleichen Exponenten**

③ $3^{-3} \cdot 4^{-3} = (3 \cdot 4)^{-3}$
   $= 12^{-3}$

④ $\dfrac{9^{-4}}{3^{-4}} = \left(\dfrac{9}{3}\right)^{-4}$
   $= 3^{-4}$

Potenzieren von Potenzen

5.1 $(2^3)^{-5} = 2^{3 \cdot (-5)}$
   $= 2^{-15}$

5.2 $(0{,}5^{-2})^{-4} = 0{,}5^{(-2) \cdot (-4)}$
   $= 0{,}5^8$

Potenzgesetze für negative ganze Exponenten

Aufgaben

3
a) $2^5 \cdot 2^{-3}$
b) $2^{-2} \cdot 2^7$
c) $3^{-2} \cdot 3^{-3}$
d) $(-5)^7 \cdot (-5)^{-5}$
e) $2{,}5^{-3} \cdot 2{,}5^4$
f) $(-0{,}2)^{-5} \cdot (-0{,}2)^3$
g) $\left(\frac{1}{2}\right)^{-4} \cdot \left(\frac{1}{2}\right)^{-6}$
h) $\left(-\frac{1}{4}\right)^{-13} \cdot \left(-\frac{1}{4}\right)^{16}$

4
a) $\dfrac{2^{-3}}{2^5}$
b) $\dfrac{5^{-2}}{5^{-3}}$
c) $\dfrac{15^{-6}}{15^{-8}}$
d) $\dfrac{(-3)^{-4}}{(-3)^{-2}}$
e) $\dfrac{(-7)^2}{(-7)^{-4}}$
f) $\dfrac{(-12)^{-3}}{(-12)^{-7}}$
g) $\dfrac{0{,}5^{-2}}{0{,}5}$
h) $\dfrac{0{,}4^{-4}}{0{,}4^{-3}}$
i) $\dfrac{(-1{,}6)^{-7}}{(-1{,}6)^{-9}}$

5
a) $6^{-2} \cdot 5^{-2}$
b) $3^{-5} \cdot 7^{-5}$
c) $(4 \cdot 10)^{-3}$
d) $(100 \cdot 2)^{-4}$
e) $12{,}5^{-4} \cdot 8^{-4}$
f) $40^{-7} \cdot 25^{-7}$
g) $(-80)^{-8} \cdot 1{,}25^{-8}$
h) $(-12)^{-9} \cdot (-1{,}5)^{-9}$

6
a) $\dfrac{20^{-3}}{5^{-3}}$
b) $\dfrac{65^{-2}}{13^{-2}}$
c) $\dfrac{0{,}4^{-5}}{0{,}2^{-5}}$
d) $\left(\frac{3}{5}\right)^{-4}$
e) $\dfrac{0{,}5^{-3}}{0{,}5^{-6}}$
f) $\left(-\frac{2}{7}\right)^{-3}$
g) $\left(-\frac{1}{10}\right)^{-1}$
h) $\dfrac{(-2{,}8)^{-8}}{(-2{,}8)^{-9}}$
i) $\dfrac{(-1{,}25)^{-3}}{(-0{,}25)^{-3}}$

7
Forme um.
a) $(2^3)^{-4}$
b) $(3^4)^{-2}$
c) $(4^2)^{-3}$
d) $(2^{-3})^{-4}$
e) $(-3^{-2})^4$
f) $((-2)^{-3})^{-4}$
g) $(0{,}5^{-2})^4$
h) $(4{,}5^3)^{-6}$
i) $(-6{,}2^{-7})^{-4}$

8
Forme mithilfe eines Potenzgesetzes um und berechne.
a) $20^{-3} \cdot 5^{-3}$
b) $(-2)^{-3} \cdot (-2)^4$
c) $\dfrac{6^{-3}}{6^{-5}}$
d) $\dfrac{18^{-3}}{72^{-3}}$
e) $\left(\frac{12}{13}\right)^{-11} \cdot \left(\frac{12}{13}\right)^{11}$
f) $\left(\left(\frac{2}{3}\right)^{-2}\right)^2$
g) $\left(\frac{8}{21}\right)^{-2} \cdot \left(\frac{7}{16}\right)^{-2}$
h) $\left(-\frac{3}{5}\right)^{-3} : \left(-\frac{3}{5}\right)^{-2}$

9
Welche Zahlen kannst du für □ jeweils einsetzen?
a) $x^{\square} \cdot x^{-3} = x^{-7}$
b) $\square^{-5} : a^{-2} = a^{-3}$
c) $(-2a)^{\square} = -8a^{\square}$
d) $(y^{\square})^{-5} = y^{10}$

10
Forme mithilfe eines Potenzgesetzes um.
a) $z^{-4} \cdot z^6$
b) $x^5 : x^{-5}$
c) $(a^{-2})^3$
d) $(v \cdot w)^{-4}$
e) $x^{-3} \cdot y^{-3}$
f) $(-2a)^{-2} \cdot (5a)^{-2}$
g) $[(3x)^{-2}]^{-2}$
h) $(-245y)^{-2} : (49y)^{-2}$

11
a) $\dfrac{x^{-3}}{x^4}$
b) $\dfrac{y^{-5}}{z^{-5}}$
c) $(x^{-4})^{-5}$
d) $\dfrac{(u \cdot v)^{-2}}{(u \cdot v)^{-5}}$
e) $\dfrac{(a \cdot b \cdot c)^{-1}}{(a \cdot b)^{-1}}$
f) $(-2a^{-2})^0$
g) $\dfrac{x^2 \cdot y^{-3}}{y^2 \cdot x^{-3}}$
h) $\dfrac{(-x)^{-2} \cdot (-y)^{-2}}{y^{-2} \cdot x^{-2}}$

12
a) $x^n \cdot x^{-2n}$
b) $x^{-2n} \cdot y^{-2n}$
c) $x^{n-3} \cdot x^{-1}$
d) $a^{m+1} \cdot a^{-m}$
e) $y^{m-1} \cdot y^{m+1}$
f) $z^{2n-1} \cdot z^{2-n}$
g) $k^{-n} \cdot k^{-n-1}$
h) $a^{-4-3n} \cdot a^{-4n-3}$

13
a) $\dfrac{x^{n-2}}{x^n}$
b) $\dfrac{y^{n-1}}{y^{-2}}$
c) $\dfrac{a^{m-1}}{a^{m+1}}$
d) $\dfrac{b^m}{b^{m-1}}$
e) $\dfrac{s^0}{s^{2n-2}}$
f) $\dfrac{z^{-n-1}}{z^{1-n}}$
g) $\dfrac{3x^{2m-3n}}{6x^{3n-2m}}$
h) $\dfrac{12y^{-5n-m}}{4y^{m-5n}}$

14
Löse die Klammern auf. Schreibe mit positiven Exponenten.
Beispiel: $(2x^2 - x^{-3}) \cdot x^{-2}$
$= 2x^2 \cdot x^{-2} - x^{-3} \cdot x^{-2}$
$= 2 \cdot x^0 - x^{-5}$
$= 2 - \dfrac{1}{x^5}$

a) $(a^2 + a^{-1}) \cdot a^{-2}$
b) $y^{-1} \cdot (2y - y^2)$
c) $(y^{-3} - 3y^{-1}) \cdot (-3y)$
d) $(3x^{-2} - 2x^{-3}) \cdot (-x^{-3} + 2x^{-2})$

15
Welche Zahl muss für x eingesetzt werden?
a) $8^{x+11} = 1$
b) $5^{5x-21} = \dfrac{1}{5}$
c) $3^{2x+4} = \dfrac{1}{9}$
d) $2^{x-5} = \dfrac{1}{64}$

Der Turmbau zu Babel

2^4
$2^{-7} + 2^{-7}$
$2^7 + (2^2)^3 + (2^{-3})^{-2}$
$2^5 \cdot 2^{-4} + 2^{-6} \cdot 2^{-7} - 2^{-7} \cdot 2^8 + 2^9 \cdot 2^{-8}$

Die waagerechten Striche sind Bruchstriche. Rechne von oben nach unten!

5 Potenzen mit rationalen Exponenten

1 Setze die begonnene Reihe fort.

2 Suche einen passenden Exponenten x, so dass $(3^x)^2 = 3^1 = 3$.

Wird die Potenz $7^{\frac{1}{2}}$ quadriert, erhält man $(7^{\frac{1}{2}})^2$ oder als Produkt geschrieben $7^{\frac{1}{2}} \cdot 7^{\frac{1}{2}}$. Nach dem Potenzgesetz für die Multiplikation von Potenzen mit gleicher Basis ergibt sich:
$7^{\frac{1}{2}} \cdot 7^{\frac{1}{2}} = 7^{\frac{1}{2}+\frac{1}{2}} = 7^1 = 7$.

$5 \cdot \frac{1}{3} = \sqrt[3]{5}$

denn: $\left(5^{\frac{1}{3}}\right)^3 = \left(\sqrt[3]{5}\right)^3$
$5^1 = \sqrt[3]{5} \cdot \sqrt[3]{5} \cdot \sqrt[3]{5}$
$5 = 5$

Andererseits ergibt auch $\sqrt{7} \cdot \sqrt{7} = 7$.
Man vereinbart deshalb $7^{\frac{1}{2}} = \sqrt{7}$.
Entsprechend folgert man für die Potenz $8^{\frac{2}{3}}$.
$8^{\frac{2}{3}} = 8^{\frac{1}{3} \cdot 2} = (8^{\frac{1}{3}})^2 = (\sqrt[3]{8})^2 = 2^2 = 4$ oder
$8^{\frac{2}{3}} = 8^{2 \cdot \frac{1}{3}} = (8^2)^{\frac{1}{3}} = \sqrt[3]{8^2} = \sqrt[3]{64} = 4$.

Für Potenzen mit rationalen Exponenten gilt:
$$a^{\frac{1}{n}} = \sqrt[n]{a} \quad a \in \mathbb{R}^+ \qquad a^{\frac{m}{n}} = \sqrt[n]{a^m} = (\sqrt[n]{a})^m$$
$a \in \mathbb{R}^+, n \in \mathbb{N}, n \neq 0 \qquad\qquad a \in \mathbb{R}^+, n \in \mathbb{N}, n \neq 0, m \in \mathbb{Z}$

Beispiele
a) $27^{\frac{1}{3}} = \sqrt[3]{27} = 3$
b) $32^{-\frac{1}{5}} = \frac{1}{32^{\frac{1}{5}}} = \frac{1}{\sqrt[5]{32}} = \frac{1}{2}$
c) $16^{\frac{3}{4}} = \left(\sqrt[4]{16}\right)^3 = 2^3 = 8$

Alle Potenzgesetze gelten auch für Potenzen mit rationalen Exponenten.

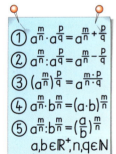

Potenzen mit gleicher Basis

① $2^{\frac{2}{3}} \cdot 2^{\frac{1}{2}} = 2^{\frac{2}{3}+\frac{1}{2}}$
$= 2^{\frac{4+3}{6}}$
$= 2^{\frac{7}{6}}$
$= \sqrt[6]{2^7}$

② $x^{\frac{1}{2}} : x^{\frac{1}{3}} = x^{\frac{1}{2}-\frac{1}{3}}$
$= x^{\frac{3-2}{6}}$
$= x^{\frac{1}{6}}$
$= \sqrt[6]{x}$

Potenzieren von Potenzen

③ $\left(10^{-\frac{1}{2}}\right)^{\frac{2}{3}} = 10^{-\frac{1 \cdot 2}{2 \cdot 3}}$
$= 10^{-\frac{1}{3}}$
$= \frac{1}{\sqrt[3]{10}}$

Potenzen mit gleichen Exponenten

④ $2^{\frac{1}{3}} \cdot 4^{\frac{1}{3}} = (2 \cdot 4)^{\frac{1}{3}}$
$= 8^{\frac{1}{3}}$
$= \sqrt[3]{8} = 2$

⑤ $\frac{0{,}5^{\frac{1}{2}}}{0{,}2^{\frac{1}{2}}} = \left(\frac{0{,}5}{0{,}2}\right)^{\frac{1}{2}}$
$= 2{,}5^{\frac{1}{2}}$
$= \sqrt{2{,}5}$

Potenzen mit rationalen Exponenten

Es ist zweckmäßig, auftretende Wurzeln als Potenzen auszudrücken.

Aufgaben

3
Schreibe als Wurzel.
a) $15^{\frac{1}{2}}$ b) $81^{-\frac{1}{4}}$ c) $135^{\frac{1}{9}}$
d) $68^{\frac{2}{3}}$ e) $97^{\frac{3}{2}}$ f) $221^{\frac{4}{5}}$
g) $112^{\frac{3}{8}}$ h) $100^{\frac{4}{2}}$ i) $1000^{\frac{2}{6}}$
k) $625^{0,5}$ l) $150^{0,3}$ m) $64^{1,5}$

4
Schreibe als Potenz.
a) $\sqrt{7}$ b) $\sqrt[4]{10}$ c) $\sqrt[3]{18}$
d) $\sqrt{38^3}$ e) $\sqrt{54^6}$ f) $\sqrt[5]{12^{10}}$
g) $(\sqrt[3]{15})^5$ h) $(\sqrt{135})^3$ i) $(\sqrt[4]{78})^4$
k) $\sqrt[4]{256^{\frac{1}{2}}}$ l) $\sqrt[3]{729^{\frac{1}{2}}}$ m) $\sqrt{216^{\frac{2}{3}}}$

5
Schreibe beide Potenzen als Wurzeln und rechne aus.
$(-8)^{\frac{1}{3}}$ und $(-8)^{\frac{2}{6}}$
Beachte die Rechenregeln für Potenzen und Wurzeln.

6
Schreibe als Potenz, kürze und schreibe danach wieder als Wurzel.
Beispiel: $\sqrt[4]{5^2} = 5^{\frac{2}{4}} = 5^{\frac{1}{2}} = \sqrt{5}$
a) $\sqrt[12]{3^4}$ b) $\sqrt[9]{2^3}$ c) $\frac{1}{\sqrt[10]{5^8}}$
d) $\sqrt[8]{a^6}$ e) $\frac{1}{\sqrt[3]{7^6}}$ f) $\sqrt[4]{24^{-2}}$

7
Berechne mit dem Taschenrechner.
a) $700^{\frac{1}{2}}$ b) $1728^{\frac{1}{3}}$ c) $1024^{0,1}$
d) $1,5625^{\frac{1}{2}}$ e) $0,0081^{\frac{1}{4}}$ f) $0,04^{-\frac{1}{2}}$
g) $342^{\frac{1}{4}}$ h) $1400^{\frac{2}{5}}$ i) $695^{\frac{5}{4}}$
k) $148^{0,2}$ l) $67^{0,7}$ m) $200^{1,8}$

8
Berechne mit dem Taschenrechner und runde auf 3 Nachkommastellen.
a) $\sqrt[3]{7}$ b) $\sqrt[3]{9}$ c) $\sqrt[3]{13}$
d) $\sqrt[3]{19}$ e) $\sqrt[3]{12,5}$ f) $\sqrt[3]{41,7}$
g) $\sqrt[3]{0,6}$ h) $\sqrt[3]{0,25}$ i) $\sqrt[3]{0,05}$

9
Berechne mit dem Taschenrechner. Runde auf 3 Dezimalstellen.
a) $26^{\frac{1}{3}}$ b) $\sqrt[3]{23^2}$ c) $0,15^{-\frac{1}{2}}$
d) $\sqrt[5]{47^2}$ e) $21^{-\frac{2}{3}}$ f) $5 : \sqrt[3]{7}$

10
Schreibe die Zahl als Potenz mit rationalen Exponenten.
Gib drei Möglichkeiten an.
Beispiel: $5 = 25^{\frac{1}{2}} = 125^{\frac{1}{3}} = 0,04^{-\frac{1}{2}}$
a) 7 b) 3 c) 8 d) 2^5 e) 4^3

11
Forme mithilfe der Potenzgesetze um.
a) $8^{\frac{1}{3}} \cdot 8^{\frac{2}{3}}$ b) $15^{\frac{1}{2}} \cdot 15^{\frac{1}{4}}$ c) $10^{\frac{2}{5}} : 10^{\frac{1}{5}}$
d) $6^{\frac{2}{3}} : 6^{\frac{1}{6}}$ e) $5^{\frac{1}{7}} \cdot 3^{\frac{1}{7}}$ f) $28^{\frac{1}{2}} : 7^{\frac{1}{2}}$
g) $x^{\frac{1}{3}} \cdot x^{\frac{1}{4}}$ h) $a^2 \cdot a^{-\frac{1}{2}}$ i) $b^{-2} : b^{-\frac{3}{2}}$
k) $(x^{\frac{2}{7}})^3$ l) $m^{\frac{2}{5}} \cdot n^{\frac{2}{5}}$ m) $a^{\frac{7}{10}} : b^{\frac{7}{10}}$

12
Schreibe als Potenzen und vereinfache anschließend.
a) $\sqrt{a} \cdot \sqrt{a^4}$ b) $\sqrt{d^3} \cdot \sqrt{d^5}$ c) $\sqrt[4]{b^5} \cdot \sqrt{b}$
d) $\sqrt{x^5} : \sqrt{x^3}$ e) $\sqrt{y^7} : \sqrt[3]{y^7}$ f) $\sqrt[3]{c^6} : \sqrt[4]{c^2}$
g) $\sqrt[3]{a^4} \cdot \sqrt[3]{b^4}$ h) $\sqrt{b^3} \cdot \sqrt{d^3}$ i) $\sqrt{a^5 b^5}$

13
Löse folgende Gleichungen. Runde gegebenenfalls auf 2 Dezimalstellen.
a) $x^5 = 15$ b) $\sqrt{x^3} = 2$
c) $x^{\frac{2}{5}} = 3$ d) $1,2x^3 = 4,9$
e) $\sqrt[3]{2x} = -1$ f) $\sqrt[3]{x-1} = 2$

14
Setze $<$; $=$ oder $>$ in deinem Heft richtig ein.
a) $(8^{\frac{1}{3}})^3 \square (8^3)^{\frac{1}{3}}$ b) $2^{-1} \square 4^{-1}$
c) $\sqrt[3]{5^2} \square \sqrt{5^3}$ d) $\frac{1}{\sqrt{2}} \square \frac{1}{\sqrt{3}}$

15
Löse die Gleichungen.
a) $x^3 = 27$
b) $-3x^3 = -24$
c) $x^4 = 625$

Berechnen der Potenz $27^{\frac{1}{3}}$:
27 [y^x] 3 [x^{-1}] [=]

Berechnen der Potenz $16^{\frac{3}{4}}$:
16 [y^x] 3 [y^x] 4 [x^{-1}] [=]

Suche weitere Eingabemöglichkeiten.

6 Addition und Subtraktion von Wurzeln

$a + b$ für
$a = \sqrt{3}, b = 4\sqrt{3}$

1 Berechne die Termwerte.

2 Vergleiche die Terme auf der linken Seite der Tafel mit denen auf der rechten Seite. Was stellst du fest?

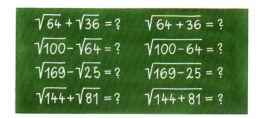

Aus den beiden folgenden Beispielen erkennt man, dass bei der Addition zweier Quadratwurzeln die Radikanden nicht unter einem Wurzelzeichen zusammengefasst werden können.

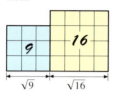

$\sqrt{9} + \sqrt{16} = 3 + 4 = 7$ $\sqrt{9 + 16} = \sqrt{25} = 5$

Dies gilt auch für die Subtraktion:

$\sqrt{25} - \sqrt{16} = 5 - 4 = 1$ $\sqrt{25 - 16} = \sqrt{9} = 3$

Wurzeln mit gleichen Radikanden lassen sich mithilfe des **Distributivgesetzes (Verteilungsgesetzes)** zusammenfassen.

$5 \cdot \sqrt{3} + 2 \cdot \sqrt{3} = (5 + 2) \cdot \sqrt{3} = 7 \cdot \sqrt{3}$

oder

$7\sqrt[3]{4} - \sqrt[3]{4} = (7 - 1) \cdot \sqrt[3]{4} = 6\sqrt[3]{4}$

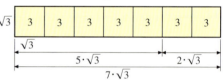

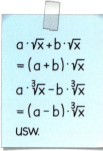

$a \cdot \sqrt{x} + b \cdot \sqrt{x}$
$= (a + b) \cdot \sqrt{x}$
$a \cdot \sqrt[3]{x} - b \cdot \sqrt[3]{x}$
$= (a - b) \cdot \sqrt[3]{x}$
usw.

> Besitzt eine Summe bzw. Differenz Wurzeln mit gleichen Radikanden, kann durch **Ausklammern** zusammengefasst werden.

Beispiele

a) $2 \cdot \sqrt{5} + 3 \cdot \sqrt{5} = (2 + 3) \cdot \sqrt{5}$
$= 5 \cdot \sqrt{5}$

b) $7 \cdot \sqrt[3]{2} - 3 \cdot \sqrt[3]{2} = (7 - 3) \cdot \sqrt[3]{2}$
$= 4 \cdot \sqrt[3]{2}$

c) $6 \cdot \sqrt[5]{11} + 9 \cdot \sqrt[4]{7} - 5 \cdot \sqrt[5]{11} - 8 \cdot \sqrt[4]{7} = 6 \cdot \sqrt[5]{11} - 5 \cdot \sqrt[5]{11} + 9 \cdot \sqrt[4]{7} - 8 \cdot \sqrt[4]{7}$
$= \sqrt[5]{11} + \sqrt[4]{7}$

Bemerkung: Verwendet man das Distributivgesetz zum **Ausmultiplizieren** oder die binomischen Formeln, können Rechenvorteile entstehen.

d) $\sqrt{2}(\sqrt{8} + \sqrt{18}) = \sqrt{2} \cdot \sqrt{8} + \sqrt{2} \cdot \sqrt{18}$
$= \sqrt{2 \cdot 8} + \sqrt{2 \cdot 18}$
$= \sqrt{16} + \sqrt{36}$
$= 10$

e) $(\sqrt{3} - 1)(\sqrt{3} + 3) = \sqrt{3} \cdot \sqrt{3} + 3 \cdot \sqrt{3} - 1 \cdot \sqrt{3} - 1 \cdot 3$
$= 3 + 3 \cdot \sqrt{3} - \sqrt{3} - 3$
$= 2 \cdot \sqrt{3}$

f) $(3 + \sqrt{5})^2 = 3^2 + 2 \cdot 3 \cdot \sqrt{5} + (\sqrt{5})^2$
$= 9 + 6\sqrt{5} + 5$
$= 14 + 6\sqrt{5}$

g) $(\sqrt[3]{5} - 4)(\sqrt[3]{5} + 4) = (\sqrt[3]{5})^2 - 16$
$= \sqrt[3]{25} - 16$

Addition und Subtraktion von Wurzeln

Aufgaben

3
Fasse im Kopf zusammen.
a) $4\sqrt{2} + 3\sqrt{2}$
b) $7\sqrt{3} + 2\sqrt{3}$
c) $5\sqrt{3} - 4\sqrt{3}$
d) $7\sqrt[3]{6} - 3\sqrt[3]{6}$
e) $6\sqrt[3]{5} + \sqrt[3]{5}$
f) $\sqrt[4]{7} + 7\sqrt[4]{6}$

4
Fasse zusammen.
a) $9\sqrt{3} - 7\sqrt{3}$
b) $5\sqrt[3]{5} - \sqrt[3]{5}$
c) $3\sqrt{11} - 4\sqrt{11}$
d) $-2\sqrt{3} + 3\sqrt{3}$

5
a) $2\sqrt{3} + 3\sqrt{3} + 4\sqrt{3} + 5\sqrt{3}$
b) $\sqrt{5} + 2\sqrt{5} + 4\sqrt{5} + 8\sqrt{5}$
c) $-\sqrt[3]{3} + 2\sqrt[3]{2} - 3\sqrt[3]{2} + 4\sqrt[3]{2}$
d) $25\sqrt{7} - 18\sqrt{7} - 9\sqrt{7} + \sqrt{7}$
e) $-\sqrt[4]{3} - 2\sqrt[4]{3} - 3\sqrt[4]{3} - 4\sqrt[4]{3} - 5\sqrt[4]{3}$

6
Fasse die Wurzeln mit gleichen Radikanden zusammen.
a) $4\sqrt{5} + 3\sqrt{5} + 8\sqrt{3} + 2\sqrt{3}$
b) $2\sqrt{3} + 3\sqrt{2} - 2\sqrt{2} + \sqrt{3}$
c) $8\sqrt[3]{7} - 5\sqrt[3]{11} - 5\sqrt[3]{7} + 4\sqrt[3]{11}$
d) $-\sqrt{13} - 6\sqrt{17} - 6\sqrt{13} + 5\sqrt{17}$
e) $-\sqrt[3]{3} - \sqrt[3]{5} - \sqrt[3]{6} - 6\sqrt[3]{5} + 5\sqrt[3]{6} + 6\sqrt[3]{3}$

7
Löse die Klammern auf und vereinfache.
a) $10\sqrt{6} + (3\sqrt{7} - 2\sqrt{6}) - 5\sqrt{7}$
b) $\sqrt{5} - (3\sqrt{8} - 4\sqrt{5}) + (\sqrt{8} - 5\sqrt{5})$
c) $3\sqrt{3} - (3\sqrt{2} - 4\sqrt{3}) - (6\sqrt{3} - 2\sqrt{2})$
d) $9(\sqrt{5} - \sqrt{7}) - 2(\sqrt{7} + 4\sqrt{5})$
e) $\sqrt{2} - 2(3\sqrt{3} - 2\sqrt{2}) - 3(2\sqrt{3} - 3\sqrt{2})$

8
Vereinfache.
a) $4\sqrt{x} + 5\sqrt{x}$
b) $3\sqrt{y} + 6\sqrt{y}$
c) $11\sqrt{a} - 10\sqrt{a}$
d) $23\sqrt{c} - 24\sqrt{c}$
e) $-\sqrt[3]{a} + 3\sqrt[3]{a}$
f) $-\sqrt[3]{2x} - 2\sqrt[3]{2x}$
g) $2a\sqrt{xy} - a\sqrt{xy}$
h) $-k\sqrt{yz} - 2k\sqrt{yz}$

9
Multipliziere und vereinfache. Die Lösungen sind ganzzahlig.
a) $\sqrt{3}(\sqrt{27} + \sqrt{3})$
b) $\sqrt{5}(\sqrt{125} - 2\sqrt{5})$
c) $2\sqrt{3}(\sqrt{12} - \sqrt{3})$
d) $2\sqrt{5}(4\sqrt{5} - \sqrt{20} + \sqrt{80})$
e) $-3\sqrt{2}(4\sqrt{72} - 2\sqrt{128} - \sqrt{98})$

10
Vereinfache durch teilweises Radizieren.
Beispiele: (1) $\sqrt{18} = \sqrt{9 \cdot 2} = 3 \cdot \sqrt{2}$
(2) $\sqrt[3]{270} = \sqrt[3]{27 \cdot 10} = 3 \cdot \sqrt[3]{10}$
a) $\sqrt{50}$
b) $\sqrt{300}$
c) $\sqrt{40}$
d) $\sqrt{3} + \sqrt{12} + \sqrt{75} + \sqrt{108}$
e) $\sqrt[3]{3} + \sqrt[3]{24} + \sqrt[3]{375} + \sqrt[3]{3000}$
f) $\sqrt{20} - \sqrt{5} + \sqrt{125} - \sqrt{80}$

11
Berechne mit dem Taschenrechner (Runde das Ergebnis auf zwei Dezimalstellen).
a) $\sqrt{2} + \sqrt[3]{2} + \sqrt{3}$
b) $\sqrt{2} - \sqrt{3} + \sqrt[3]{2}$
c) $\sqrt{2} + \sqrt[3]{2} + \sqrt[4]{2}$
d) $\sqrt{2} + 3\sqrt[3]{2} + 4\sqrt{2}$
e) $\sqrt{2} - \sqrt[3]{2} + \sqrt[4]{2}$
f) $\sqrt{2} - 3\sqrt[3]{2} + 4\sqrt{2}$
g) $\sqrt[3]{4} + \sqrt[4]{3} + 1$
h) $3\sqrt[3]{4} - 4\sqrt[3]{3} + 1$
i) $\sqrt[3]{11} + \sqrt[3]{12} + \sqrt[3]{13}$
k) $3\sqrt{11} + 3\sqrt{12} + 3\sqrt{13}$
l) $\sqrt{5} + \sqrt[3]{5} + \sqrt[4]{5} - \sqrt{5} + \sqrt[3]{5} - \sqrt[4]{5}$

12
Berechne.
a) $(19\sqrt[3]{2} - 11\sqrt[3]{2}) : 4$
b) $(38\sqrt{3} + 10\sqrt{3}) : 3$
c) $(20\sqrt{5} + 5\sqrt{5}) : \sqrt{5}$
d) $(-2\sqrt[3]{6} + 4\sqrt[3]{6}) : \sqrt[3]{6}$
e) $(25\sqrt{3} - 7\sqrt{3}) : 6\sqrt[3]{3}$
f) $(7\sqrt{18} - 4\sqrt{18}) : 3\sqrt{2}$

13
Wende die binomischen Formeln an.
a) $(1 + \sqrt{2})^2 - (1 - \sqrt{2})^2$
b) $(3\sqrt{2} - \sqrt{12})^2 + (2\sqrt{3} - \sqrt{8})^2$

14
Die Ergebnisse lauten 1; 2; 3 und 4.
a) $\dfrac{7\sqrt{3} + 12\sqrt{5} - 10\sqrt{3} + 3\sqrt{3}}{4\sqrt{5}}$
b) $\dfrac{5\sqrt{2} - \sqrt{3} - 9\sqrt{2} + 5\sqrt{3}}{\sqrt{3} - \sqrt{2}}$
c) $\dfrac{3(\sqrt{6} - \sqrt{2}) - (\sqrt{2} - \sqrt{6})}{2\sqrt{6} - 2\sqrt{2}}$
d) $\dfrac{(2\sqrt{2} - 1)(3\sqrt{2} + 1)}{11 - \sqrt{2}}$

???

Mit der Tastenfolge
2 √x + 2 = √x + 2 = ...
kann man den Ausdruck
$\sqrt{2 + \sqrt{2 + \sqrt{2 + \sqrt{2 \ldots}}}}$
näherungsweise berechnen. Welche Zahl wird angenähert?
Rechne ebenso.
$\sqrt{6 + \sqrt{6 + \sqrt{6 + \sqrt{6 \ldots}}}}$
$\sqrt{12 + \sqrt{12 + \sqrt{12 + \sqrt{12 \ldots}}}}$

7 Multiplikation und Division von Wurzeln

1 Vergleiche die Terme der linken und rechten Tafelhälfte miteinander. Was vermutest du?

2 Begründe, dass die Maßzahlen der Kantenlängen der Quadrate richtig angegeben sind. Berechne den Flächeninhalt der gelb gefärbten Rechtecksfläche mithilfe von Teilflächen. Vergleiche hierzu das Produkt der beiden Rechtecksseitenlängen $\sqrt{8}\cdot\sqrt{2}$. Wie groß ist der Quotient der Rechtecksseitenlängen $\frac{\sqrt{8}}{\sqrt{2}}$?

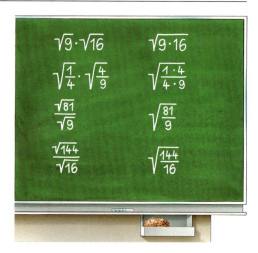

Sind die Radikanden von Quadratwurzeln, die miteinander multipliziert oder dividiert werden, Quadratzahlen, kann das **Produkt** oder der **Quotient** leicht bestimmt werden:

$\sqrt{49}\cdot\sqrt{36} = 7\cdot 6 = 42$ $\qquad \frac{\sqrt{144}}{\sqrt{9}} = \frac{12}{3} = 4$

Multipliziert oder dividiert man zunächst die Radikanden und zieht anschließend die Wurzel, bekommt man:

$\sqrt{49\cdot 36} = \sqrt{1\,764} = 42$ $\qquad\qquad \sqrt{\frac{144}{9}} = \sqrt{16} = 4$

Also gilt: $\sqrt{49}\cdot\sqrt{36} = \sqrt{49\cdot 36}$ $\qquad\qquad \frac{\sqrt{144}}{\sqrt{9}} = \sqrt{\frac{144}{9}}$.

Entsprechend kann man mithilfe der Potenzgesetze (vergleiche S. 9) auch die Regeln für die Multiplikation und Division dritter Wurzeln begründen:

(1) $\sqrt[3]{a}\cdot\sqrt[3]{b} = a^{\frac{1}{3}}\cdot b^{\frac{1}{3}}$
$\qquad\qquad = (a\cdot b)^{\frac{1}{3}}$
$\qquad\qquad = \sqrt[3]{a\cdot b}$

(2) $\sqrt[3]{a}:\sqrt[3]{b} = a^{\frac{1}{3}}:b^{\frac{1}{3}}$ ($b\neq 0$)
$\qquad\qquad = \left(\frac{a}{b}\right)^{\frac{1}{3}}$
$\qquad\qquad = \sqrt[3]{\frac{a}{b}}$

Bei der Multiplikation und Division von Wurzeln mit gleichen Exponenten gilt allgemein:
$\sqrt[n]{a}\cdot\sqrt[n]{b} = \sqrt[n]{a\cdot b}$ und $\sqrt[n]{a}:\sqrt[n]{b} = \sqrt[n]{\frac{a}{b}}$
($a; b \in \mathbb{R}^+$; $b \neq 0$; $n \in \mathbb{R}$; $n \neq 0$)

Beispiele:

a) $\sqrt[3]{2{,}7}\cdot\sqrt[3]{10} = \sqrt[3]{27} = 3$ $\qquad\qquad$ b) $\frac{\sqrt[3]{132}}{\sqrt[3]{2}} = \sqrt[3]{\frac{132}{2}} = \sqrt[3]{64} = 4$

Bemerkung: Man kann die beiden Gesetze auch bei mehreren Wurzeln anwenden.

c) $\sqrt{3}\cdot\sqrt{6}\cdot\sqrt{2} = \sqrt{3\cdot 6\cdot 2} = \sqrt{36} = 6$ $\qquad$ d) $\frac{\sqrt[3]{50}\cdot\sqrt[3]{10}}{\sqrt[3]{4}} = \sqrt[3]{\frac{50\cdot 10}{4}} = \sqrt[3]{125} = 5$

Multiplikation und Division von Wurzeln

Aufgaben

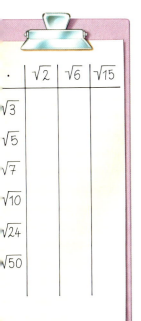

3
Rechne im Kopf.
a) $\sqrt{3}\cdot\sqrt{12}$ b) $\sqrt{32}\cdot\sqrt{2}$ c) $\sqrt{27}\cdot\sqrt{3}$
d) $\sqrt{2}\cdot\sqrt{72}$ e) $\sqrt{18}\cdot\sqrt{8}$ f) $\sqrt{6}\cdot\sqrt{24}$

4
Schreibe als Produkt zweier Wurzeln und rechne im Kopf.
a) $\sqrt{36\cdot 16}$ b) $\sqrt{64\cdot 25}$ c) $\sqrt{49\cdot 9}$
d) $\sqrt{121\cdot 36}$ e) $\sqrt{100\cdot 144}$ f) $\sqrt{81\cdot 169}$

5
a) $\sqrt{0{,}49\cdot 100}$ b) $\sqrt{10}\cdot\sqrt{3{,}6}$ c) $\sqrt{3{,}2}\cdot\sqrt{5}$
d) $\sqrt{2{,}5}\cdot\sqrt{0{,}9}$ e) $\sqrt[3]{2}\cdot\sqrt[3]{62{,}5}$ f) $\sqrt[3]{400}\cdot\sqrt[3]{20}$

6
a) $\sqrt{\frac{1}{2}}\cdot\sqrt{\frac{9}{2}}$ b) $\sqrt{\frac{4}{25}\cdot\frac{49}{9}}$ c) $\sqrt{\frac{5}{2}}\cdot\sqrt{\frac{5}{8}}$
d) $\sqrt{\frac{64}{25}\cdot\frac{81}{4}}$ e) $\sqrt{\frac{2}{27}}\cdot\sqrt{\frac{8}{3}}$ f) $\sqrt[3]{\frac{81}{40}}\cdot\sqrt[3]{\frac{5}{3}}$

7
Berechne ohne Taschenrechner.
a) $\sqrt{0{,}04\cdot 121}$ b) $\sqrt{6}\cdot\sqrt{0{,}24}$ c) $\sqrt{0{,}25\cdot 0{,}09}$
d) $\sqrt{0{,}32}\cdot\sqrt{200}$ e) $\sqrt{\frac{1}{4}\cdot 0{,}01}$ f) $\sqrt[3]{\frac{1}{2}}\cdot\sqrt[3]{\frac{1}{4}}$

8
Rechne auch mit mehr als zwei Faktoren.
a) $\sqrt{7}\cdot\sqrt{21}\cdot\sqrt{3}$ b) $\sqrt{49\cdot 25\cdot 9}$
c) $\sqrt{81\cdot 36\cdot 4}$ d) $\sqrt{2}\cdot\sqrt{6}\cdot\sqrt{12}$
e) $\sqrt{3}\cdot\sqrt{54}\cdot\sqrt{2}$ f) $\sqrt{144\cdot 25}\cdot\sqrt{3}\cdot\sqrt{12}$

9
Berechne ohne Taschenrechner.
a) $\frac{\sqrt{75}}{\sqrt{3}}$ b) $\frac{\sqrt{80}}{\sqrt{5}}$ c) $\frac{\sqrt{72}}{\sqrt{2}}$ d) $\frac{\sqrt{125}}{\sqrt{5}}$
e) $\frac{\sqrt{3}}{\sqrt{27}}$ f) $\frac{\sqrt{7}}{\sqrt{63}}$ g) $\frac{\sqrt{176}}{\sqrt{11}}$ h) $\frac{\sqrt[3]{104}}{\sqrt[3]{13}}$

10
Schreibe zunächst als Quotient zweier Wurzeln.
a) $\sqrt{\frac{9}{16}}$ b) $\sqrt{\frac{36}{81}}$ c) $\sqrt{5\frac{4}{9}}$ d) $\sqrt{9\frac{43}{49}}$

11
Berechne.
a) $\sqrt{8}:\sqrt{2}$ b) $\sqrt{45}:\sqrt{5}$ c) $\sqrt{108}:\sqrt{3}$
d) $\sqrt{275}:\sqrt{11}$ e) $\sqrt{567}:\sqrt{7}$ f) $\sqrt{432}:\sqrt{12}$

12
Übertrage ins Heft und fülle die Lücken.
a) $\sqrt{5}\cdot\sqrt{\square}=\sqrt{100}$ b) $\sqrt{\square}\cdot\sqrt{27}=\sqrt{81}$
c) $\sqrt{\square}\cdot\sqrt{6}=12$ d) $\sqrt{7}\cdot\sqrt{\square}=14$
e) $\sqrt{0{,}5}\cdot\sqrt{\square}=0{,}5$ f) $\sqrt[3]{1{,}25}\cdot\sqrt[3]{\square}=0{,}5$

13
Setze für $\triangle$ und $\square$ die richtigen Ziffern ein, so dass die Gleichung stimmt.
a) $\sqrt{8\triangle}\cdot\sqrt{9}=\square 7$ b) $\sqrt{\square 6}\cdot\sqrt{36}=24$
c) $\sqrt{1\triangle 1}\cdot\sqrt{\square 00}=110$ d) $\sqrt{19\square}:\sqrt{4}=7$
e) $\sqrt{14\triangle}:\sqrt{36}=2$ f) $\sqrt{\triangle 76}:\sqrt{\square 4}=3$

14
Welcher Film läuft im Kino?
a) $\sqrt{14}\cdot\sqrt{126}=\square$ b) $\sqrt{396}:\sqrt{11}=\square$
c) $\sqrt{\square}\cdot\sqrt{289}=34$ d) $\sqrt{675}:\sqrt{\square}=15$
e) $\sqrt{117}\cdot\sqrt{\square}=39$ f) $\sqrt{\square 80}:\sqrt{5}=14$
g) $\sqrt{14\square}\cdot\sqrt{3}=21$ h) $\sqrt{50\square}:\sqrt{3}=13$
i) $\sqrt{92}\cdot\sqrt{\square 3}=46$ k) $\sqrt{396}:\sqrt{\square 4}=3$

15
Ergänze die Wurzelpyramide durch Multiplizieren bzw. Dividieren.

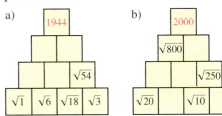

16
Schreibe mit einem einzigen Wurzelzeichen. Kürze gegebenenfalls und berechne.
a) $\frac{\sqrt{3}\cdot\sqrt{28}}{\sqrt{21}}$ b) $\frac{\sqrt{5}}{\sqrt{15}}\cdot\sqrt{75}$ c) $\sqrt{8}\cdot\sqrt{\frac{144}{450}}$
d) $\frac{\sqrt{175}}{\sqrt{3}}:\sqrt{21}$ e) $\frac{\sqrt{0{,}4}}{\sqrt{1{,}2}\cdot\sqrt{3}}$ f) $\sqrt{132}:\frac{\sqrt{66}}{\sqrt{8}}$

8 Wurzelgesetze

Wurzelgesetze
a) $\sqrt[n]{a} \cdot \sqrt[m]{a} = \sqrt[n \cdot m]{a^{n+m}}$
b) $\sqrt[n]{a} : \sqrt[m]{a} = \sqrt[n \cdot m]{a^{n-m}}$
c) $\sqrt[n]{\sqrt[m]{a}} = \sqrt[n \cdot m]{a}$
d) $\sqrt[n]{a} \cdot \sqrt[n]{b} = \sqrt[n]{a \cdot b}$
e) $\sqrt[n]{a} : \sqrt[n]{b} = \sqrt[n]{\frac{a}{b}}$

1
Rechne möglichst ohne Taschenrechner. a) $\sqrt{32} : \sqrt{8}$ b) $\sqrt{2{,}5} \cdot \sqrt{10}$ c) $\sqrt[3]{\sqrt{64}}$

2
Versuche, $\sqrt[4]{a} \cdot \sqrt[3]{a}$ mithilfe der Potenzgesetze zu vereinfachen.

Man kann die nebenstehenden Wurzelgesetze mithilfe der Potenzgesetze herleiten.
Für a, b, m und n gelten dabei die folgenden Bedingungen: (1) $a, b \in \mathbb{R}^+$
(2) $m, n \in \mathbb{Z}; m \neq 0; n \neq 0$

Beispiele

a) $\sqrt[3]{6} \cdot \sqrt[4]{6} = 6^{\frac{1}{3}} \cdot 6^{\frac{1}{4}}$
$= 6^{\frac{1}{3} + \frac{1}{4}}$
$= 6^{\frac{4+3}{12}}$
$= 6^{\frac{7}{12}}$
$= \sqrt[12]{6^7}$

b) $\sqrt[4]{a} : \sqrt[3]{a} = a^{\frac{1}{4}} : a^{\frac{1}{3}}$
$= a^{\frac{1}{4} - \frac{1}{3}}$
$= a^{\frac{3-4}{12}}$
$= a^{-\frac{1}{12}}$
$= \frac{1}{\sqrt[12]{a}}$

c) $\sqrt{\sqrt[4]{x^3}} = (x^{\frac{3}{4}})^{\frac{1}{2}}$
$= x^{\frac{3}{8}}$
$= \sqrt[8]{x^3}$

d) $\sqrt[3]{2} \cdot \sqrt[3]{4} = \sqrt[3]{8} = 2$
... umgekehrt:
$\sqrt{50} = \sqrt{25 \cdot 2} = \sqrt{25} \cdot \sqrt{2} = 5 \cdot \sqrt{2}$

e) $\frac{\sqrt{60}}{\sqrt{15}} = \sqrt{\frac{60}{15}} = \sqrt{4} = 2$

Aufgaben

3
Vereinfache mithilfe der Wurzelgesetze.
a) $\sqrt{x} \cdot \sqrt[3]{x^2}$
b) $\sqrt[5]{10} \cdot \sqrt[3]{10}$
c) $\sqrt[3]{(a+b)^2} \cdot \sqrt{a+b}$
d) $\sqrt[4]{8} \cdot \sqrt{8}$

4
a) $\sqrt[3]{x^2} : \sqrt{x}$
b) $\sqrt{z} : \sqrt[3]{z^2}$
c) $\sqrt[3]{(a+b)^2} : \sqrt{a+b}$
d) $\sqrt[5]{10} : \sqrt{10}$

5
a) $\frac{\sqrt{a} \cdot \sqrt[3]{a}}{\sqrt[4]{a}}$
b) $\sqrt[3]{x^2} \cdot \sqrt{x}$
c) $\sqrt[3]{(x+y)^6} \cdot \sqrt{(x+y)^4}$
d) $\sqrt[3]{(x+y)^6} : \sqrt{(x+y)^4}$

6
Vereinfache zunächst mithilfe der Wurzelgesetze und rechne dann mit dem Taschenrechner (2 Dezimalstellen).
a) $\sqrt{\sqrt{6}}$
b) $\sqrt[3]{\sqrt{1000}}$
c) $\sqrt[4]{\sqrt[3]{0{,}1}}$
d) $\sqrt{\sqrt{625}}$
e) $\sqrt{\sqrt[3]{8}}$
f) $\sqrt{\sqrt[3]{4}}$
g) $\sqrt{8} \cdot \sqrt[3]{8}$
h) $\sqrt[3]{100} \cdot \sqrt{100}$
i) $\sqrt[3]{0{,}1} \cdot \sqrt{0{,}1}$

7
Berechne möglichst ohne Taschenrechner.
a) $\sqrt{15} \cdot \sqrt{2{,}4}$
b) $\sqrt{1{,}2} \cdot \sqrt{30}$
c) $\sqrt[3]{18} \cdot \sqrt[3]{1{,}5}$
d) $\sqrt[4]{16} \cdot \sqrt[4]{625}$
e) $\sqrt{1000} : \sqrt{10}$
f) $\sqrt{2{,}5} : \sqrt{0{,}1}$
g) $\frac{\sqrt[3]{3{,}2}}{\sqrt[3]{0{,}4}}$
h) $\frac{\sqrt{5}}{\sqrt{0{,}2}}$

8
Löse die Gleichungen durch inhaltliche Überlegungen.
a) $\sqrt[3]{x} + 8 = 10$
b) $\sqrt[4]{x} - 2 = 0$
c) $\sqrt{x - 11} = 5$
d) $\sqrt[3]{x+1} = 1$
e) $\sqrt{\frac{x}{7}} = 1$
f) $\sqrt[3]{100 + x} = 5$

9
Setze $<$; $=$ oder $>$ richtig ein.
a) $\sqrt[3]{2} \square \sqrt[3]{3}$
b) $\sqrt[3]{2} \square \sqrt{2}$
c) $\frac{1}{\sqrt{2}} \square \frac{1}{\sqrt[3]{3}}$
d) $\sqrt[3]{8} \square \sqrt{4}$
e) $-\sqrt{3} \square \sqrt{3}$
f) $(-\sqrt{2})^2 \square (-\sqrt{2})^3$

9 Der Logarithmus

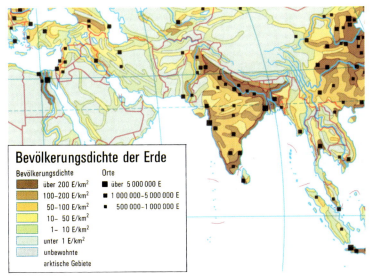

Bevölkerungsdichte der Erde

Bevölkerungsdichte / Orte
- über 200 E/km² ■ über 5 000 000 E
- 100–200 E/km² ■ 1 000 000–5 000 000 E
- 50–100 E/km² ▪ 500 000–1 000 000 E
- 10– 50 E/km²
- 1– 10 E/km²
- unter 1 E/km²
- unbewohnte
- arktische Gebiete

1
1980 hatte Indien ungefähr 730 Millionen Einwohner. Das durchschnittliche Bevölkerungswachstum betrug zu der Zeit 2,5 %. Für welches Jahr würde bei unveränderter Wachstumsrate das Überschreiten der Milliardengrenze erwartet?

2
Um steuerliche Vorteile zu nutzen, werden bewegliche Güter häufig degressiv abgeschrieben. Der Wert des Gutes nimmt dabei jährlich um einen festen Prozentsatz des momentanen Wertes ab. Nach wie vielen Jahren ist eine 80 000 € teure Maschine bei einer Abschreibung von 20 % nur noch 21 000 € wert?

Das Wort Logarithmus hat einen griechischen Ursprung und heißt „Exponent".

Bei Gleichungen der Form $y = a^x$ wird häufig bei gegebener Basis a und bekanntem Wert y nach dem Exponenten gefragt.
Mit den bisherigen Mitteln konnten solche Aufgaben nur grafisch bzw. durch Probieren gelöst werden. Das Rechnen mit Logarithmen soll nun auch eine Berechnung des Exponenten ermöglichen. Der gesuchte Exponent x heißt **Logarithmus** zur Basis a. Der Logarithmus von 8 zur Basis 2 hat den Wert 3, denn $2^3 = 8$.

> Der **Logarithmus von y zur Basis a** (mit $a > 0$; $a \neq 1$; $y > 0$), kurz $\log_a y$, ist diejenige Zahl, mit der a potenziert werden muss, um y zu erhalten.
> Die Gleichung $x = \log_a y$ ist gleichwertig mit $a^x = y$.

Bemerkung: Der Logarithmus zur Basis 10 heißt auch **Zehnerlogarithmus** (oder dekadischer Logarithmus) und wird mit **lg** abgekürzt. $x = \log_{10} 1000 = \lg 1000 = 3$

Beispiele
Bestimmung des Logarithmus durch Probieren.

a) In der Aufgabe $2^x = 16$ wird diejenige Zahl gesucht, mit der 2 potenziert werden muss, um 16 zu erhalten.
$x = \log_2 16 = 4$
da $2^4 = 16$ ist.

b) $5^x = 125$
$x = \log_5 125$
$x = 3$
da $5^3 = 125$

c) $1000 = 10^x$
$x = \lg 1000$
$x = 3$
da $10^3 = 1000$

d) $2^x = 0{,}125$
$x = \log_2 0{,}125$
$x = -3$
da $2^{-3} = 0{,}125$

Bei neuen Taschenrechnern erfolgt die Eingabe so, wie man auch schreibt. In diesem Fall ist die $\boxed{\log}$-Taste zuerst zu drücken und dann der Wert einzugeben. Also:
$\boxed{\log}\ \boxed{526}\ \boxed{=}$

Auf dem Taschenrechner findest du eine Taste $\boxed{\log}$. Damit lässt sich nur der Logarithmus zur Basis 10, also der Zehnerlogarithmus berechnen.

e) Mit dem Taschenrechner:
$10^x = 526$
$x = \lg 526$
$x \approx 2{,}721$

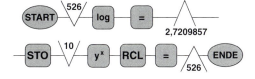

Der Logarithmus

Zehnerlogarithmus	**Logarithmus zu beliebiger**	**allgemein**
(dekadischer Logarithmus)	**Basis**	
$10^x = 5$	$a^x = 5$	$a^x = y$
$x = \log_{10} 5 = \lg 5$	$x = \log_a 5$	$x = \log_a y$
$\boxed{5}\ \boxed{\log}\ \boxed{=}\ \boxed{0{.}698970}$	keine Taste	
$x = 0{,}698970$	$x = ?$	$x = ?$

Auf dem Taschenrechner gibt es keine Taste, mit der auf direktem Weg der Logarithmus zu einer beliebigen Basis ermittelt werden kann. Deshalb muss ein Rechenverfahren gesucht werden, das die Berechnung unter Verwendung des Zehnerlogarithmus erlaubt.

In Beispiel c) und e) haben wir die Zehnerlogarithmen von 1 000 und 526 berechnet. Ohne den Zahlenwert des Logarithmus zu kennen, lässt sich die Gleichung
$1\,000 = 10^x$ auch schreiben als $1\,000 = 10^{\lg 1000}$ (s. Bsp. c)) oder
$526 = 10^x$ als $526 = 10^{\lg 526}$ (s. Bsp. e)).
Das lässt sich verallgemeinern: $z = 10^{\lg z}$ (wenn $z > 0$).

Die allgemeine Gleichung bedeutet, dass jede beliebige positive Zahl z als Zehnerpotenz (mit dem Exponenten lg z) darstellbar ist. Diese Aussage wenden wir auf die ursprüngliche Gleichung $a^x = y$ an.

> **Beachte:**
> $a^x = y$ ist gleichwertig mit
> $\log_a y = x$

$a^x = y$ | $a = 10^{\lg a}$ und $y = 10^{\lg y}$ einsetzen
$(10^{\lg a})^x = 10^{\lg y}$ | Anwenden der Potenzregeln
$10^{x \cdot \lg a} = 10^{\lg y}$ | Diese Gleichung ist erfüllt, wenn beide Exponenten gleich sind.
$x \cdot \lg a = \lg y$ | $: \lg a$
$x = \frac{\lg y}{\lg a}$ | gleichsetzen mit $x = \log_a y$
$\log_a y = \frac{\lg y}{\lg a}$

Der Logarithmus von y zu einer beliebigen Basis a kann mithilfe des Zehnerlogarithmus berechnet werden.
$$\log_a y = \frac{\lg y}{\lg a}.$$

Beispiele

a) $7^x = 2\,401$
$\log_7 2\,401 = \frac{\lg 2401}{\lg 7} = 4$
Probe: $7^4 = 2\,401$

b) Ein Kapital von 10 000 € wird zu 6 % fest angelegt.
Nach wie vielen Jahren ist es auf ca. 15 000 € angewachsen?
$10\,000 \cdot 1{,}06^t = 15\,000$
$1{,}06^t = \frac{15\,000}{10\,000} = 1{,}5$
$t = \log_{1{,}06} 1{,}5 = \frac{\lg 1{,}5}{\lg 1{,}06} \approx 6{,}96$
Nach ca. 7 Jahren ist das Kapital auf 15 000 € angewachsen.

c) Ein Badesee wurde durch Chemikalien mit 200 ppm verseucht. Die Verunreinigung nimmt alle 5 Tage um 15 % ab.
Nach wie vielen Tagen hat die Verunreinigung den unbedenklichen Wert von 10 ppm?
$200 \cdot 0{,}85^x = 10$ (x bezeichnet die Anzahl der Abschnitte zu je 5 Tagen)
$0{,}85^x = \frac{10}{200} = 0{,}05$
$x = \log_{0{,}85} 0{,}05 = \frac{\lg 0{,}05}{\lg 0{,}85} \approx 18{,}4$
Nach $18{,}4 \cdot 5$ Tagen = 92 Tagen kann wieder gebadet werden.

Der Logarithmus

Aufgaben

3
Schreibe als Potenzgleichung.
Beispiel: $\log_2 8 = 3$ ist gleichwertig mit
$$2^3 = 8$$
a) $\log_5 625 = 4$ b) $\log_6 7\,776 = 5$
c) $\log_8 64 = 2$ d) $\log_4 2 = \frac{1}{2}$
e) $\log_2 0{,}125 = -3$ f) $\log_{3{,}5} 12{,}25 = 2$
g) $\lg 1\,000 = 3$ h) $\lg 0{,}01 = -2$

4
Schreibe als Logarithmusgleichung.
Beispiel: $3^5 = 243$ ist gleichwertig mit
$$\log_3 243 = 5$$
a) $4^5 = 1\,024$ b) $7^3 = 343$
c) $\left(\frac{1}{3}\right)^2 = \frac{1}{9}$ d) $0{,}5^4 = 0{,}0625$
e) $8^{-3} = \frac{1}{512}$ f) $16^{0{,}5} = 4$
g) $10^4 = 10\,000$ h) $10^{-3} = 0{,}001$

5
Bestimme die Zahl x, deren Logarithmus gegeben ist.
a) $\log_2 x = 7$ b) $\log_5 x = 3$
c) $\log_{\frac{1}{2}} x = 3$ d) $\lg x = 4$
e) $\lg x = -1$ f) $\lg x = 1$

6
Bestimme den Logarithmus im Kopf.
a) $\log_2 32$ b) $\log_2 \frac{1}{4}$ c) $\log_9 81$
d) $\log_3 1$ e) $\log_5 25$ f) $\log_4 \frac{1}{64}$
g) $\log_7 7^5$ h) $\lg 1\,000$ i) $\lg 0{,}0001$

7
Bestimme den Logarithmus mit dem Taschenrechner.
a) $\lg 3\,285$; $\lg 0{,}0357$; $\lg 625$; $\lg \frac{2}{3}$
b) $\lg \frac{1}{1000}$; $\lg \frac{1}{10^7}$; $\lg 10^6$; $\lg 10^{-4}$
c) $\log_3 95$; $\log_6 832$; $\log_4 0{,}085$; $\log_4 9$

8
Begründe folgende Sonderfälle.
a) $\log_a a = 1$; $\lg 10 = 1$
b) $\log_a 1 = 0$; $\lg 1 = 0$
c) $\log_a a^n = n$, $\lg 10^n = n$

9
Von welchen Zahlen ist der Zehnerlogarithmus ganzzahlig?

10
Bestimme den Logarithmus.
a) $\log_3 3^x$ b) $\log_b \sqrt{b}$
c) $\log_5 \sqrt{5^k}$ d) $\log_a \sqrt[n]{a^m}$
e) $\log_c c^{x+y}$ f) $\log_a (a^x)^y$
g) $\lg 10^{x+3}$ h) $\lg 1\,000^2$

11
In der Gleichung $a^x = y$ kann der Potenzwert $y = a^x$, die Basis $a = \sqrt[x]{y}$ oder der Exponent $x = \log_a y$ gesucht sein. Übertrage die Tabelle in dein Heft und ergänze entsprechend.

Potenz-gleichung	Wurzel-gleichung	Logarithmus-gleichung
$3^6 = 729$		
	$\sqrt[8]{256} = 2$	
		$\log_4 1\,024 = 5$
		$\lg 10\,000 = 4$
$2^{-4} = 0{,}0625$		
	$\sqrt[4]{1296} = 6$	

12
Gib die Lösung folgender Gleichung an.
Beispiel: $\quad 5^{3x-2} = 9$
Lösungsweg: $3x - 2 = \log_5 9$
$$3x - 2 = \frac{\lg 9}{\lg 5}$$
$$3x = \frac{\lg 9}{\lg 5} + 2$$
$$x = \frac{1}{3}\left(\frac{\lg 9}{\lg 5} + 2\right)$$
$$x \approx 1{,}12174$$

Probe: $5^{3 \cdot 1{,}12174 - 2} = 5^{1{,}36522} = 9$

a) $12^x = 18$ b) $28^{x-4} = 270$
c) $5 \cdot 6^{2x+1} = 70$ d) $3^{2x} = 3^{x-1}$
e) $5 \cdot 2^x = 2 \cdot 5^x$ f) $3 \cdot 4^x = 6 \cdot 10^x$

13
Zeichne den Graphen der Funktion $y = \log_2 x$ im Intervall $[0{,}25; 3]$ mit der Schrittweite $0{,}25$. Fertige eine Wertetabelle an.

Der Logarithmus

Aufgaben

14
Ein Kapital von 3 500 € wurde zu 6,5 % angelegt.
a) Nach wie vielen Jahren ist das Kapital auf 4 000 € bzw. 6 000 € angewachsen?
b) Wie viele Jahre dauert es, bis es sich verdoppelt bzw. verdreifacht hat?

15
In einem leicht getrübten Wasser nimmt die Lichtintensität pro Meter um 12 % ab.
Bei wie viel Meter ist die Lichtintensität auf die Hälfte, auf ein Viertel gefallen?

16
Die Halbwertszeit von Calcium 49 beträgt ungefähr 8,7 Minuten. Um wie viel Prozent zerfällt Calcium 49 pro Minute?

17
Zeichne die beiden Funktionen $y = 1{,}5^x$ und $y = \log_{1{,}5} x$ im Intervall [0,5;5] in ein Koordinatensystem. Fertige zunächst für beide Funktionen eine Wertetabelle mit der Schrittweite 0,5 an. Vergleiche die Graphen.

18
Eine Tasse Kaffee hat eine Temperatur von 90 °C bei einer Raumtemperatur von 20 °C. Der Kaffee kühlt pro Minute um etwa 6 % der Differenz zwischen Kaffeetemperatur und Raumtemperatur ab. Der Kaffee kühlt also pro Minute um
$(90 - 20) \cdot 0{,}06 \text{ K} = 70 \cdot 0{,}06 \text{ K}$ ab. Nach t Minuten ist er demnach um $70 \cdot 0{,}06^t$ K abgekühlt. Er hat dann die Temperatur
$T = (20 + 70 \cdot 0{,}94^t)$ °C.
Dabei wird vorausgesetzt, dass die Raumtemperatur sich nicht ändert.
a) Nach wie viel Minuten hat der Kaffee eine Trinktemperatur von 60 °C?
b) Frau Philip-Kasper kann erst in 5 Minuten den Kaffee trinken. Die kalte Milch würde den Kaffee sofort um 10 K abkühlen. Sie möchte ihn möglichst heiß trinken. Was ist besser, die Milch sofort einzugießen oder erst in 5 Minuten?

Logarithmengesetze
Berechne folgende Aufgaben und vergleiche jeweils die beiden Ergebnisse miteinander. Was stellst du fest?
a) $\lg(3 \cdot 7)$ und $\lg 3 + \lg 7$
b) $\lg(117 \cdot 36)$ und $\lg 117 + \lg 36$
c) $\lg(35 : 5)$ und $\lg 35 - \lg 5$
d) $\lg(456 : 12)$ und $\lg 456 - \lg 12$
e) $\lg(7^3)$ und $3 \lg 7$
f) $\lg(0{,}4^6)$ und $6 \lg 0{,}4$
g) $\lg(\sqrt[4]{28})$ und $\frac{1}{4} \lg 28$
h) $\lg(\sqrt[5]{378})$ und $\frac{1}{5} \lg 378$

Allgemein gelten für alle $a, b \in \mathbb{R}^+$ folgende Logarithmengesetze:
1. $\lg(a \cdot b) = \lg a + \lg b$
2. $\lg(a : b) = \lg a - \lg b$
3. $\lg(a^x) = x \lg a \qquad x \in \mathbb{R}$
4. $\lg(\sqrt[x]{a}) = \frac{1}{x} \lg a \qquad x \in \mathbb{R}^+$

Beweis des 1. Logarithmengesetzes:
Zunächst gilt:
$a \cdot b = 10^{\lg(a \cdot b)}; \; a = 10^{\lg a}; \; b = 10^{\lg b}$
also ist
$a \cdot b = 10^{\lg(a \cdot b)} = 10^{\lg a} \cdot 10^{\lg b}$
nach Potenzregel folgt
$10^{\lg a} \cdot 10^{\lg b} = 10^{\lg a + \lg b}$
Somit ist
$10^{\lg(a \cdot b)} = 10^{\lg a + \lg b}$
Beide Exponenten müssen wertgleich sein. Deshalb folgt
$\lg(a \cdot b) = \lg a + \lg b$

Beweise ähnlich dem obigen Beweis die Logarithmengesetze 2 bis 4.

Zeige, dass die Logarithmengesetze auch für Logarithmen zu beliebigen Basen a ($a > 0; a \neq 1$) gelten.
Z. B. $\log_a(u \cdot v) = \log_a u + \log_a v$

Die Lösung der Exponentialgleichung $a^x = y$ kann mit dem 3. Logarithmengesetz leicht gefunden werden. Zeige dies!

Löse mithilfe des 3. Logarithmengesetzes die Gleichung
$3^{x+2} = 5^{x-1}$. Mache die Probe.

10 Vermischte Aufgaben

1
Schreibe als Potenz. Gib dabei alle Möglichkeiten an.
a) 64 b) 256 c) 625
d) 0,0016 e) 0,343 f) 0,0081
g) $\frac{16}{81}$ h) $\frac{81}{625}$ i) $\frac{729}{4096}$

2
Berechne.
a) $5^{-4} \cdot 5^6$ b) $2^{-2} \cdot 3^{-2}$ c) $(-4)^3 \cdot (-4)^{-2}$
d) $0,5^{-3} \cdot 4^{-3}$ e) $2^5 : 0,2^5$ f) $(-0,5)^{-2} : 10^{-2}$
g) $((\frac{2}{3})^{-2})^{-3}$ h) $(\frac{2}{7})^{-4} \cdot 14^{-4}$ i) $(\frac{3}{4})^{-1} : (\frac{3}{4})^{-3}$

3
Schreibe die Potenz als Produkt oder Quotient.
Beispiel: $2^{5+3} = 2^5 \cdot 2^3$
a) 3^{4+5} b) 5^{7-2} c) $(-2)^{-4+2}$
d) x^{2+5} e) y^{5-4} f) a^{-2-3}

4
Schreibe als Dezimalzahl.
Beispiel: $2^{-1} = \frac{1}{2} = 0,5$
a) 10^{-1} b) 10^{-3} c) $(0,1)^{-1}$
d) $4^{-\frac{1}{2}}$ e) 5^{-2} f) $8^{-\frac{1}{3}}$
g) $(2^{-1})^2$ h) $0,01^{\frac{1}{2}}$ i) $(4^{-1})^0$

5
Vereinfache mit einem Potenzgesetz.
a) $x^6 \cdot x^7$ b) $y^{-3} \cdot y^7$ c) $a^{-2} : a^{-5}$
d) $z^{-1} \cdot x^{-1}$ e) $x^{-2} : y^{-2}$ f) $(w^{-4})^{-7}$
g) $a^n \cdot a^{n+1}$ h) $5^{n+1} : 5^{n-1}$ i) $(v^{n-1})^{n+1}$

6
Schreibe mit abgetrennten Zehnerpotenzen.
a) 0,000245 b) 0,0000012
c) 0,71 d) 0,003875
e) 0,035 f) 0,00000001

7
Stelle die Werte für die Durchmesser in Zehnerpotenzschreibweise dar.
Herpesvirus 180 nm
Rotes Blutkörperchen 7,5 μm
Tuberkelbazillus 1 μm
Zuckermolekül 700 pm
Atomkern 10 fm

8
Berechne die Anzahl der Herzschläge über die gesamte Lebensdauer.

	Herzschläge pro min	Durchschnittliches Lebensalter (Jahre)
Wal	15	100
See-Elefant	25	40
Mensch	80	75
Mauersegler	700	21
Spitzmaus	50	1,5

9
Löse die Gleichungen inhaltlich.
a) $2^x + 14 = 30$ b) $(x^4 + 25) : 13 = 50$
c) $12^x - 10^x = 44$ d) $x^3 - 64 = 0$
e) $\frac{x^2}{2^x} = 1$ f) $(x+1)^3 = 8$
g) $0,5^{-1} + x = 10$ h) $x^{-2} \cdot 100 = 1$

10
Bestimme ohne Taschenrechner.
a) $\sqrt[3]{125}$ b) $\sqrt[3]{0,064}$ c) $\sqrt[4]{625}$
d) $\sqrt[5]{3125}$ e) $\sqrt[8]{256}$ f) $\sqrt[9]{512}$

11
Zwischen welchen natürlichen Zahlen liegt der Wert der n-ten Wurzel? Schätze und überprüfe mit dem Taschenrechner.
a) $\sqrt[3]{65}$ b) $\sqrt[4]{129}$ c) $\sqrt[4]{500}$
d) $\sqrt[5]{50}$ e) $\sqrt[6]{1500}$ f) $\sqrt[10]{950}$

12
Bestimme mit dem Taschenrechner. Runde auf 3 Dezimalstellen.
a) $8 \cdot \sqrt{3} - 2,5 \cdot \sqrt{7} + 3,8 \cdot \sqrt{11}$
b) $19 \cdot \sqrt{2,5} \quad 4,7 \cdot \sqrt{1,5} \cdot \sqrt{7,5}$
c) $2 \cdot \sqrt{13} - (3,1 \cdot \sqrt{3}) : (4,5 \cdot \sqrt{0,2}) + \sqrt{71,8}$

13
Die Hälfte der Summe zweier Zahlen bezeichnet man als **arithmetisches Mittel**.
Beispiel: $\frac{a+b}{2}$: $\frac{3+48}{2} = 25,5$
Die Wurzel des Produktes zweier Zahlen heißt **geometrisches Mittel**.
Beispiel: $\sqrt{a \cdot b}$: $\sqrt{3 \cdot 48} = \sqrt{144} = 12$
Berechne das geometrische Mittel von 24 und 6; von 22,5 und 2,5; von 1,25 und 1,8.

Ergänze.

Potenzschreibweise	Wurzelschreibweise
$5^{\frac{2}{3}}$	
	$\sqrt[3]{7^4}$
	$\sqrt{x^5}$
$5^{-\frac{2}{3}}$	
$8^{\frac{3}{4}}$	

??
In jeder Sekunde sterben 50 Millionen Körperzellen des Menschen ab und werden durch neue ersetzt.
Wie viele Zellen werden an einem Tag, wie viele in einem Jahr ersetzt?

Vermischte Aufgaben

$\sqrt{2} \cdot \sqrt[3]{2} = 2^{\frac{1}{2}} \cdot 2^{\frac{1}{3}}$
$= 2^{\frac{1}{2}+\frac{1}{3}}$
$= 2^{\frac{3+2}{6}}$
$= 2^{\frac{5}{6}}$
$= \sqrt[6]{2^5}$
$\approx 1{,}78$

$\sqrt{5} : \sqrt[3]{5} = 5^{\frac{1}{2}} : 5^{\frac{1}{3}}$
$= 5^{\frac{1}{2}-\frac{1}{3}}$
$= 5^{\frac{3-2}{6}}$
$= \sqrt[6]{5}$
$\approx 1{,}31$

Ein Mathematik-Professor sagte auf die Frage nach seinem Alter:
„Im Jahre x war ich Wurzel aus x Jahre alt." Er starb im Jahre 1971. Wann wurde er geboren? Wenn du dir die Jahreszahl seines Todes ansiehst, kannst du durch Probieren die Zahl herausfinden.

14
Vereinfache durch Kürzen der Exponenten. Schreibe das Ergebnis wieder als Wurzel.
Beispiel: $\sqrt[10]{a^4} = a^{\frac{4}{10}} = a^{\frac{2}{5}} = \sqrt[5]{a^2}$
a) $\sqrt[9]{a^6}$; $\sqrt[10]{a^{15}}$; $\sqrt[4]{a^2}$; $\sqrt[6]{a^9}$
b) $\left(\sqrt[9]{c}\right)^3$; $\left(\sqrt[8]{c}\right)^6$; $\left(\sqrt[4]{c}\right)^6$; $\left(\sqrt[6]{c}\right)^4$

15
Wende zuerst die Wurzelgesetze an und rechne dann mit dem Taschenrechner. Runde die Ergebnisse auf 2 Dezimalstellen.
a) $\sqrt[3]{10} \cdot \sqrt{10}$
b) $\sqrt{200} \cdot \sqrt[3]{200}$
c) $\sqrt[3]{0{,}1} \cdot \sqrt[4]{0{,}1}$
d) $\sqrt[3]{5^2} \cdot \sqrt{5}$
e) $\sqrt{40} \cdot \sqrt[3]{40} \cdot \sqrt[4]{40}$

16
a) $\sqrt{10} : \sqrt[3]{10}$ b) $\sqrt{200} : \sqrt[3]{200}$
c) $\sqrt[3]{200} : \sqrt{200}$ d) $\sqrt[3]{6^2} : \sqrt{6}$
e) $\dfrac{\sqrt{75} \cdot \sqrt[3]{75}}{\sqrt[4]{75}}$ f) $\dfrac{\sqrt[3]{75} \cdot \sqrt[4]{75}}{\sqrt{75}}$

17
Vereinfache durch teilweises Wurzelziehen.
Beispiel: $\sqrt[5]{m^8} = \sqrt[5]{m^5 \cdot m^3} = m \cdot \sqrt[5]{m^3}$
a) $\sqrt[3]{m^5}$ b) $\sqrt[3]{m^7}$ c) $\sqrt[3]{m^{10}}$

18
Versuche, im Kopf zu rechnen.
a) $\sqrt[3]{125}$ b) $\sqrt[4]{16}$ c) $\sqrt[5]{243}$
d) $\sqrt[6]{1\,000\,000}$ e) $\sqrt[7]{0{,}000\,000\,1}$

19
Vereinfache.
a) $\sqrt[3]{a^4} : \sqrt[3]{a}$ b) $\dfrac{\sqrt[5]{c^{13}}}{\sqrt[5]{c^3}}$
c) $\sqrt[4]{2^3} : \sqrt[4]{2}$ d) $\sqrt[4]{c^2} : \sqrt[4]{c^6}$

20
Rechne möglichst im Kopf.
a) $\sqrt[3]{4} \cdot \sqrt[3]{2}$ b) $\sqrt[4]{100} \cdot \sqrt[4]{100}$
c) $\sqrt[5]{64} : \sqrt[5]{2}$ d) $\sqrt[3]{\sqrt{1\,000\,000}}$

21
Setze <; = oder > richtig ein.
a) $\sqrt{7{,}5} \square \sqrt[3]{7{,}5}$ b) $\sqrt[3]{8} \square \sqrt[4]{16}$
c) $\sqrt[3]{\sqrt{10}} \square \sqrt{\sqrt[3]{10}}$ d) $\sqrt{0{,}2} \square 0{,}2$

22
Fasse gleichartige Terme zusammen.
a) $\sqrt{5} + 5\sqrt{5} - 10\sqrt{5} + 15\sqrt{5}$
b) $2\sqrt{3} - \sqrt{7} + 7\sqrt{3} - 3\sqrt{7} - \sqrt{3}$
c) $3\sqrt{2x} - 2\sqrt{3x} - 3\sqrt{3x} + 2\sqrt{2x}$
d) $\sqrt{ab} + a\sqrt{b} + 2\sqrt{ab} + b\sqrt{a} + 4\sqrt{ab}$

23
Ziehe die Wurzel so weit wie möglich.
a) $\sqrt{45}$ b) $\sqrt{160}$ c) $\sqrt{68}$
d) $\sqrt{176}$ e) $\sqrt{396}$ f) $\sqrt{768}$

24
Ziehe zunächst die Wurzeln so weit wie möglich und fasse zusammen.
a) $\sqrt{147} + \sqrt{32} + \sqrt{27} + \sqrt{128}$
b) $\sqrt{500x} - \sqrt{320x} + \sqrt{108x} - \sqrt{27x}$

25
Rechne und vereinfache, wenn möglich.
a) $\left(\sqrt{8} + \sqrt{10}\right) \cdot \sqrt{2}$ b) $\left(\sqrt{8} + \sqrt{10}\right) : \sqrt{2}$
c) $\sqrt{2{,}5} \cdot \left(\sqrt{10} + \sqrt{40}\right)$ d) $\left(\sqrt{10} + \sqrt{40}\right) : \sqrt{2{,}5}$
e) $\left(\sqrt{12} + \sqrt{8}\right) \cdot \left(\sqrt{3} + \sqrt{2}\right)$

26
Vereinfache durch Kürzen.
a) $\dfrac{2\sqrt{3}}{\sqrt{3}}$ b) $\dfrac{4\sqrt{2}}{12\sqrt{2}}$ c) $\dfrac{\sqrt{40}}{\sqrt{10}}$
d) $\dfrac{2\sqrt{5} + 5\sqrt{5}}{14\sqrt{5}}$ e) $\dfrac{2\sqrt{3} + 2\sqrt{6}}{3\sqrt{3} + 3\sqrt{6}}$

27
Berechne mit dem Taschenrechner. Runde das Ergebnis auf drei Dezimalstellen.
a) $\left(\sqrt{2} + 2\right)^3$ b) $\sqrt[3]{\sqrt{2} + 2}$
c) $\dfrac{1}{\sqrt{2} + 2}$ d) $\dfrac{\sqrt{2}}{\sqrt{2} + 2}$

Vermischte Aufgaben

28
Schwierige Aufgaben – einfache Ergebnisse.
a) $(\sqrt{4}-\sqrt{3})(\sqrt{2}-\sqrt{1})-(\sqrt{1}-\sqrt{2})(\sqrt{3}-\sqrt{4})$
b) $(\sqrt{5}-\sqrt{3})^2 \cdot \frac{4+\sqrt{15}}{2}$
c) $\frac{(\sqrt{18}+\sqrt{8})^2 \cdot (\sqrt{3}-\sqrt{12})^2}{\sqrt{22500}}$

29
Wende die binomischen Formeln an.
a) $\sqrt{x^2+12x+36}$ b) $\sqrt{x^3+2x^2+x}$
c) $\sqrt{\frac{4}{9}a^2x+\frac{2}{3}abx+\frac{1}{4}b^2x}$ d) $\sqrt{y^2-2+\frac{1}{y^2}}$

30
Vereinfache so weit wie möglich.
a) $\frac{\sqrt{5x}+\sqrt{x}}{\sqrt{x}} \cdot (\sqrt{5}-1) + (\sqrt{32}-\sqrt{2})^2$
b) $\sqrt{128}+\frac{\sqrt{5a^2}}{\sqrt{5a}}+\frac{4\sqrt{a}-a\sqrt{2}}{\sqrt{2a}}$
c) $\frac{2\sqrt{y}+\sqrt{2y}}{\sqrt{2y}}+\frac{8\sqrt{y}-2\sqrt{2y}}{\sqrt{8y}}$

31
Mithilfe der Faustformel $s=(\frac{T}{10})^2$, wobei T die Anzeige des Tachos (km/h) ist, kann man den zurückgelegten Bremsweg s (in m) auf trockener Straße näherungsweise bestimmen.
a) Berechne die Bremswege für T = 50 km/h und T = 100 km/h.
b) Welche Geschwindigkeit zeigte das Tachometer für die Bremswege s = 9 m bzw. s = 100 m an?

Wurzeln in Serie
$\sqrt{676}=26 \quad \sqrt{2601}=51 \quad \sqrt{5776}=76$
$\sqrt{576}=24 \quad \sqrt{2401}=49 \quad \sqrt{5476}=74$
Kannst du eine Gesetzmäßigkeit erkennen? Setze entsprechend fort.

Berechne die Quadratwurzeln. Setze die Reihe der Wurzelterme fort.
a) $\sqrt{1\cdot 3+1}$ b) $\sqrt{1+4\cdot 2}$
$\sqrt{2\cdot 4+1}$ $\sqrt{4+4\cdot 3}$
$\sqrt{3\cdot 5+1}$ $\sqrt{9+4\cdot 4}$
... ...

Berechne und setze fort.
a) $\sqrt{1^2+1+2}$ b) $\sqrt{1\cdot 5+4}$
$\sqrt{2^2+2+3}$ $\sqrt{2\cdot 6+4}$
$\sqrt{3^2+3+4}$ $\sqrt{3\cdot 7+4}$
... ...

Stelle für den Radikanden einen Term mit Variablen auf und weise nach, dass der Radikand stets eine Quadratzahl ist.

Wie geht's weiter? Berechne.
$\sqrt{1\cdot 3\cdot 5\cdot 7+16}$
$\sqrt{2\cdot 4\cdot 6\cdot 8+16}$
$\sqrt{3\cdot 5\cdot 7\cdot 9+16}$

Für die obige Folge von Quadratwurzeln gilt:
$\sqrt{n(n+2)(n+4)(n+6)+16} = n(n+6)+4$
Führe den allgemeinen Nachweis, indem du die rechte Seite quadrierst und mit dem Radikanden vergleichst.

32
Löse die Gleichungen und Ungleichungen durch inhaltliche Überlegungen. $x \in \mathbb{N}$.
a) $\sqrt{x+4}+140=x^2$
b) $\frac{\sqrt{x}}{2} \le 2$ c) $\sqrt{x}+\sqrt[3]{64}=6$

33
Ergänze die Tabelle für ein Quadrat.

a	d
$\sqrt{6}$	
	$\sqrt{6}$
$2+\sqrt{2}$	

Vermischte Aufgaben

34
Löse die angegebenen Formeln nach der in eckiger Klammer stehenden Variable auf.
a) $A = 4a^2$ [a] b) $O = 6a^2h$ [a]
c) $F = \frac{mv^2}{r}$ [v] d) $h = \frac{v_0^2}{2g}$ [v_0]
e) $A = \frac{3}{4}a^2\sqrt{3}$ [a] f) $x^2 + y^2 = z^2$ [y]
g) $r = \sqrt{t^2 - s^2}$ [s] h) $\frac{T_1^2}{T_2^2} = \frac{a_1^3}{a_2^3}$ [a_2]

35
Berechne jeweils x.

a)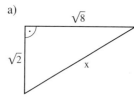

b)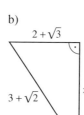

c)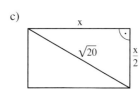

36
Ergänze die folgende Tabelle in deinem Heft. Es handelt sich um eine Kugel.

$O = 4\pi r^2$
$V = \frac{4}{3}\pi r^3$

r	O	V
$\sqrt{18}$		
	24π	
		12π

37
Gib die jeweilige Seitenlänge des betreffenden Würfels als 3. Wurzel an.
a) $V = 20$ cm³ b) $V = 0{,}4$ m³
c) $V = 30\,000$ mm³ d) $V = 2$ dm³

38
Berechne. Verwende die binomischen Formeln.
a) $(\sqrt{2} + 2)^2$ b) $(2 - \sqrt{2})^2$
c) $(\sqrt{6} + \sqrt{3})^2$ d) $(\sqrt{5} - \sqrt{2})^2$
e) $(\sqrt[3]{2} + 1)^2$ f) $(\sqrt{8} + 2)(\sqrt{8} - 2)$

39
Berechne für $a = \sqrt{2}$ die Termwerte.
a) $(a + \sqrt{8})^2$ b) $(a - \sqrt{8})^2$

40
Schreibe jeweils als Potenz- oder Wurzelgleichung.
a) $\log_4 256 = 4$ b) $\lg 0{,}001 = -3$
c) $\log_2 \sqrt{2} = 0{,}5$ d) $\lg \frac{1}{\sqrt{10}} = -0{,}5$

41
Schreibe jeweils als Logarithmusgleichung.
a) $3^5 = 243$ b) $\sqrt[3]{125} = 5$
c) $\frac{1}{4} = 2^{-2}$ d) $0{,}1 = 10^{-1}$
e) $5^{-3} = \frac{1}{125}$ f) $\sqrt{9} = 3$
g) $0{,}5^{-1} = 2$ h) $2^{-1} = 0{,}5$

42
Bestimme x.
a) $\log_5 x = 4$ b) $\log_2 x = -1$
c) $\log_3 x = \frac{1}{2}$ d) $\log_3 x = -\frac{1}{2}$
e) $\lg x = 7$ f) $\lg x = -1$

43
Berechne die Terme mit dem Taschenrechner.
a) $\sqrt{1 + \lg 5}$ b) $(1 - \lg 5)^2$
c) $\frac{1}{2 + \lg 5}$ d) $\sqrt[3]{10 - \lg 10}$

44
Zeichne eine Strecke $\overline{AB}$ von 10,0 cm Länge.
Trage darauf, immer von A beginnend, folgende Strecken im Maßstab 10 : 1 ab.
a) $\lg 1$ b) $\lg 2$
c) $\lg 4$ d) $\lg 8$
e) $\lg 5$ f) $\lg 10$

45
Löse die Gleichungen inhaltlich.
a) $10^x = 0{,}1$ b) $10^{x+1} = 1\,000$
c) $2^{x-1} = \frac{1}{8}$ d) $10^{2x} = 10^{3-x}$
e) $2^{x+1} = \sqrt{2}$ f) $\sqrt[3]{5} = 5^{1-x}$

LAUTSTÄRKE

Lautstärke in unmittelbarer Nähe der Schallquelle in dB

- 150 — Zerstörung des Innenohrs
- 140
- 130 — Schuß, Flugzeugstart (Schmerzgrenze)
- 120 — Mofa ohne Auspuff
- 110
- 100 — Popkonzert
- 90 — Preßlufthammer / Beginn von Hörschäden
- 80 — PKW im Stadtverkehr
- 70 — Beginn der nervlichen Beeinflussung
- 60
- 50 — Radio (Zimmerlautstärke) / normale Unterhaltung
- 40 — leise Radiomusik
- 30 — Flüstern
- 20 — tickende Uhr
- 10
- 0 — fallender Schnee / Hörgrenze

Menschen empfinden den Schall unterschiedlich laut. Ein objektives Maß ist die **Schallstärke s.** Sie bezeichnet die Leistung, mit der Schall auf 1 m² auftrifft, ihre Einheit ist W/m².

Wie laut wir diese Schallstärke wahrnehmen, hängt auch von der Frequenz, also der Tonhöhe ab. Töne zwischen 1 000 und 5 000 Hz hören wir am lautesten.
Eine Schallwelle mit der Frequenz von 1 000 Hz wird bei einer Schallstärke von $s_o = 10^{-12}$ W/m² gerade noch wahrgenommen.

Die eigentliche **Lautstärke L** wird über die Schallstärke ermittelt:

$$L = 10 \cdot \lg\left(\frac{s}{s_o}\right)$$
$$= 10 \cdot \lg\left(\frac{s}{10^{-12} \text{ W/m}^2}\right)$$
$$= 10 \cdot \lg(s \cdot 10^{12} \text{ m}^2/\text{W})$$

Die Einheit der Lautstärke ist das Dezibel A, abgekürzt dB bzw. dB(A). Das A weist auf die Berücksichtigung der hörbaren Frequenzen hin.

1
a) Um das Wievielfache nimmt die Schallstärke zu, wenn die Lautstärke um 10 dB, 20 dB, 30 dB oder 40 dB zunimmt?
b) Auf welchen Bruchteil sinkt die Schallstärke, wenn die Lautstärke von 80 dB bzw. 120 dB auf $\frac{1}{4}$ des Wertes fällt? Vergleiche die beiden Bruchteile. Was fällt dir auf? Kannst du aus deiner Erkenntnis eine allgemeine Regel formulieren?

2
a) Wie viel dB haben eine Sirene mit $s = 10^{-4}$ W/m² und ein Außenbordmotor mit $s = 10^{-6}$ W/m²?
Vergleiche die berechneten Werte mit der Lautstärkenskala.
b) Welche Schallstärke haben ein Niethammer von 110 dB und ein Wasserfall von 90 dB?

3
Die Schallstärke s nimmt quadratisch mit der Entfernung von der Schallquelle ab. Ist man n-mal soweit entfernt, so beträgt die Schallstärke nur noch das $\left(\frac{1}{n}\right)^2$-fache der ursprünglichen Stärke.
a) Ein startender Düsenjäger hat in 5 m Entfernung 140 dB. Welche Lautstärke hat er in 100 m, 1 000 m und 2 000 m? Vergleiche deine Werte mit der Tabelle.
b) Welche Lautstärke hat ein in 4 000 m Höhe fliegendes Flugzeug, wenn es in 50 m Höhe 100 dB hat?

4
Bei einem Heavy-Metal-Konzert strahlen die Boxen in 1 m Entfernung die Musik mit 120 dB ab. Wie weit musst du dich von den Boxen entfernen, damit du die Musik mit 60 dB (Zimmerlautstärke) hörst?

5
Ein Walkmanhörer befindet sich 1,5 m von dir entfernt. Du hörst die Musik trotzdem wie leise Radiomusik, also mit 50 dB. Der Kopfhörer befindet sich etwa 1,5 cm vom Trommelfell entfernt. Mit welcher Lautstärke hört dein Gegenüber die Musik? Vergleiche das Ergebnis mit der Lautstärkenskala.

Rückspiegel

1
Schreibe als Potenz und berechne.
a) $(-2)\cdot(-2)\cdot(-2)\cdot(-2)$
b) $\frac{2}{3}\cdot\frac{2}{3}\cdot\frac{2}{3}$
c) $\sqrt{3}\cdot\sqrt{3}\cdot\sqrt{3}\cdot\sqrt{3}$

2
Drücke die Zahlen in Zehnerpotenzschreibweise aus.
a) 70 000   b) 9 500 000
c) 10 840 000   d) 307 510 000

3
Gib jeweils in Zehnerpotenzschreibweise an.
a) 0,000 05   b) 0,000 007 84
c) 0,000 908 2   d) −0,000 410 7

4
Forme erst in die Potenzschreibweise um und vereinfache dann.
a) $\sqrt{a}\cdot\sqrt[3]{a}$ b) $\sqrt{a}:\sqrt[3]{a}$
c) $\sqrt[4]{a^3}\cdot\sqrt[3]{a}$ d) $\sqrt[3]{a}:\sqrt[4]{a^3}$
e) $\sqrt{\sqrt[3]{a}}$ f) $\left(\sqrt[3]{a}\right)^2$

5
Vereinfache durch teilweises Wurzelziehen.
a) $\sqrt{m^3}$ b) $\sqrt{75}$
c) $\sqrt[3]{16}$ d) $\sqrt{98}$
e) $\sqrt[4]{x^6}$ f) $\sqrt[3]{192}$

6
Fasse zusammen.
a) $\sqrt{32}+\sqrt{50}-\sqrt{2}-\sqrt{18}$
b) $\sqrt{2}+\sqrt[3]{2}-3\sqrt{2}+3\sqrt[3]{2}$
c) $\sqrt{11}+2\sqrt{5}-8\sqrt{11}-3\sqrt{5}$

7
Rechne möglichst im Kopf.
a) $\sqrt{3}\cdot\sqrt{27}$ b) $\sqrt{27}:\sqrt{3}$
c) $\sqrt[3]{2}\cdot\sqrt[3]{4}$ d) $\sqrt[3]{375}:\sqrt[3]{3}$
e) $\frac{1}{\sqrt[3]{8}}$ f) $\sqrt{\sqrt{16}}$
g) $\frac{\sqrt{3}+2\sqrt{3}}{\sqrt{3}}$ h) $\frac{\sqrt{5}+7\sqrt{5}}{\sqrt{50}}$

8
Kürze.
a) $\frac{\sqrt{3}}{2\sqrt{3}}$ b) $\frac{\sqrt{50}}{5\sqrt{5}}$
c) $\frac{3\sqrt{7}}{9\sqrt{7}}$ d) $\frac{\sqrt{5}+4\sqrt{5}}{10\sqrt{5}}$
e) $\frac{2\sqrt{2}-2\sqrt{3}}{10\sqrt{2}-10\sqrt{3}}$

9
Vereinfache zunächst und rechne dann mit dem Taschenrechner. Runde auf 2 Dezimalstellen.
a) $(3-\sqrt{3})^2$ b) $(\sqrt{2}+1)(\sqrt{8}-1)$
c) $(\sqrt{10}+\sqrt{40})^2$ d) $(\sqrt{3}+2)(\sqrt{3}-2)$
e) $(5\sqrt{2}+2\sqrt{5})(5\sqrt{3}-2\sqrt{5})$

10
Ergänze die Tabelle für das nebenstehende Rechteck. (Maßeinheit: 1 cm)

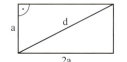

a	u	d
$\sqrt{10}$		
$12+\sqrt{8}$		
		$4+\sqrt{5}$

11
Berechne die Seitenlänge a und den Umfang u des Rechtecks ABCD.

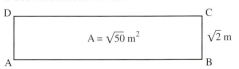

12
Berechne die Termwerte für $a=\sqrt{20}$. Verwende den Taschenrechner.
a) $\frac{a+1}{a-1}$ b) $(a+1)(a-1)$
c) a^4+a^2 d) $\frac{a^4-a^2}{a^2}$
e) a^2+2a+2 f) $(a-1):\sqrt{5}$
g) $\frac{a^2+2a+1}{a+1}$ h) $\frac{a^2-4a+4}{a-2}$

13
Löse die Gleichungen inhaltlich. Mache stets die Probe.
a) $18^x=\sqrt{18}$ b) $18^{2x+1}=\frac{1}{18}$
c) $10^{3x}=0{,}001$ d) $x:10^2=0{,}01$

II Potenzfunktionen. Exponentialfunktionen

Zweistellige Wachstumsraten

Wirtschaft wächst kräftig!

Preise für Häuser steigen weiter

Bis zum Jahr 2000 verdreifacht sich die Müllgebühr

Weltenergiebedarf verdoppelt sich alle fünfzehn Jahre.

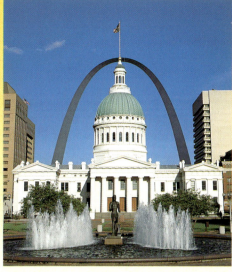

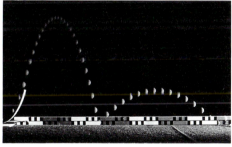

Stroboskopaufnahme einer springenden Kugel

Weltweit 2,3 Milliarden Autos im Jahr 2030

■ Heidelberger Wissenschaftler prognostizieren die globale Motorisierung

Wer heute ins Grüne fahren will, muss sich den deutschen Straßenraum mit mindestens 39.999.999 Autos teilen.

1 Die Funktionen $y = x$, $y = x^2$, $y = x^3$

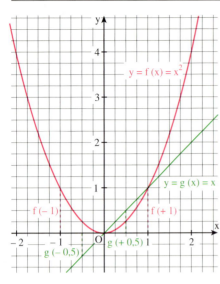

1
Ermittle von $y = f(x) = x^2$ und von $y = g(x) = x$ folgende Funktionswerte und vergleiche.

a) $f(-4)$ mit $f(4)$ b) $g(-4)$ mit $g(4)$
    $f(-2)$ mit $f(2)$ $g(-2)$ mit $g(2)$
    $f(-1)$ mit $f(1)$ $g(-1)$ mit $g(1)$
    $f(-\frac{1}{2})$ mit $f(\frac{1}{2})$ $g(-\frac{1}{2})$ mit $g(\frac{1}{2})$

2
Ergänze die Tabelle in deinem Heft.

x	−1,5	−1,0	−0,5	−0,2	0	+0,2	+0,5	+1,0	+1,5
x^3	−3,375		−0,125			0,008			

Man nennt $y = x^3$ eine „Funktion dritten Grades", weil der Exponent 3 heißt.
Der Zusammenhang zwischen der Seitenlänge a und dem Volumen V eines Würfels, nämlich $V = a^3$, ist auch eine Funktion 3. Grades.

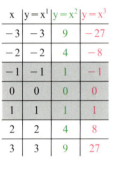

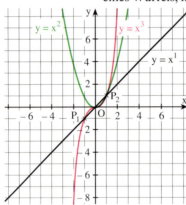

Wie wir aus der nebenstehenden Abbildung erkennen, wachsen für $y = x$ und $y = x^3$ in positiver Richtung der x-Achse deren Funktionswerte ständig, während sie für $y = x^2$ zunächst fallen, um dann wieder zu wachsen. Die Parabel hat an der Stelle $x = 0$ einen kleinsten Funktionswert (tiefsten Punkt).

Für die Normalparabel ist die y-Achse gleichzeitig Symmetrieachse. Es gilt allgemein: $f(x) = f(-x)$.
Dagegen finden wir für $y = h(x) = x^3$, dass zum Beispiel $h(2) = -h(-2)$ gilt.
Dieser Graph ist punktsymmetrisch zum Koordinatenursprungspunkt $(0;0)$.

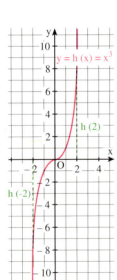

Die Potenzfunktionen $y = x$, $y = x^2$ und $y = x^3$ haben den Koordinatenursprungspunkt $(0;0)$ und den Punkt $P_2(1;1)$ gemeinsam.

Das Bild von $y = x$ ist eine Gerade, das Bild von $y = x^2$ heißt Normalparabel. Die Normalparabel hat die y-Achse als Symmetrieachse. Es gilt: $f(x) = f(-x)$.
Die Gerade und das Bild von $y = x^3$ liegen punktsymmetrisch zu $(0;0)$. Es gilt: $f(x) = -f(-x)$.

Für Definitions- und Wertebereiche gilt:

	Definitionsbereich	Wertebereich
$y = x$	$x \in \mathbb{R}$	$-\infty < y < \infty$
$y = x^2$	$x \in \mathbb{R}$	$0 \leq y < \infty$
$y = x^3$	$x \in \mathbb{R}$	$-\infty < y < \infty$

Bemerkung: Nehmen die y-Werte einer Funktion in positiver Richtung der x-Achse ständig zu, so nennt man das **monoton wachsend**, nehmen sie dagegen ständig ab, so nennt man das **monoton fallend**.

Die Funktionen y = x, y = x², y = x³

Aufgaben

3
Entscheide, ob die folgenden Zahlenpaare zur Funktion mit der Gleichung $y = x^3$ gehören.
a) $(-1,5; -3,375)$ b) $(-4; 64)$
c) $(2,5; 15,75)$

4
Berechne x_1, x_2 und x_3 für $y = x^3$ von
a) $(x_1; -42,875)$ b) $(x_2; 512)$
c) $(x_3; -343)$

5
Zeichne den Graph von $y = x^3$ und die Gerade mit der Gleichung $y = 4x$ in ein- und dasselbe Koordinatensystem.
Lies die Koordinaten der Schnittpunkte, die beide Graphen miteinander haben, ab.

6
Gib für a) $y = x^2$ und b) $y = x^3$ im Intervall $-3,5 \leq x \leq 3,5$
(1) den größten,
(2) den kleinsten Funktionswert an.

7
Schreibe die Funktionswerte von $y = x^2$ im Intervall $-5 \leq x \leq 0$ bei einer Schrittweite von 0,5 als Folge nacheinander auf. Nehmen diese Funktionswerte zu oder ab? Begründe deine Aussage.

8
Schreibe die Funktionswerte von $y = x$ im Intervall $-5 \leq x \leq 0$ bei einer Schrittweite von 0,5 als Folge nacheinander auf. Nehmen die Funktionswerte zu oder ab? Begründe deine Aussage.

9
Stelle den Zusammenhang zwischen der Kantenlänge a und dem Volumen V eines Würfels für die Länge a mit 0 cm ≤ a ≤ 5 cm grafisch dar.
Wähle auf der a-Achse als Maßstab für 1 cm ein Kästchen und auf der V-Achse für 1 cm³ 0,5 mm.

10
Ist $y = -x + 4$ monoton wachsend? Begründe.

x	y = x	y = x²
-5,0		
-4,5		
-4,0		
-3,5		
-3,0		
-2,5		
-2,0		
-1,5		
-1,0		
0,5		
0		

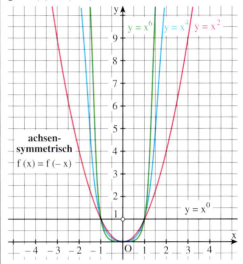

Die Potenzfunktionen $y = x^n$
$n \in \mathbb{N}$, n gerade:
Die Funktionen sind achsensymmetrisch. Es gilt: $f(x) = f(-x)$.

achsen-symmetrisch
$f(x) = f(-x)$

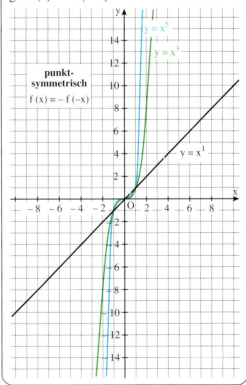

$n \in \mathbb{N}$, n ungerade:
Die Funktionen sind punktsymmetrisch. Es gilt: $f(x) = -f(-x)$.

punkt-symmetrisch
$f(x) = -f(-x)$

2 Die Funktionen $y = x^{-1}$, $y = x^{-2}$

v in $\frac{km}{h}$	t in s
100	3,6
	7,2
	14,4
20	
	36

1
Eine 100 m lange Strecke wird von einem Testfahrzeug mehrmals mit unterschiedlicher, aber jeweils gleichbleibender Geschwindigkeit durchfahren.
a) Vervollständige die Wertetabelle für die Zuordnung
Geschwindigkeit $\mapsto$ Fahrzeit.
b) Zeichne den Graphen der Funktion.

$x \cdot y = 1 \quad |:x; x \neq 0$
$y = \frac{1}{x}$
oder: $y = x^{-1}$

2
Das Produkt zweier rationaler Zahlen sei 1. Ergänze die Wertetabelle im Heft.

x	−10	−5	−4	−2	−1	−0,5	0	+0,5	+1	+2	+4	+5	+10
y													

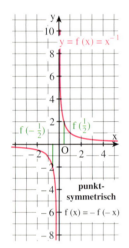

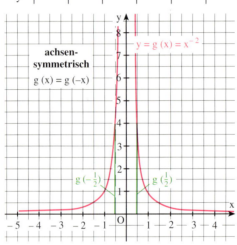

Die dargestellten Graphen nennt man **Hyperbeln**. Die y-Achse trennt die Hyperbel in zwei „Äste". Für x = 0 sind beide Funktionen nicht definiert, das heißt, für dieses Argument gibt es keinen Funktionswert. Betrachten wir den ersten Qudranten, so nehmen für sehr kleine x-Werte die zugehörigen y-Werte zu und umgekehrt gilt: Je größer die Argumente, desto kleiner die Funktionswerte.
Sinngemäß gilt das auch für den anderen Hyperbelast.
Für $y = x^{-1}$ sehen wir: $f(0,5) = -f(-0,5)$; $2 = -(-2)$; dagegen für $y = x^{-2}$:
$g(0,5) = g(-0,5)$; $4 = 4$.

Die Graphen von $y = x^{-1}$ und $y = x^{-2}$ nennt man **Hyperbeln**.
Das Bild von $y = x^{-2}$ hat die y-Achse als Symmetrieachse und das Bild von $y = x^{-1}$ ist punktsymmetrisch zu (0;0). Beide Graphen haben den Punkt P(1;1) gemeinsam.

	Definitionsbereich	Wertebereich
$y = x^{-1}$	$x \in \mathbb{R}; x \neq 0$	$-\infty < y < 0$ und $0 < y < \infty$
$y = x^{-2}$	$x \in \mathbb{R}; x \neq 0$	$0 < y < \infty$

$y = \frac{1}{x^2} \quad (x \neq 0)$
oder $y = x^{-2}$

x	$y = x^{-2}$
−4	$\frac{1}{16}$
−2	$\frac{1}{4}$
−1	1
$-\frac{1}{2}$	4
$\frac{1}{2}$	4
1	1
2	$\frac{1}{4}$
4	$\frac{1}{16}$

Beispiele:
a) Man berechnet die Funktionswerte von $y = x^{-1}$ so:
$x = -40; \quad y = \frac{1}{-40} = -0,025$

b) Die Funktionswerte von $y = x^{-2}$ berechnet man so:
$x = -0,2; \quad y = \frac{1}{(-0,2)^2} = \frac{1}{0,04} = 25$

Aufgaben

3
Berechne für
a) x = 0,02 b) x = 0,1 c) x = 200
die zugehörigen Funktionswerte von $y = x^{-1}$.

4
Berechne für
a) x = 0,1 b) x = −5 c) x = 10
die zugehörigen Funktionswerte von $y = x^{-2}$.

5
Überprüfe, ob die folgenden Zahlenpaare zur Funktion $y = x^{-1}$ gehören.
a) $(-\frac{2}{3}; -1,5)$ b) $(\frac{7}{8}; -0,875)$ c) $(40; 0,025)$

6
Berechne die zugehörigen Funktionswerte der Funktion $y = x^{-2}$ für
a) $x_1 = -0,1$ b) $x_2 = 10^3$ c) $x = 10^{-6}$.

7
Zeichne die Graphen von $y = x$ und $y = x^{-1}$ in ein- und dasselbe Koordinatensystem und lies die Schnittpunktkoordinaten ab.

8
Zeichne die Graphen von $y = x^2$ und $y = x^{-2}$ in ein- und dasselbe Koordinatensystem und lies die Schnittpunktkoordinaten ab.

9
a) Übertrage die Tabelle in dein Heft und ergänze.

x	−10	−8	−5	−4	−2	−1	−0,5
$y = x^{-1}$							
$y = x^{-2}$							

b) Wie verhalten sich die Funktionswerte, nehmen sie zu oder ab? Begründe deine Aussage.

10
Für die freie und ungedämpfte Schwingung gilt die Beziehung $T = f^{-1}$; dabei sind T die Periodendauer (in s) und f die Frequenz (in Hz, oder s^{-1}).
Berechne die Periodendauer T für
a) $f = 10^{-8}$ Hz   b) $f = 10^{-2}$ Hz
c) $f = 0,02$ s^{-1} d) $f = 20\,000$ s.

11

$$R = \frac{U}{I}$$

Berechne für 1 V die Widerstandswerte R. Ergänze die Tabelle in deinem Heft.

I (in A)	0,04	0,025	0,0004	0,0001
R (in Ohm)				

12
$y = x^{-4}$. Berechne die Funktionswerte für
a) $x_1 = -0,5$ und   b) $x_2 = 2$.

1. Ist der Exponent **negativ und geradzahlig**, erhält man stets positive Funktionswerte. Die y-Achse des Koordinatensystems bildet die Symmetrieachse. Die Graphen von Potenzfunktionen mit negativen und geradzahligen Exponenten schneiden sich stets in den Punkten $P_1(-1; 1)$ und $P_2(1; 1)$.

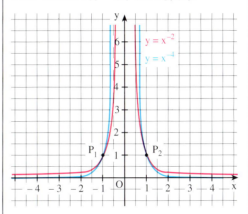

2. Ist der Exponent **negativ und ungeradzahlig**, ergeben sich für negative Argumente negative Funktionswerte, so dass die Hyperbeläste im 1. und 3. Quadranten liegen. Sie verlaufen punktsymmetrisch zum Koordinatenursprung. Als gemeinsame Punkte aller Graphen ergeben sich $Q_1(-1; -1)$ und $Q_2(1; 1)$.

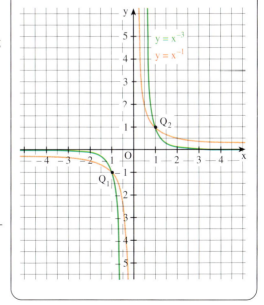

3 Die Funktionen $y = \sqrt{x}$, $y = \sqrt[3]{x}$

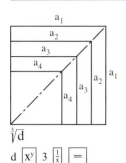

d $\boxed{x^y}$ 3 $\boxed{\frac{1}{x}}$ $\boxed{=}$

x	$\sqrt[3]{x}$
0	0,00
0,5	0,79
1	1,00
2	1,26
3	1,44
4	1,59
5	1,71
6	1,82
7	1,91
8	2,00

(auf 2 Dezimalstellen gerundet)

1
Berechne für die Quadrate $A_1 = 16{,}0$ cm², $A_2 = 12{,}0$ cm², $A_3 = 8{,}0$ cm² und $A_4 = 4{,}0$ cm² die zugehörigen Seitenlängen a_1, a_2, a_3 und a_4.

2
$V = a^3$ ist die Volumenformel für Würfel mit der Kantenlänge a.
Berechne für $V_1 = 16{,}0$ cm³, $V_2 = 12{,}0$ cm³, $V_3 = 8{,}0$ cm³ und $V_4 = 4{,}0$ cm³ die zugehörigen Seitenlängen a_1, a_2, a_3 und a_4.

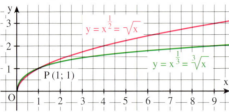

Die Funktionen $y = x^{\frac{1}{2}} = \sqrt{x}$ und $y = x^{\frac{1}{3}} = \sqrt[3]{x}$ sind für $x < 0$ nicht definiert.
In positiver x-Richtung nehmen die Funktionswerte beider Funktionen zu.
Beide Graphen haben den Koordinatenursprung (0;0) und den Punkt P(1;1) als gemeinsame Punkte.

Funktionen mit Gleichungen der Form $y = x^{\frac{1}{2}} = \sqrt{x}$ und $y = x^{\frac{1}{3}} = \sqrt[3]{x}$; $x \geq 0$; nennt man **Wurzelfunktionen**.

	Definitionsbereich	Wertebereich
$y = \sqrt{x}$	$x \in \mathbb{R}; 0 \leq x < \infty$	$0 \leq y < \infty$
$y = \sqrt[3]{x}$	$x \in \mathbb{R}; 0 \leq x < \infty$	$0 \leq y < \infty$

Aufgaben

3
Berechne die fehlenden Funktionswerte und die fehlenden Argumente.

a)
x	10	20	40	50		
$y = \sqrt{x}$	3				10	
$y = \sqrt[3]{x}$						10

b)
x	10^3	10^4	10^6	10^8	10^{10}	10^{15}
$y = \sqrt{x}$	31,6	10^2	10^3	10^4	10^5	10^8
$y = \sqrt[3]{x}$	10	21,5	100	464	464	10^5

4
Gehören die folgenden Zahlenpaare zur Funktion $y = \sqrt[3]{x}$?
a) (64;4) b) (−8;−2) c) (0,3;0,09)

5
Ergänze die Wertetabelle in deinem Heft.

x	0	0,5	1	2	4	5	10
$\sqrt[4]{x}$							

6
Die Rohre einer alten, überlasteten Kanalisationsanlage sollen durch größere ersetzt werden.
Die neuen Rohre sollen den doppelten Wasserdurchsatz der alten besitzen.
Welcher Änderung des Rohrdurchmessers ist dazu erforderlich?

7
Würfelförmige Abfallcontainer sollen durch ebensolche mit doppeltem Rauminhalt ersetzt werden.
Um wie viel Prozent unterscheidet sich die Seitenlänge der neuen von der Seitenlänge der alten Container?

8
Berechne mithilfe des Taschenrechners.
a) $\sqrt[5]{10}$ b) $\sqrt[6]{10}$
c) $\sqrt[8]{10}$ d) $\sqrt[10]{10}$

4 Die Funktionen $y = ax^n$

Gleichmäßig beschleunigte Bewegung:
$s = \frac{a}{2} t^2$

1
Ein Euroschlitten wird in den ersten 10 s seiner Fahrt mit $a = 0{,}5 \text{ m}\cdot\text{s}^{-2}$ beschleunigt, um dann mit gleichförmiger Geschwindigkeit weiter zu fahren.
Stelle ein Weg-Zeit-Diagramm im Intervall (0 s < t < 10 s) in einem geeigneten Koordinatensystem dar.

Gerade	Gleichung
g	$y = 4x$
h	$y = x$
k	$y = \frac{1}{4}x$

2
a) Zeichne die Geraden g, h und k in ein- und dasselbe Koordinatensystem.
b) Vergleiche den Verlauf der Geraden g mit dem der Geraden h.
c) Vergleiche den Verlauf der Geraden k mit dem der Geraden h.
d) Spiegele die Gerade k an der x-Achse und benenne sie mit k'. Gib die Gleichung von k' an. Vergleiche den Anstieg von k und k' miteinander.

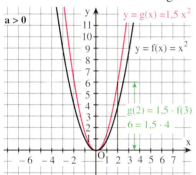
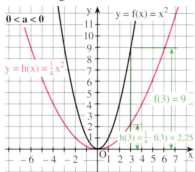
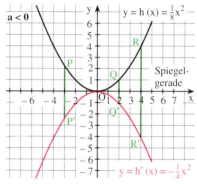

Im Falle $a > 1$ wird die Parabel gegenüber der Normalparabel längs der y-Achse um den Faktor a gestreckt.
Für $0 < a < 1$ wird die Parabel gegenüber der Normalparabel längs der y-Achse um den Faktor a gestaucht.
Ist $a < 0$, dann wird die betreffende Parabel an der x-Achse gespiegelt und um den Faktor $a > 0$ gestreckt oder gestaucht.
Analoges kann man über die Potenzfunktionen $y = ax^3$ und über $y = ax^{-1}$ sowie $y = ax^{-2}$ aussagen.

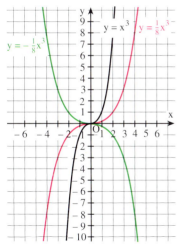

$y = ax^n$ ($a \in \mathbb{R}$; $n \in \mathbb{Z}$; $n \neq 0$)

1. **Symmetrie: n ist gerade Zahl**   **n ist ungerade Zahl**
   Der Graph ist symmetrisch zur   Der Graph ist punktsymmetrisch
   y-Achse: $f(x) = f(-x)$ bezüglich $(0;0)$: $f(x) = -f(-x)$

2. **Streckung, Stauchung, Spiegelung:**
   $a > 1$: Der Graph ist gegenüber dem Bild von $y = x^n$ längs der y-Achse **gestreckt**.
   $0 < a < 1$: Der Graph ist gegenüber dem Bild von $y = x^n$ längs der y-Achse **gestaucht**.
   $a < 0$: Der Graph ist gegenüber dem Bild von $y = x^n$ an der x-Achse **gespiegelt** und um Faktor $a > 0$ gestreckt oder gestaucht.

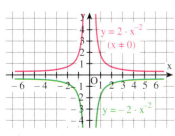

Bemerkung:
Die Potenzfunktionen $y = ax^n$ mit negativen, ganzen Exponenten sind an der Stelle $x = 0$ nicht definiert.

Die Funktionen y = ax^n

Aufgaben

3
a) Zeichne die Graphen in ein- und dasselbe Koordinatensystem.
$y = -\sqrt{x}$ und $y = -\sqrt[3]{x}$
b) Gib den größtmöglichen Definitions- und Wertebereich an.

4
Wie verhalten sich die Funktionswerte von $y = -x^{-2}$ in den Intervallen?
a) $-\infty < x < 0$ b) $0 < x < +\infty$

5
Zeichne die Graphen der folgenden Funktionen in ein- und dasselbe Koordinatensystem.
a) $y = x^2$ b) $y = 1,5x^2$
c) $y = 0,2x^2$ d) $y = -0,2x^2$

6
a) $y = x^3$ b) $y = 1,5x^3$
c) $y = -0,25x^3$ d) $y = 0,1x^3$

Gleichmäßig beschleunigte Bewegung:
$s = \frac{a}{2} \cdot t^2$
$v = a \cdot t$

7
a) $y = x^4$ b) $y = \frac{1}{8}x^4$
c) $y = -x^4$ d) $y = 1,2x^4$

8
Welcher Punkt liegt auf welcher Parabel?
A(3,5; −24,5) $y = 0,2x^2$
B(−10; 20) $y = -2x^2$
C(−10; −20) $y = 2,5x^2$
D(−4; 40) $y = -0,2x^2$

9
Welches Zahlenpaar gehört zu welcher Funktion?
a) (−0,1; −20) $y = -x^{-1}$
b) (3; −$\frac{1}{3}$) $y = 2x^{-2}$
c) (−0,01; −1) $y = 0,01x^{-1}$
d) (−1; 2) $y = -0,2x^{-2}$

10
Ermittle die Schnittpunktkoordinaten von $y = \frac{1}{x}$ ($x \neq 0$) mit $y = 4x$ zeichnerisch und rechnerisch.

11
Berechne jeweils a, wenn ($\frac{1}{2}$; 2) auf ...
a) $y = ax^3$ b) $y = ax^2$
c) $y = \frac{a}{x}$ d) $y = a\sqrt{x}$ liegt.

12
Gib jeweils den höchsten oder den tiefsten Punkt der Graphen folgender Funktionen an.
a) $y = 8x^2$ ($-1 \leq x \leq 2$)
b) $y = -x^2$ ($-4 \leq x \leq 1$)
c) $y = x^2 - 2$ ($-2 \leq x \leq 1$)
d) $y = x^3$ ($0 \leq x \leq 2$)

13
a) Ergänze die Wertetabelle.

x	0	1	2	4	8	10	16	20
$y = \frac{1}{2}\sqrt{x}$								
$y = -\frac{1}{2}\sqrt[3]{x}$								

b) Zeichne beide Graphen in ein- und dasselbe Koordinatensystem.

14
a) Ergänze die Tabelle für gleichmäßig beschleunigte Bewegungen für $a = 2,0 \text{ m} \cdot \text{s}^{-2}$.

t	10 s	20 s	1 min	1 h
v				
s				

b) Berechne in allen Fällen v in km/h.

15
Ein Pkw wird aus dem Stand in 10 s auf 100 km/h beschleunigt.
Berechne a und s.

16
Eine Kugel erhält einen ebenen Schnitt durch ihren Mittelpunkt.
Dadurch entsteht ein Kreis.
Nun sei die Maßzahl für den Flächeninhalt des Schnittkreises gleich der Maßzahl für das Volumen der Kugel. Für welche Maßzahl des Radius trifft das zu?

5 Wachstum und Abnahme

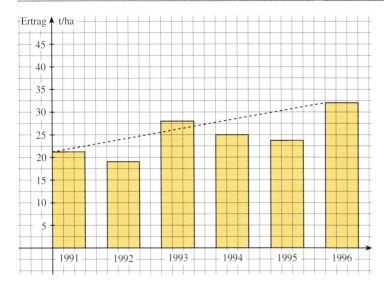

1
a) Gib annähernde Werte für die Hektarerträge an Kartoffeln eines Landwirtschaftsbetriebes an.
b) Um welche Durchschnittsmenge wuchs der Ertrag von 1991 bis 1996?
(Runde das Ergebnis sinnvoll.)

2
Ein Aquarium ist 15 cm hoch mit Wasser gefüllt. Die Wasserhöhe nimmt durch Verdunstung täglich um 0,8 cm ab.
Stelle dies in einem Diagramm dar.

Viele Größen in Wirtschaft, Natur und Technik wachsen bzw. fallen in Abhängigkeit einer zweiten Größe, z. B. der Zeit. Ist der neue Wert größer als der alte, so liegt **Wachstum** vor, ist der neue Wert hingegen kleiner, so liegt eine **Abnahme**, auch negatives Wachstum genannt, vor.
Einen Sonderfall stellt das **lineare Wachstum** bzw. die **lineare Abnahme** dar. Er liegt vor, wenn in gleich großen Abschnitten die Zu- bzw. Abnahme immer den gleichen Betrag hat.

Bei der Wasserhöhe des Aquariums handelt es sich um eine lineare Abnahme.

Die Grafik von Aufgabe 1 stellt ein unregelmäßiges Wachstum dar.

Zeit (Tage)	Höhe Abnahme in Zentimeter		Jahr	t/ha	Zu-/Abnahme
0	15,0	} −0,8	1991	21	} −2
1	14,2	} −0,8	1992	19	} +9
2	13,4	} −0,8	1993	28	} −4
3	12,6	} −0,8	1994	25	
4	11,8				

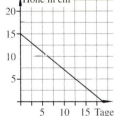

Bei einem linearen Wachstum bzw. einer linearen Abnahme wird von Abschnitt zu Abschnitt immer der gleiche Betrag d addiert bzw. subtrahiert. Deshalb kann der Wert y_n nach n Abschnitten aus dem Ausgangswert y_0 mit der Gleichung $y_n = y_0 + n \cdot d$ berechnet werden, wobei d positiv oder negativ ist, je nachdem, ob Wachstum oder Abnahme vorliegt.

> Nimmt eine Größe in gleich großen Abschnitten immer um den gleichen Betrag d zu bzw. ab, so liegt **lineares Wachstum** bzw. **lineare Abnahme** vor. Der Wert des n-ten Abschnitts y_n berechnet sich aus dem Anfangswert y_0 durch die Gleichung:
> $$y_n = y_0 + n \cdot d$$

Bemerkung: Häufig liegt nur über wenige Abschnitte hinweg exaktes lineares Wachstum bzw. lineare Abnahme vor. Es ist jedoch oft möglich, Wachstumsvorgänge näherungsweise als linear zu beschreiben. Der Betrag d der Zu- bzw. Abnahme muss dann aus der Formel $y_n = y_0 + n \cdot d$ berechnet werden.

Wachstum und Abnahme

Jahr	Umsatz (Mio. €)
1990	1,3
1991	1,7
1992	2,1
1993	2,5
1994	2,9
1995	3,1
1996	3,1
1997	3,4
1998	3,6
1999	4,0
2000	4,4

Beispiel

Die Firma Schmallenberg & Co. hat in den Jahren 1990 bis 2000 die links aufgeführten Umsatzzahlen in Millionen € erzielt. In den Jahren 1990 bis 1994 und 1998 bis 2000 liegt ein exaktes lineares Wachstum mit d = 0,4 Mio. € vor.
Über die zehn Jahre hinweg liegt näherungsweise ein lineares Wachstum vor.

$d = \frac{(4{,}4 - 1{,}3)}{10}$ Mio. € = 0,31 Mio. €

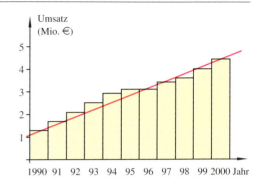

Aufgaben

3

Im Januar 1995 gab es in Westeuropa ein „Jahrhunderthochwasser".

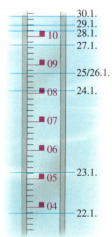

Pegelstand des Rheins bei Köln (1995)

In der Zeit vom 22. 1., 13.00 Uhr bis 25. 1., 13.00 Uhr stieg der Pegel des Rheins bei Köln von 3,78 m auf 8,67 m. Am 30. 1. erreichte er um 21.00 Uhr mit 10,68 m den Höchststand.
a) Wie viel Zentimeter betrug jeweils das durchschnittliche Wachstum? Was wird bei solchen Angaben immer vorausgesetzt?
b) Am 1. 2. hatte der Rhein bei Köln um 13.00 Uhr immer noch einen Pegelstand von 10,12 m. Es wurde gemeldet, dass er nun um 4 cm pro Stunde sinken würde. Nach wie vielen Stunden (Tagen) hätte er danach wieder einen Pegelstand von unter 8 m gehabt?

4

Suche weitere Beispiele für lineares Wachstum bzw. für lineare Abnahme.

5

Die Konzentrations- und Reaktionsfähigkeit des Menschen wird durch Alkoholeinnahme stark beeinträchtigt. Kraftfahrer, die mit mehr als 1,3‰ Alkoholgehalt im Blut fahren, erhalten eine gerichtliche Strafe. Bei mehr als 0,8‰ gibt es zumindest ein Bußgeld. Aber auch bei weniger als 0,8‰ kann man bestraft werden, wenn der Verkehr gefährdet wird. Das gilt auch für Radfahrer! Der Alkohol wird in der Leber abgebaut, pro Stunde um etwa 0,1‰-Punkte.
a) Stelle die Abnahme für die Ausgangswerte 2,4‰ und 1,7‰ grafisch dar. Lies ab, nach wie vielen Stunden der Alkoholgehalt jeweils auf 0,5‰ gesunken ist.
b) Nach einer Geburtstagsfeier legt sich Herr Baum mit 2,1‰ um 1.00 Uhr ins Bett. Morgens um 7.30 Uhr möchte er mit dem Auto zur Arbeit fahren. Darf er das? Wann könnte Herr Baum mit ruhigem Gewissen fahren?

6 €

In der Tabelle ist die Zahl der Ärzte in der Bundesrepublik Deutschland angegeben.

Jahr	1991	1992	1993	1994	1995	1996	1997
Anzahl (in Tsd.)	244	252	260	267	274	279	283

a) Berechne das durchschnittliche jährliche Wachstum.
b) Zeichne ein Streifendiagramm und trage darin die Gerade des durchschnittlichen Wachstums ein.

6 Wachstumsrate. Wachstumsfaktor

1
Der Graph zeigt den Pkw-Bestand in der BRD für die Jahre 1960, 1970, 1980 und 1990.
a) Berechne das absolute Wachstum des Pkw-Bestandes von Jahrzehnt zu Jahrzehnt. Berechne auch das prozentuale Wachstum und vergleiche diese Werte mit dem absoluten Wachstum.
b) Um wie viel Prozent hat der Pkw-Bestand von 1960 bis 1990 zugenommen? Vergleiche dieses Ergebnis mit der Summe der prozentualen Zunahmen pro Jahrzehnt. Was fällt dir auf? Kannst du den Unterschied begründen?

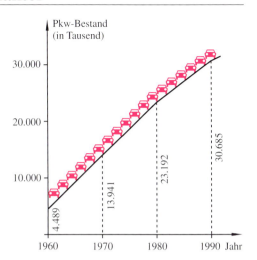

Wird ein Wachstum durch einen Prozentsatz beschrieben, so bezeichnet man diesen Prozentsatz als **Wachstumsrate**. Beträgt z. B. die Wachstumsrate 7 %, so wächst der alte Wert von 100 % auf 107 %, also auf das 1,07fache. Bei einer Abnahme von 14 % fällt der Wert von 100 % auf 86 %, also auf das 0,86fache. Der neue Wert kann somit auch durch Multiplikation des alten Wertes mit diesem Faktor 1,07 bzw. 0,86 berechnet werden.

Der Faktor, mit dem der alte Wert multipliziert werden muss, um den neuen Wert zu erhalten, heißt **Wachstumsfaktor**. Die Größe der Wachstumsrate bzw. des Wachstumsfaktors kann sich durch Vergrößern bzw. Verkleinern der betrachteten Abschnittsgröße wesentlich verändern.

Wachstumsrate: $p\% = \frac{\text{neue Größe} - \text{alte Größe}}{\text{alte Größe}}$

Wachstumsfaktor: $q = 1 + p\%$

Bemerkung: Bei einer Abnahme ist die Wachstumsrate p % negativ.

Beispiele
a) Die Arbeitslosenzahl stieg in der Bundesrepublik Deutschland von 1996 bis 1997 von 3 965 000 auf 4 384 000 Arbeitslose.
Die Wachstumsrate beträgt: $p\% = \frac{4\,384\,000 - 3\,965\,000}{3\,965\,000} \approx 10{,}57\%$
Das ergibt einen Wachstumsfaktor q = 1 + 0,1057 = 1,1057.
Mit dem Wert für p bzw. q lässt sich die umgekehrte Rechnung als Probe durchführen:
3 965 000 · 1,1057 = 4 384 100,5 ≈ 4 384 000.

b) Der Holzbestand eines Waldes im Jahr 1995 beträgt 80 000 m³. Der jährliche Zuwachs beläuft sich auf etwa 1,8 %.
Da es sich um eine Zunahme handelt, berechnet sich der Wachstumsfaktor folgendermaßen: q = 1 + p % = 1 + 0,018 = 1,018.
Bestand ein Jahr später: 80 000 m³ · 1,018 = 81 440 m³.
Im Jahr 1996 würde demnach der Wald einen Holzbestand von etwa 81 440 m³ haben.

Wachstumsrate. Wachstumsfaktor

Aufgaben

2
Berechne jeweils die Wachstumsrate und den Wachstumsfaktor.
a) Die Einwohnerzahl nahm in einem Jahr von 65 358 auf 68 217 zu.
b) Die Zahl der Verkehrsunfälle nahm im letzten Jahr von 9 817 auf 8 925 ab.
c) Das Einkommen stieg in den letzten 3 Jahren von 3 665 € auf 4 012 €.
d) Tanja war vor 5 Jahren 1,38 m groß, heute ist sie 1,64 m.

3
Berechne jeweils die alte bzw. neue Größe.
a) Die Belegschaft soll von 3 280 um 3,5 % abnehmen.
b) Der Umsatz von 3,6 Millionen soll um 5 % zunehmen.
c) Die Produktion hat sich um 8,2 % auf 454 440 Stück erhöht.
d) Das Kapital ist um das 1,09fache auf 272 500 € gestiegen.
e) Die Aktie ist von 240 € auf den 0,83fachen Wert gefallen.

4
Der Energieverbrauch wird in SKE (Steinkohleeinheiten) angegeben.
Er stieg von 1950 bis 1980 in den USA von 1 074,6 Mio. t SKE um 136,1 %, in den Entwicklungsländern von 134,3 Mio. t SKE um 733,5 %.
a) Welcher falsche Eindruck könnte entstehen, wenn nur die Prozentsätze angegeben würden?
b) Berechne den Energiebedarf von 1980 für die USA und die Entwicklungsländer.
c) Wer hatte absolut den größeren Zuwachs an Energiebedarf?
d) Die Bevölkerungszahlen der USA nahmen von 1950 bis 1980 von 170 Mio. auf 250 Mio., die der Entwicklungsländer von 1 100 Mio. auf 2 360 Mio. zu.
Berechne das prozentuale Wachstum der Bevölkerung.
e) Berechne das prozentuale Wachstum des Energieverbrauchs pro Kopf.

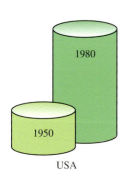
USA

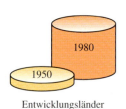
Entwicklungsländer

Wertpapierhandel
Daueremission Bund
Bundesschatzbrief Typ B

Laufzeit	Zinssatz	Rendite
1. Jahr	4,000	4,00
2. Jahr	5,250	4,62
3. Jahr	6,250	5,16
4. Jahr	6,750	5,56
5. Jahr	7,250	5,89
6. Jahr	7,250	6,12
7. Jahr	7,250	6,28

Rückzahlwert für € 100,–
Typ B € 153,16

5
Der Bundesschatzbrief Typ B läuft 7 Jahre und wächst mit Zinseszins an.
a) Wie groß ist jeweils von Jahr zu Jahr der Wachstumsfaktor?
b) Auf wie viel € wächst ein Kapital von 3 500 € in den 7 Jahren?
c) Berechne den Mittelwert der 7jährlichen Wachstumsfaktoren und prüfe an dem Beispiel von 3 500 €, ob dies der mittlere jährliche Wachstumsfaktor ist.
d) Welche Bedeutung hat die Spalte „Rendite"? Wähle als Beispiel ein Kapital von 100 €.
e) Gib die Wachstumsfaktoren für die Laufzeiten von einem Jahr bis sieben Jahre an.

6 €
Die folgende Tabelle zeigt die Entwicklung des durchschnittlichen Bruttostundenlohns für Arbeiterinnen im produzierenden Gewerbe von 1988 bis 1997.

1988	7,32 €	1993	9,39 €
1989	7,61 €	1994	9,70 €
1990	8,01 €	1995	10,08 €
1991	8,49 €	1996	10,41 €
1992	8,95 €	1997	10,55 €

a) Zeichne den Graphen der Lohnentwicklung.
b) Bestimme für jedes Jahr, für alle zwei Jahre, für alle drei Jahre die jeweiligen Wachstumsraten und vergleiche sie.

7 Exponentielles Wachstum

1
Weltweit beobachtet man besorgt die Zunahme resistenter Schädlingsarten. Kurz nach dem ersten Einsatz von DDT im Jahr 1945 zählte man 7 resistente Arten. Seither wächst ihre Anzahl jährlich um rund 15 %.
a) Stelle die Entwicklung für den Zeitraum 1945–1960 tabellarisch dar.
b) Erstelle eine entsprechende Grafik.
c) Kannst du eine Formel herleiten, mit der du die Anzahl der resistenten Arten für jedes beliebige Jahr berechnen kannst? Was denkst du über die weitere Entwicklung?

Zahlreiche Vorgänge verlaufen derart, dass ein Anfangswert in gleichen Zeitabschnitten um einen gleich bleibenden Prozentsatz, die Wachstumsrate, wächst oder abnimmt. So beträgt die erwartete Bevölkerung einer Stadt mit 10 000 Einwohnern bei einer Wachstumsrate von 3 % nach einem Jahr $10\,000 \cdot 1{,}03 = 10\,300$ Einwohner.
Nach 2 Jahren sind es $10\,000 \cdot 1{,}03 \cdot 1{,}03$, also $10\,000 \cdot 1{,}03^2$ Einwohner,
nach n Jahren $10\,000 \cdot 1{,}03^n$ Einwohner, usw.

Das Wachstum heißt *exponentiell*, weil die Variable, die bei gegebener Ausgangsgröße das Wachstum bestimmt, im *Exponenten* steht.

> Nimmt eine Größe in gleich großen Abschnitten immer um den gleichen Prozentsatz p % zu bzw. ab, so liegt ein **exponentielles Wachstum** bzw. eine **exponentielle Abnahme** vor. Die Größe wächst bzw. fällt dann in n Abschnitten auf das q^n-fache des Anfangswertes. Dabei ist q der Wachstumsfaktor mit $q = 1 + p\%$.

Bemerkung:
Wachstumsfaktor $q > 1$: exponentielles Wachstum
Wachstumsfaktor $0 < q < 1$: exponentielle Abnahme
Wachstumsfaktor $q = 1$: weder Wachstum noch Abnahme

Mit dem Taschenrechner lässt sich q^n leicht berechnen.

Z. B. $1{,}03 \boxed{y^x}\; 20 \boxed{=}$
$1{,}03^{20} \quad = 1{,}806\ldots$

Beispiele
a) Ein Vermögen von 200 € wird für 5 Jahre zu 7,6 % angelegt. Das Vermögen wächst mit Zinseszins.

Zeit (Jahre)	Kapital (€)
0	200 $= 200{,}00$
1	$200 \cdot 1{,}076 = 215{,}20$
2	$200 \cdot 1{,}076^2 \approx 231{,}56$
3	$200 \cdot 1{,}076^3 \approx 249{,}15$
4	$200 \cdot 1{,}076^4 \approx 268{,}09$
5	$200 \cdot 1{,}076^5 \approx 288{,}46$

Da die Zinsen jährlich gutgeschrieben werden, muss eigentlich von Jahr zu Jahr mit den jeweils gerundeten Werten weitergerechnet werden. Dadurch kann der Endwert von dem mit q^n berechneten Wert leicht abweichen. In unserem Beispiel würde das Kapital nach fünf Jahren bei einer jährlichen Berechnung mit Rundung 288,48 € betragen, also 2 Cent mehr.

Exponentielles Wachstum

Jod 135 ist ein radioaktiver Stoff, der sich nach und nach unter Aussendung von β-Teilchen in das Edelgas Xenon verwandelt. Pro Stunde wandeln sich etwa 10% der jeweils noch vorhandenen Jodatome in Xenon um. Man sagt auch, dass das Jodatom „zerfällt", und zwar in ein Xenonatom und ein β-Teilchen.

b) Bei radioaktiven Stoffen zerfällt pro Zeiteinheit immer derselbe Prozentsatz der jeweils noch vorhandenen radioaktiven Kerne. So zerfallen z. B. bei radioaktivem Jod 135 pro Stunde 10% der noch vorhandenen radioaktiven Kerne.
Es sei um 8.00 Uhr 500 mg radioaktives Jod 135 vorhanden.

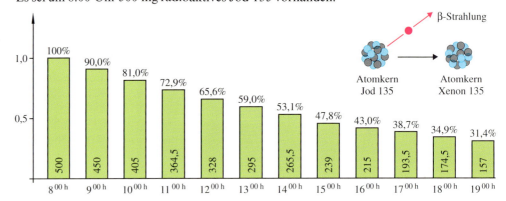

Um 11.00 Uhr sind z. B. nur noch 72,9% von 500 mg (= 364,5 mg) radioaktives Jod 135 vorhanden. Nach ungefähr $6\frac{1}{2}$ Stunden, gegen 14.30 Uhr, ist die Hälfte des radioaktiven Stoffes bereits zerfallen.

Aufgaben

2

Im 1980 veröffentlichten Bericht „Global 2000" wurde eine Tabelle zur Entwicklung der Weltbevölkerung veröffentlicht.

Gebiet	Bevölkerung 1975 in Mio.	Jährlicher Zuwachs in %
Welt	4090	1,8
Afrika	399	2,9
Asien	2274	1,9
Lateinamerika	325	2,7
Osteuropa	384	0,7
Westeuropa	708	0,5

a) Berechne nach dieser Tabelle die Bevölkerungszahlen für das Jahr 2000.
b) Bestimme den prozentualen Anteil der einzelnen Gebiete an der Weltbevölkerung für 1975 und 2000 und vergleiche. Zeichne dazu ein Streifendiagramm.
c) Versuche aktuelle Daten für die Bevölkerungsgröße zu bekommen und vergleiche sie mit den von dir nach den obigen Angaben berechneten. Erkläre eventuelle Abweichungen.

3

Eine Algenkultur wächst pro Tag um 30%. Die Anfangsmasse betrage 200 g.
a) Bestimme die Algenmasse für die nächsten 5 Tage und für die 4 Tage, bevor 200 g erreicht wurden.
Zeichne den zugehörigen Graphen.
b) In der Versuchsanordnung ist nur für 1200 g Algen Platz. Nach wie vielen Tagen ist das exponentielle Wachstum beendet?

4

Ein Kapital von 7200 € wird zu 8,25% für 10 Jahre festgelegt.
a) Bestimme Wachstumsrate und Wachstumsfaktor und berechne das Endkapital.
b) Zeichne den Graphen der Kapitalentwicklung für die gesamte Laufzeit.
c) Nach wie vielen Jahren hat sich das Kapital etwa verdoppelt?
d) Nach einer Näherungsformel gilt, dass sich ein Kapital, zu p% verzinst, nach $\frac{72}{p}$ Jahren verdoppelt.
Prüfe dies mit 3%, 8%, 7% und 10% nach.

8 Die Exponentialfunktion

1

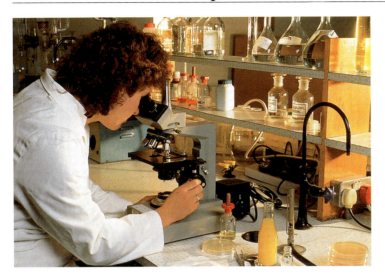

In einem Labor wird die Entwicklung von Bakterien bei unterschiedlichen Temperaturen beobachtet. Zu Beginn der Beobachtung haben alle Proben 320 Bakterien.
Probe I verdoppelt sich pro Stunde.
Probe II verdreifacht sich pro Stunde.
Probe III nimmt um die Hälfte pro Stunde zu.
Probe IV halbiert sich pro Stunde.
a) Erstelle für alle Proben eine Wertetabelle und zeichne den zugehörigen Graphen.
b) Erweitere die Tabelle und die Graphen bis zu drei Stunden vor Beobachtungsbeginn (bei gleichen Bedingungen).
c) Beschreibe Eigenschaften der Graphen.

Wächst ein Ausgangswert k in gleich großen Abschnitten immer um den gleichen Wachstumsfaktor q, so erhält man nach x Abschnitten den Endwert $y = k \cdot q^x$. So sind nach 4 Stunden die 320 Bakterien der 1. Probe auf $y = 320 \cdot 2^4 = 320 \cdot 16 = 5\,120$ Bakterien angewachsen.
Jedes prozentuale Wachstum führt auf eine Funktion der allgemeinen Form $y = c \cdot a^x$ mit $c \neq 0$ und $a \in \mathbb{R}^+; a \neq 1$. Für $a > 1$ verläuft der Graph monoton wachsend, für $0 < a < 1$ dagegen monoton fallend.

> Die Funktion $y = c \cdot a^x$ mit $c \neq 0; c \in \mathbb{R}^+; a \in \mathbb{R}^+; a \neq 1$, heißt **Exponentialfunktion**.

Beispiel
Zeichne die Graphen für $y_1 = 2^x$; $y_2 = 3^x$ und $y_3 = 0,5^x$.

x	y_1	y_2	y_3
-2	0,25	0,11	4
$-1,5$	0,35	0,19	2,83
-1	0,5	0,33	2
$-0,5$	0,71	0,58	1,41
0	1	1	1
0,5	1,41	1,73	0,71
1	2	3	0,5
1,5	2,83	5,2	0,35
2	4	9	0,25

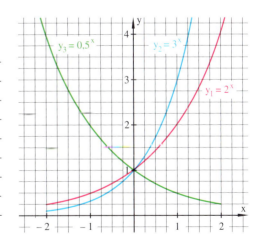

Bemerkung:
Die Exponentialfunktion $y = a^x$ hat folgende **Eigenschaften:**
1) Der Graph der Exponentialfunktion verläuft immer oberhalb der x-Achse.
2) Der Graph der Exponentialfunktion geht immer durch den Punkt (0;1).
3) Für $a > 1$ verläuft der Graph monoton wachsend, für $0 < a < 1$ verläuft er monton fallend.

Die Exponentialfunktion

Aufgaben

2

Welche Wertetabelle stellt ein lineares, welche ein exponentielles Wachstum dar? Gib in diesen Fällen jeweils die Funktionsgleichungen an.

x	−1	0	1	2	3
y_1	−2	1	4	7	10
y_2	0,1	1	10	100	1 000
y_3	3	2	1	0	−1
y_4	0,4	1	2,5	6,25	15,625
y_5	3	5	6	4	2
y_6	5	1	0,2	0,04	0,008

3

Zeichne die Graphen der Funktionen
$y_1 = 1{,}5^x$ und $y_2 = 0{,}4^x$.
Bestimme anhand der Graphen näherungsweise folgende Werte:
$1{,}5^{3{,}2}$; $1{,}5^{4{,}5}$; $1{,}5^{-1{,}7}$; $0{,}4^{-1{,}7}$; $0{,}4^{-0{,}3}$; $0{,}4^{1{,}5}$.

4

Zeichne die Graphen der Funktionen
$y_1 = \left(\frac{8}{5}\right)^x$ und $y_1^* = \left(\frac{5}{8}\right)^x$
$y_2 = \left(\frac{5}{4}\right)^x$ und $y_2^* = \left(\frac{4}{5}\right)^x$
$y_3 = 4^x$ und $y_3^* = 0{,}25^x$.
Was stellst du fest? Formuliere eine Regel.

5

Zeichne im Intervall $-2 \leq x \leq 3$ die Graphen $y_1 = 2^x$, $y_2 = 1{,}5 \cdot 2^x$ und $y_3 = 0{,}5 \cdot 2^x$.
Was bewirken die Faktoren 1,5 bzw. 0,5? Formuliere eine allgemeine Regel.

6

Zeichne im Intervall $-2 \leq x \leq 3$ die Graphen $y_1 = 2^x$, $y_2 = 2^x + 3$ und $y_3 = 2^x - 3$.
Was bewirken die Summanden 3 bzw. −3? Formuliere eine allgemeine Regel.

7

Zeichne im Intervall $-4 \leq x \leq 4$ die Graphen $y_1 = 0{,}8^x$ und $y_2 = 0{,}8^{-x}$. Was stellst du fest?

Wird die Funktion $y_1 = 2^x$ parallel zur x-Achse um 1 nach links verschoben, so erhalten wir die Funktion $y_2 = 2 \cdot 2^x$.

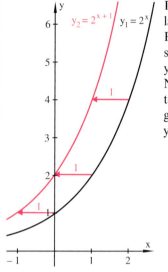

Der Faktor 2 lässt sich als Potenz von 2 schreiben.
$y_1 = 2^1 \cdot 2^x$
Nach den Potenzregeln gilt:
$y_2 = 2^1 \cdot 2^x$
$\quad = 2^{x+1}$

Dies lässt sich verallgemeinern:
Eine Funktion $y_1 = a^x$, die um b längs der x-Achse nach links verschoben wird, geht über in die Funktion $y_2 = c \cdot a^x$ mit $c = a^b$.
Wegen $a^b \cdot a^x = a^{x+b}$ gilt: $y_2 = a^{x+b}$.

Schreibe folgende Exponentialfunktionen in der Form $y = c \cdot a^x$:
$y_1 = 2{,}5^{x+1}$; $y_2 = 0{,}7^{x+3}$; $y_3 = 1{,}5^{x-2}$

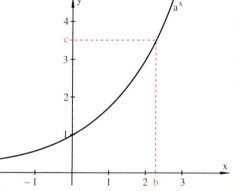

Bringe die erweiterte Exponentialfunktion auf die Form a^{x+b}. Beachte, dass du den Wert b nur näherungsweise aus dem Graphen der Funktion a^x bestimmen kannst.
$y_1 = 2 \cdot 3^x$; $y_2 = 1{,}5 \cdot 0{,}5^x$

9 Vermischte Aufgaben

$R = \dfrac{U}{I}$

$s = \dfrac{a}{2} t^2$

$v = a \cdot t$

1
Gegeben seien drei Funktionen mit den Gleichungen $y = f(x) = x^2$; $y = g(x) = 0{,}4x^2$ und $y = h(x) = -0{,}4x^2$; $-2 \leq x \leq +2$.
a) Zeichne die Graphen dieser drei Funktionen in ein- und dasselbe Koordinatensystem.
b) Vergleiche das Bild von g(x) mit der Normalparabel. Was stellst du fest?
c) Vergleiche die Bilder von g(x) und h(x) miteinander. Was stellst du fest?

2
Gegeben seien drei Funktionen mit den Gleichungen (I) $y = x^3$; (II) $y = 1{,}5x^3$ und (III) $y = -x^3$; $-2 \leq x \leq 2$.
a) Zeichne die Graphen dieser Funktionen in ein- und dasselbe Koordinatensystem.
b) Vergleiche das Bild von (I) mit dem Bild von (III). Was stellst du fest?
c) Vergleiche das Bild von (I) mit dem Bild von (II). Was stellst du fest?

3
Zeichne die Graphen von $y = 0{,}5x$ und von $y = -0{,}5x^2$ in ein- und dasselbe Koordinatensystem und lies die Schnittpunktkoordinaten beider Funktionen ab.
Überprüfe durch Rechnung.

4
Der Graph der Funktion $y = ax^{-1}$ geht durch den Punkt P(2;2).
Berechne a.

5
Für zwei rationale Zahlen x und y gelte: $x \cdot y = \tfrac{1}{2}$.
a) Ergänze die Wertetabelle im Heft.

x	−4	−2	−1	−0,5	0,5	1	2	4
y								

b) Zeichne die geordneten Paare als Punkte in ein Koordinatensystem.
Wie heißt ein solcher Graph?

6
Welche der folgenden Punkte liegen auf der Parabel mit der Gleichung $y = \tfrac{1}{4}x^2$?
A(2;1), B(−2;−1), C(20;10), D(−10;25)

7
Zeichne die Graphen der beiden Funktionen $y = \sqrt{x}$ und $y = -x + 2$ in ein- und dasselbe Koordinatensystem und lies die Schnittpunkte ab.

8
Berechne mithilfe des ohmschen Gesetzes für 20 V die Widerstandswerte

I	0,01 A	0,02 A	0,04 A	0,05 A
R				

und stelle den Zusammenhang in einem geeigneten Koordinatensystem grafisch dar.

9
Berechne für eine gleichmäßig beschleunigte Bewegung a und v (km/h), wenn ein Lkw in einer Beschleunigungsphase von 20 s eine Strecke von 0,25 km zurücklegt.

10
Ein Stahlwürfel von 1 cm³ habe eine Masse von 8 g. Bestimme daraus die Masse von Stahlwürfeln mit 2 cm, 5 cm und 10 cm Kantenlänge.

11
Die Lichtintensität nimmt in klarem Wasser je 6 m Tiefe um die Hälfte ab.
a) In welcher Tiefe ist die Lichtintensität auf $\tfrac{1}{16}$ gesunken?
b) Eine Unterwasserkamera benötigt 35 % des Tageslichtes, um noch gute Aufnahmen zu machen. Ist das in 18 m Tiefe noch möglich?
c) In trübem Wasser nehme die Lichtintensität je Meter um $\tfrac{1}{5}$ ab. In welcher Tiefe beträgt sie nur noch die Hälfte?

12
Ein Kapital von 12 500 € wird zu 7,5 % für 6 Jahre angelegt.
Bestimme die Wachstumsrate, den Wachstumsfaktor und das Endkapital nach 6 Jahren.
Dabei wird vorausgesetzt, dass zwischenzeitlich weder Zu- noch Abbuchungen vorgenommen werden.

BRÜCKEN

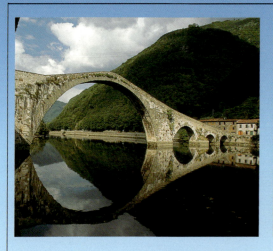

Im Verkehrswesen und in der Baukunst hatten Brücken schon immer eine sehr große Bedeutung. Dabei haben sich Form und Material ständig verändert. Während bei den Römern die steinernen Bogenbrücken noch halbkreisförmige Bögen hatten, finden wir bei modernen Brücken häufig die Form von Parabeln. Die Belastung tritt bei Hängebrücken in Form von Zugkräften, bei Bogenbrücken in Form von Druckkräften auf. Zur Unterstützung dieser Kräfte werden zusätzlich Türme und Kabel angebracht.

Die Tragseile und das Hauptkabel von Hängebrücken beschreiben Parabeln. Legt man den Scheitel des Bogens in den Ursprung des Koordinatensystems, so hat die Parabel die Gleichung $y = ax^2$.

1

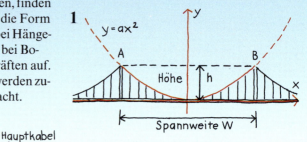

Für einige Brücken sind die Werte für h und w gegeben.

Brooklyn-Bridge: $w = 486$ m; $h = 88$ m
Golden Gate Bridge: $w = 1\,280$ m; $h = 144$ m
Verrazano-Narrows-Bridge: $w = 1\,298$ m; $h = 122$ m

Ermittle die Koordinaten der Punkte A und B und bestimme die Gleichung der Parabel, indem du die Koordinaten eines Punktes in die Gleichung $y = ax^2$ einsetzt.

2

Von einer Hängebrücke ist die Gleichung des parabelförmigen Bogens mit $y = \frac{1}{120}x^2$ bekannt.

Berechne die Spannweite der Brücke, wenn die Höhe 90 m beträgt.

Wie ändert sich die Spannweite bei einer Bogenhöhe von 45 m?

UND PARABELN

Wenn man die Form der Bogenbrücken mit einer Funktionsgleichung beschreiben will, so erhält man $y = -ax^2$, wobei der Scheitel des Bogens im Ursprung des Koordinatensystems liegt.

3

Das rechte Foto zeigt die Müngstener Brücke der Bahnstrecke zwischen Solingen und Remscheid.
Die Parabel, mit der sich der Bogen beschreiben lässt, hat die Gleichung $y = -\frac{1}{90}x^2$.
Berechne die Spannweite für eine Bogenhöhe von 69 m.

4

Dieses Foto zeigt eine Bogenbrücke, deren Fahrbahn am Hauptbogen aufgehängt ist.

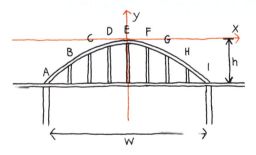

a) Bestimme die Parabelgleichung für eine Spannweite $w = 80$ m und Höhe $h = 20$ m.
b) Der Abstand der Träger ist immer gleich. Berechne mit Hilfe der Parabelgleichung die Koordinaten der Punkte A bis I. (Wähle den Punkt E im Ursprung des Koordinatensystems.) Wie lang sind die einzelnen Träger?

5

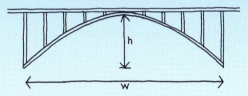

Bestimme die Parabelgleichung für $h = 25$ m und $w = 100$ m und berechne die Länge der Stützen, wenn der Abstand 10 m beträgt.

6

In der Konstruktionszeichnung ist der Hauptbogen einer Eisenbahnbrücke dargestellt.

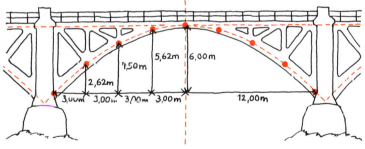

a) Bestimme mit den angegebenen Maßen die Parabelgleichung $y = -ax^2$.
b) Rechne mit der gefundenen Gleichung und den übrigen Angaben nach, ob die Punkte auf der Parabel liegen.

Rückspiegel

1
Gib jeweils den größten und den kleinsten Funktionswert im betreffenden Intervall für die folgenden Funktionen an.
a) $y = x^2 + 2$; $-2 \leq x \leq 4$
b) $y = 8x^3$; $-1 \leq x \leq 1$
c) $y = 2\sqrt{x}$; $0 \leq x \leq 100$
d) $y = -x^{-1}$; $0,1 \leq x \leq 10$

2
Vergleiche die Graphen der gegebenen Funktionen miteinander und formuliere jeweils eine zutreffende Aussage über Stauchung, Streckung oder Spiegelung.
a) $y = 2x^2$ mit $y = x^2$,
b) $y = x^5$ mit $y = 0,4x^5$,
c) $y = -x^{-2}$ mit $y = x^{-2}$.

3
Welches Zahlenpaar gehört zu welcher Funktion?
a) $(-2; -4)$ $y = -x^3$
b) $(-2; -\frac{1}{4})$ $y = -x^{-1}$
c) $(-2; 8)$ $y = -x^{-2}$
d) $(-2; 0,5)$ $y = -x^2$

4
Berechne jeweils den Faktor a von
a) $y = ax^2$ b) $y = ax^{-1}$
c) $y = ax^3$ d) $y = ax^{-2}$
e) $y = a \cdot \sqrt{x}$ f) $y = ax^4$,
wenn alle zugehörigen Graphen durch den Punkt $P(4; -2)$ verlaufen.

5
Zeichne die Graphen von $y = \frac{1}{x}$ und $y = 0,5x$ in ein- und dasselbe Koordinatensystem und lies die Schnittpunktkoordinaten ab.

6
Gegeben ist eine Funktion mit der Gleichung $y = 0,25x^2$.
a) Zeichne den Graph dieser Funktion mithilfe einer Wertetabelle im Intervall $0 \leq x \leq 4$.
b) Vergleiche diesen Graphen mit dem Bild von $y = 2\sqrt{x}$; ($0 \leq x \leq 4$) im selben Koordinatensystem.
Was stellst du fest?

7
Für einen Kreiszylinder gelte $h = r$.
a) Gib für diesen Sonderfall eine Formel für
(1) den Mantelflächeninhalt,
(2) den Oberflächeninhalt,
(3) das Volumen des Zylinders in Abhängigkeit von r an.
b) Stelle die Graphen von (1) und (2) als Funktionen für $0\,\text{cm} \leq r \leq 2\,\text{cm}$ in einem geeigneten Koordinatensystem grafisch dar.

8
Stelle die Graphen von (1) $y = 2^x$ und (2) $y = 2x$ in ein- und demselben Koordinatensystem im Intervall $-2 \leq x \leq 3$ dar und lies die Schnittpunktkoordinaten ab.

9
Eine Kugel aus Stahl mit $d = 1,0$ cm habe eine Masse von 4 g.
Bestimme daraus die Masse von Stahlkugeln mit einem Durchmesser von
a) 2 cm b) 4 cm c) 5 cm d) 6 cm.

10
Der jährliche Nettogewinn eines Betriebes stieg von 10,8 Mio. € auf 11,6 Mio. €, wogegen im selben Zeitraum die Zahl der Mitarbeiter von 98 auf 82 sank.
Gib in beiden Fällen die Wachstumsrate und den Wachstumsfaktor an.

11
Auf einem Konto werden 15 000 € für 5 Jahre mit einem Zinssatz von 3,75 % fest angelegt.
Berechne die Wachstumsrate und den Wachstumsfaktor vom Anfangsbetrag zum Endguthaben, wenn zwischenzeitlich keine Kontoveränderungen stattfinden.

12
a) Berechne für den freien Fall die Geschwindigkeit und den Weg für
(1) $t = 2,5$ s (2) $t = 3,0$ s (3) $t = 4,0$ s.
b) Gib die betreffenden Werte von v in km/h an.

$s = \frac{g}{2}t^2$
$v = g \cdot t$
($g \approx 10\,\text{m} \cdot \text{s}^{-2}$)

III Trigonometrische Berechnungen

Das Wort Trigonometrie *kommt aus dem Griechischen und bedeutet Dreiecksberechnung. Diese dient seit alter Zeit dazu, Längen, Winkel und Flächeninhalte bei Bauwerken und Grundstücken zu bestimmen.*

Entscheidend vorangetrieben wurde die wissenschaftliche Vermessung von Carl Friedrich Gauß (1777–1855). Er erfand Messgeräte und entwickelte Rechenverfahren für die Verarbeitung von Messwerten.

Wichtig bei der Landvermessung sind geeignete Bezugspunkte, z. B. Kirchtürme oder andere weithin sichtbare Bauwerke. Für diese so genannten Trigonometrischen Punkte (TP) *werden in einem Koordinatensystem Rechts- und Hochwert bestimmt. Verbindet man sie, so entsteht ein Netz von Dreiecken. Dieses Festpunktfeld ist Grundlage aller amtlichen Kartenwerke.*

Zur Aktualisierung der Daten stehen den Vermessungsämtern heute moderne elektrooptische Geräte (Tachymeter) zur Verfügung. Im Unterschied zu den vorher gebräuchlichen Geräten kann hiermit neben der Richtung auch die Entfernung mit hoher Genauigkeit bestimmt werden.
Der auf dem 10-DM-Schein abgebildete Sextant dient heutzutage hauptsächlich in der Seefahrt zur Bestimmung des Kurses, das Messfernrohr (Theodolit) zur Winkelmessung im Feld.
Großräumige Vermessungen und die Berechnung von Flugzeugkursen stützen sich heute schon weitgehend auf Satellitensysteme.

53

1 Das rechtwinklige Dreieck

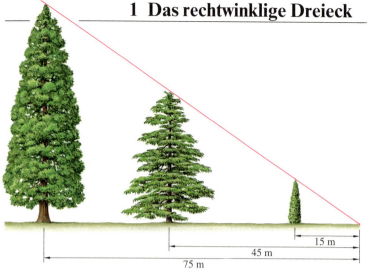

1
Der chinesische Wacholder ist 10 m hoch. Wie hoch ist die Himalaja-Zeder, wie hoch ist der Mammutbaum?

2

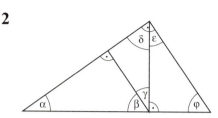

Wie viele rechtwinklige Dreiecke sind in der Figur zu erkennen?
Welche Winkel stimmen überein?

Wenn in zwei Dreiecken zwei Winkel übereinstimmen, sind die Dreiecke ähnlich. Zwei rechtwinklige Dreiecke sind also schon dann ähnlich, wenn sie in einem ihrer spitzen Winkel übereinstimmen. Die Verhältnisse entsprechender Seiten sind dann gleich. Es gilt also
$\frac{a}{b} = \frac{a'}{b'}$, $\frac{b}{c} = \frac{b'}{c'}$ und $\frac{a}{c} = \frac{a'}{c'}$.

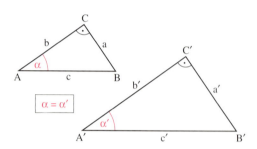

Stimmen zwei rechtwinklige Dreiecke ABC und A'B'C' in einem ihrer spitzen Winkel überein, so sind sie ähnlich. Das Längenverhältnis zweier Seiten des einen Dreiecks ist dann dem Längenverhältnis der entsprechenden Seiten des anderen Dreiecks gleich.

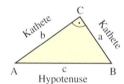

Bemerkungen: Es gilt auch $\frac{b}{a} = \frac{b'}{a'}$, $\frac{c}{b} = \frac{c'}{b'}$ und $\frac{c}{a} = \frac{c'}{a'}$.
Da Dreiecksseiten oft auch anders als mit a, b und c bezeichnet sind, ist es gut, sich die Verhältnisse in der Form $\frac{\text{kurze Kathete}}{\text{lange Kathete}}$, $\frac{\text{lange Kathete}}{\text{Hypotenuse}}$ und $\frac{\text{kurze Kathete}}{\text{Hypotenuse}}$ vorzustellen.

Beispiele

a) Die Seitenverhältnisse eines jeden rechtwinkligen Dreiecks mit dem Winkel $\alpha = 40°$ lassen sich aus einem einzigen solchen Dreieck bestimmen. Es ist günstig, die Hypotenuse $c = 10{,}0$ cm zu wählen. Aus der Zeichnung ist dann abzulesen:

$\frac{a}{b} = \frac{6{,}4 \text{ cm}}{7{,}7 \text{ cm}} \approx 0{,}83$

$\frac{b}{c} = \frac{7{,}7 \text{ cm}}{10{,}0 \text{ cm}} \approx 0{,}77$

$\frac{a}{c} = \frac{6{,}4 \text{ cm}}{10{,}0 \text{ cm}} \approx 0{,}64$

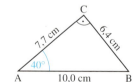

b) Die Winkel eines jeden rechtwinkligen Dreiecks mit dem Kathetenverhältnis $\frac{a}{b} = \frac{2}{3}$ lassen sich aus einem einzigen solchen Dreieck bestimmen. Für die Katheten werden beispielsweise die Längen $a = 4$ cm und $b = 6$ cm gewählt. Aus der Zeichnung ist abzulesen:

$\alpha \approx 34°$
$\beta \approx 56°$

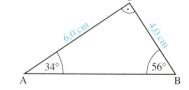

Das rechtwinklige Dreieck

Aufgaben

3

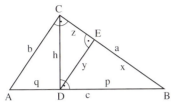

Fülle die Tabelle im Heft aus.

Dreieck	ABC	ADC	DBC	DBE	DEC
Hypotenuse	c	b	a	p	h
Katheten	a, b	q, h	p, h	y, x	y, z

4

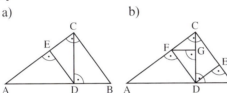

Gib die Eckpunkte und die Hypotenuse aller rechtwinkligen Dreiecke an, die die Figur enthält.
Wie viele Dreiecke hast du gefunden?

5

Zeichne ein rechtwinkliges Dreieck ABC mit $\gamma = 90°$ und dem Winkel α von
a) 35°   b) 20°   c) 50°   d) 10°
e) 45°   f) 70°   g) 63°   h) 22°.
Gib jeweils die Seitenverhältnisse $\frac{a}{b}, \frac{b}{c}$ und $\frac{a}{c}$ als Dezimalbruch an.

6

Vergleiche die Seitenverhältnisse je zweier Dreiecke mit $\gamma = 90°$ und
a) $\alpha = 40°$ bzw. $\alpha = 50°$
b) $\alpha = 25°$ bzw. $\alpha = 65°$.
Was fällt auf? Begründe!

7

Ermittle die Winkel α und β des rechtwinkligen Dreiecks ABC mit $\gamma = 90°$ und einem Seitenverhältnis $\frac{a}{b}$ von
a) $\frac{3}{2}$ b) $\frac{3}{5}$ c) $\frac{1}{2}$ d) 3   e) $\frac{1}{6}$.

Wie lang ist die Hypotenuse im rechtwinkligen Dreieck mit $\alpha = 30°$, wenn die kürzeste Seite 0,1 mm lang ist?

8

Rechtwinklige Dreiecke mit ganzzahligen Seitenlängen heißen **pythagoreische** Dreiecke. Berechne jeweils die fehlende Seite und zeichne das Dreieck ($\gamma = 90°$). Gib dann die Seitenverhältnisse $\frac{a}{b}, \frac{b}{c}, \frac{a}{c}$ sowie die Winkel an.

Seiten in mm	a	b	c
a)	30	40	50
b)	120	50	130
c)	28	45	53
d)	48	55	73

9

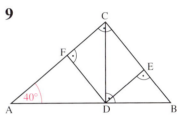

a) Zeichne die Figur mit $\overline{AB} = 12$ cm.
b) Gib die Winkel und das Verhältnis $\frac{\text{kleine Kathete}}{\text{große Kathete}}$ in allen Dreiecken an, die du in der Figur findest.
c) Zeichne die entsprechende Figur mit $\alpha = 30°$. Gib die Winkel und das Verhältnis $\frac{\text{kleine Kathete}}{\text{Hypotenuse}}$ aller Dreiecke an.

10

Ein rechtwinkliges Dreieck ($\gamma = 90°$) hat das Seitenverhältnis $\frac{a}{b} = \frac{3}{5}$. Berechne das Seitenverhältnis $\frac{b}{c}$.

11

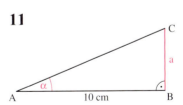

Konstruiere rechtwinklige Dreiecke wie in der Abbildung mit
a = 1 cm, a = 2 cm, a = 4 cm, a = 8 cm.
Verdoppelt sich der Winkel α, wenn sich die Kathete a verdoppelt?

2 Sinus. Kosinus. Tangens

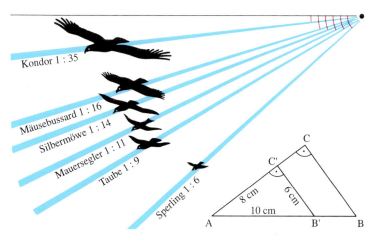

1
Der Sperling ist ein schlechter Gleitflieger, der Kondor ein sehr guter. Die Fähigkeit zum Gleitflug wird durch das Verhältnis zwischen dem Verlust an Höhe und der horizontal gemessenen Flugstrecke bewertet. Wie lassen sich die zugehörigen Gleitwinkel bestimmen?
Warum wäre es schwierig, die Abbildung maßstäblich zu zeichnen?

2
Wie groß sind die Seitenverhältnisse im Dreieck ABC?

Die Form eines rechtwinkligen Dreiecks ist durch den Winkel α bestimmt. Daher lassen sich die Seitenverhältnisse $\frac{a}{c}$, $\frac{b}{c}$ und $\frac{a}{b}$ bestimmen, wenn der Winkel α bekannt ist. Diese Abhängigkeit wird durch eine besondere Bezeichnung verdeutlicht. Die Katheten werden dabei durch ihre Lage in Bezug auf den Winkel α unterschieden.

 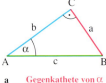 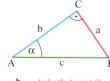 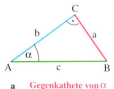

$\frac{a}{c} = \frac{\text{Gegenkathete von } \alpha}{\text{Hypotenuse}}$ $\frac{b}{c} = \frac{\text{Ankathete von } \alpha}{\text{Hypotenuse}}$ $\frac{a}{b} = \frac{\text{Gegenkathete von } \alpha}{\text{Ankathete von } \alpha}$

Die Seitenverhältnisse im rechtwinkligen Dreieck mit Winkel α werden bezeichnet durch
$$\sin \alpha = \frac{\text{Gegenkathete von } \alpha}{\text{Hypotenuse}} \qquad \cos \alpha = \frac{\text{Ankathete von } \alpha}{\text{Hypotenuse}} \qquad \tan \alpha = \frac{\text{Gegenkathete von } \alpha}{\text{Ankathete von } \alpha}$$
Man liest: Sinus von α, Kosinus von α, Tangens von α.

Beispiele

a) Im $\triangle ABC$ ist a die Gegenkathete von α und c die Hypotenuse, im $\triangle ADC$ ist b die Hypotenuse und h die Gegenkathete von α.
Also gilt $\sin \alpha = \frac{a}{c}$ und $\sin \alpha = \frac{h}{b}$.
Entsprechend gilt:
$\cos \alpha = \frac{b}{c}$ und $\cos \alpha = \frac{q}{b}$
$\tan \alpha = \frac{a}{b}$ und $\tan \alpha = \frac{h}{q}$.

b) Sinuswerte verschiedener Winkel lassen sich gut vergleichen, wenn die Ankatheten aufeinander liegen und die Hypotenusen gleich lang sind. Die Figur zeigt drei solche Dreiecke. Die Eckpunkte B_1, B_2 und B_3 liegen auf einem Viertelkreis. Wir lesen am **Vierteleinheitskreis** mit $r = 1$ dm ab:
$\sin 20° \approx 0{,}34$; $\sin 40° \approx 0{,}64$; $\sin 80° \approx 0{,}98$.

c) Auch Kosinuswerte lassen sich ablesen:
$\cos 20° \approx 0{,}94$; $\cos 40° \approx 0{,}77$; $\cos 80° \approx 0{,}17$.

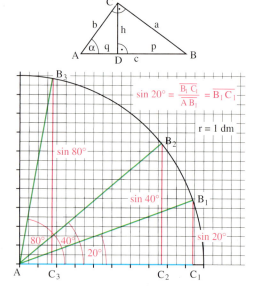

Sinus. Kosinus. Tangens

3 Gib den angegebenen Sinus, Kosinus oder Tangens als Seitenverhältnis an.

a) sin α = ☐
   cos β = ☐

b) cos β = ☐
   tan α = ☐

c) cos ε = ☐
   tan ε = ☐

d) sin δ = ☐
   tan δ = ☐

e) tan φ = ☐
   cos φ = ☐

f) sin φ = ☐
   cos φ = ☐

4 Drücke jeweils das angegebene Seitenverhältnis durch Sinus, Kosinus oder Tangens aus.

a) $\frac{a}{c}$ = ☐
   $\frac{b}{c}$ = ☐

b) $\frac{b}{c}$ = ☐
   $\frac{h}{a}$ = ☐

c) $\frac{c}{a}$ = ☐
   $\frac{b}{a}$ = ☐

d) $\frac{f}{e}$ = ☐
   $\frac{f}{d}$ = ☐

e) $\frac{a}{b}$ = ☐
   $\frac{b}{a}$ = ☐

f) $\frac{x}{z}$ = ☐
   $\frac{x}{y}$ = ☐

Zu Aufgabe 5

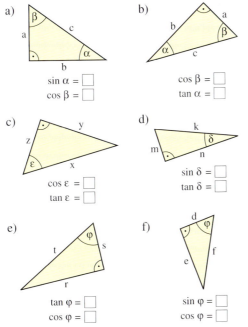

171,7 mm · 171,0 mm · 16,0 mm

5 Miss in dem rechtwinkligen Dreieck auf dem Rand die Winkel α und β und berechne sin α, cos α und tan α sowie sin β, cos β und tan β. Wie ändern sich die Winkel und die Seitenverhältnisse, wenn die Hypotenuse noch länger wird?

6

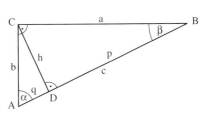

Die Höhe h teilt das rechtwinklige Dreieck ABC in zwei rechtwinklige Teildreiecke. Stelle je zwei Gleichungen auf für die Sinus-, Kosinus- und Tangenswerte von α und β.

7

Das Dreieck ABC ist nicht rechtwinklig, aber die beiden Teildreiecke. Stelle je eine Gleichung auf für die Sinus-, Kosinus- und Tangenswerte von α und β.

8 Bestimme wie in Beispiel b) die Werte.
a) sin 22°, sin 37°, sin 65°, sin 83°
b) cos 16°, cos 36°, cos 70°, cos 81°

9

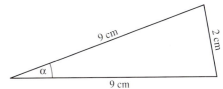

Rainer behauptet, in diesem Dreieck sei sin α = $\frac{2}{9}$ und tan α = $\frac{2}{9}$.
Was meinst du dazu?
Worauf sollte geachtet werden?

Sinus. Kosinus. Tangens

Zeichne am besten auf Millimeterpapier mit 1 LE = 10 cm.

10

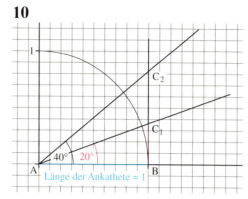

Tangenswerte lassen sich zeichnerisch gut bestimmen, wenn man als Länge der Ankathete 1 wählt.
In der Zeichnung ist
$\tan 20° = \frac{\overline{BC_1}}{\overline{AB}} = \frac{\overline{BC_1}}{1} \approx 0{,}36$.
Ebenso entnimmt man $\tan 40° \approx 0{,}84$.

a) Bestimme in einer Zeichnung auf die gleiche Weise
$\tan 10°$, $\tan 15°$, $\tan 30°$, $\tan 45°$, $\tan 50°$, $\tan 65°$, $\tan 70°$.

b) Warum wird die zeichnerische Bestimmung der Tangenswerte bei größeren Winkeln schwierig?

c) Für welchen Winkel φ ist $\tan \varphi = 1$? Begründe.

d) Für welchen Winkel φ ist $\tan \varphi \approx 0{,}5$?

11

Begründe folgende Aussage:
Im rechtwinkligen Dreieck ABC mit $\gamma = 90°$ ist $\sin \alpha = \cos \beta$ und $\sin \beta = \cos \alpha$.

12

Auf topographischen Karten ist ein Diagramm abgebildet, das auf den Skalen a, b und c den Zusammenhang zwischen dem Steigungswinkel, der Steigung in % und in der Form 1 : x zeigt.
Prüfe die Angaben für die Winkel 10° und 20° zeichnerisch nach.

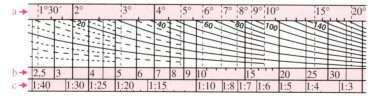

13

Stelle einige Sinus-, Kosinus- und Tangenswerte, die du bis jetzt ermittelt hast, in einer Tabelle zusammen. Versuche, anhand dieser Tabelle Gesetzmäßigkeiten zu erkennen. Begründe.

14

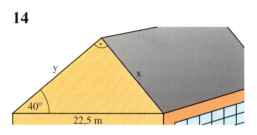

Der Giebel eines Fabrikdaches hat die Form eines rechtwinkligen Dreiecks.
a) Berechne die Länge der Dachschrägen mithilfe von $\sin 40° \approx 0{,}64$.
b) Welchen Flächeninhalt hat die Giebelfront?

15

Die Steigung einer Straße mit dem Steigungswinkel α ist der Wert von $\tan \alpha$, umgerechnet in Prozent.

a) Die steilste Straße der Welt soll im neuseeländischen Ort Duneddin sein. Sie hat den Steigungswinkel 31°. Ermittle zeichnerisch wie in Aufgabe 12 die Steigung.

b) Ein Spezialfahrzeug für Waldarbeit im Gebirge kann 50° geneigte Hänge hochfahren. Wie viel % Steigung sind das?

3 Werte von Sinus, Kosinus und Tangens

Viele Taschenrechner verfügen über verschiedene Winkelmaßeinheiten: „Grad" (DEG, DRG), „Bogenmaß" (RAD) und „Neugrad" (GRAD). Du musst die richtige Einstellung wählen (Bedienungsanleitung).

1 Dein Taschenrechner liefert dir den Sinus, Kosinus und Tangens zu bestimmten Winkeln und umgekehrt zu bestimmten Werten von Verhältnissen den dazugehörigen Winkel. Mache dich mit den Tasten und der Funktionsweise vertraut.

Die Berechnung von Seitenlängen rechtwinkliger Dreiecke aus Winkeln oder umgekehrt funktioniert nur, wenn die Sinus-, Kosinus- und Tangenswerte, die zu bestimmten Winkeln gehören, bekannt sind. Man kann die Werte aus Tabellen ablesen oder zeichnerisch oder mit dem Rechenstab ermitteln. Heute liefert der Taschenrechner die benötigten Werte.

Zu einem gegebenen Winkel werden mit den Tasten $\boxed{\text{SIN}}$, $\boxed{\text{COS}}$ und $\boxed{\text{TAN}}$ die Sinus-, Kosinus- und Tangenswerte angezeigt. Der Winkel zu einem gegebenen Sinuswert wird mit $\boxed{\text{SHIFT}}$ $\boxed{\text{SIN}}$ oder $\boxed{2^{\text{nd}}}$ $\boxed{\text{SIN}}$ ermittelt.

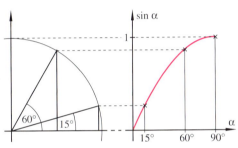

Man kann Sinus-, Kosinus- und Tangenswerte aus umfangreichen Tabellen ablesen. Die Abbildung zeigt einen Ausschnitt.

Auch das zeichnerische Verfahren mit geeigneten Hypotenusen- oder Kathetenlängen (= 1 Längeneinheit) liefert einen guten Überblick über die Sinus-, Kosinus- und Tangenswerte. Die Zeichnung zeigt die Zuordnung $\alpha \mapsto \sin\alpha$. Die am Viertelkreis mit dem Radius r = 1 ermittelten Sinuswerte können direkt in das Koordinatensystem übertragen werden. Es entsteht der Graph der Sinusfunktion für die Winkel $0° < \alpha < 90°$. Auf ähnliche Weise erhält man die Graphen der Kosinus- und der Tangensfunktion.

Wenn α gegen 0° geht, nähert sich $\sin\alpha$ dem Wert 0, geht α gegen 90°, nähert sich $\sin\alpha$ dem Wert 1. Obwohl es rechtwinklige Dreiecke mit $\alpha = 0°$ oder $\alpha = 90°$ nicht gibt, definiert man $\sin 0° = 0$ und $\sin 90° = 1$. Ebenso legt man fest: $\cos 0° = 1$, $\cos 90° = 0$ und $\tan 0° = 0$. Einen Wert für $\tan 90°$ kann man nicht festlegen, weil der Tangens immer größer wird, wenn α gegen 90° geht. Auch der Taschenrechner liefert bei der Eingabe von $\tan 90°$ das Ergebnis „Error".

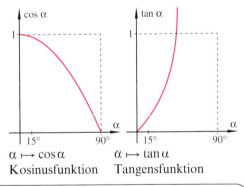

$\alpha \mapsto \cos\alpha$ $\alpha \mapsto \tan\alpha$
Kosinusfunktion   Tangensfunktion

Sinus-, Kosinus- und Tangenswerte zu Winkeln (und umgekehrt) können mit dem Taschenrechner ermittelt werden. Als besondere Werte sind festgelegt:
$\sin 0° = 0$ $\sin 90° = 1$ $\cos 0° = 1$ $\cos 90° = 0$ $\tan 0° = 0$
Der Tangens von 90° ist nicht definiert.

Bemerkung: Der Taschenrechner liefert 8- bis 10-stellige Werte, wir runden die Ergebnisse sinnvoll. Statt „ ≈ " schreibt man zur Vereinfachung das Gleichheitszeichen.

Beachte: Winkel können, z. B. bei geographischen Angaben, auch in Grad und „Minuten" angegeben sein. 1° entspricht 60'. 20,7° sind also 20° 42' (lies: 20 Grad 42 Minuten).

Werte von Sinus, Kosinus und Tangens

Beispiele

a) Berechne im rechtwinkligen Dreieck ABC ($\gamma = 90°$) mit a = 3 cm und c = 7 cm die Winkel α und β.

$\sin \alpha = \frac{a}{c}$ $\qquad \sin \alpha = 0{,}428 \ldots$

$\sin \alpha = \frac{3}{7}$ $\qquad \alpha \approx 25{,}4°$

Nach $\boxed{3}\boxed{\div}\boxed{7}\boxed{=}$ wird das Zwischenergebnis 0,428571428 des Rechners sofort mit $\boxed{\text{INV}}\boxed{\text{SIN}}$ weiterverarbeitet.
Der Winkel β ergibt sich am einfachsten aus der Winkelsumme.
$\alpha + \beta = 90°$ $\quad \beta = 90° - \alpha$ $\quad \beta \approx 64{,}6°$

b) Berechne im rechtwinkligen Dreieck ABC ($\gamma = 90°$) mit $\alpha = 34°$ und c = 12,5 cm die Katheten a und b.

$\cos \alpha = \frac{b}{c}$ $\qquad b = 12{,}5 \text{ cm} \cdot \cos 34°$

$b = c \cdot \cos \alpha$ $\qquad b \approx 10{,}4 \text{ cm}$

Der Rechner liefert mit
$\boxed{3}\boxed{4}\boxed{\text{COS}}\boxed{\times}\boxed{1}\boxed{2}\boxed{.}\boxed{5}\boxed{=}$ sofort das Endergebnis. Die Kathete a kann mit Pythagoras berechnet werden.
$a^2 + b^2 = c^2$ $\qquad a = \sqrt{12{,}5^2 - 10{,}4^2}$ cm
$a = \sqrt{c^2 - b^2}$ $\qquad a \approx 7{,}0$ cm

STO und RCL
Wenn Zwischenergebnisse festgehalten werden müssen, mit dem Speicher arbeiten! Werden stattdessen gerundete Zwischenresultate eingegeben, ergeben sich Abweichungen im Endergebnis.

Aufgaben

2
Suche in den Beispielen a) und b) nach anderen Lösungswegen.
Z. B. kann im Beispiel a) mit $\cos \beta$ auch zuerst β berechnet werden.

3

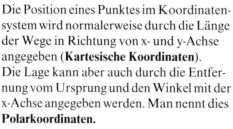

Die Gleitzahl eines Segelflugzeuges ist das Verhältnis von horizontal gemessener Flugstrecke zum Verlust an Höhe. Welchen Gleitwinkel φ hat ein Hochleistungssegler mit einer Gleitzahl von 48?

Bei Produkten mit sin, cos und tan schreiben wir den Faktor an die erste Stelle, also
$\quad 12{,}5 \cdot \cos 34°$
statt
$\quad \cos 34° \cdot 12{,}5$

4

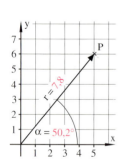

Die Position eines Punktes im Koordinatensystem wird normalerweise durch die Länge der Wege in Richtung von x- und y-Achse angegeben (**Kartesische Koordinaten**).
Die Lage kann aber auch durch die Entfernung vom Ursprung und den Winkel mit der x-Achse angegeben werden. Man nennt dies **Polarkoordinaten**.
Der Punkt P(5;6) z. B. hat die Polarkoordinaten P(7,8;50,2).
Welche Polarkoordinaten haben die Punkte?
a) P(10;5) b) Q(1;9)?

5

Der Fluss soll mit einem Boot überquert werden. Das Wasser fließt mit 15 km/h, das Boot erreicht eine Geschwindigkeit von 25 km/h (relativ zum Wasser). Mit welchem Winkel muss das Boot stromaufwärts gesteuert werden, damit es genau am gegenüberliegenden Ufer ankommt, und welche tatsächliche Geschwindigkeit erreicht das Boot? Überlege, ob die Breite des Flusses eine Rolle spielt.

6
Die steilste Ortsstraße in Deutschland ist die Schriesheimergasse in Schönau bei Heidelberg. Sie hat eine Steigung von 27%. Welchem Steigungswinkel entspricht das?

7
a) Der Graph der linearen Funktion y = 2x + 1 ist eine Gerade mit der Steigung 2. Unter welchem Winkel schneidet diese Gerade die x-Achse?
b) Welche Steigung hat eine Gerade, die die x-Achse unter dem Winkel 18° schneidet?

4 Berechnungen rechtwinkliger Dreiecke

1 Wenn bei Sonnenuntergang der Halbmond zu sehen ist, bilden Sonne, Mond und Erde ein rechtwinkliges Dreieck. Der rechte Winkel liegt beim Mond, der Winkel auf der Erde lässt sich messen, er beträgt 89,85°. Die Entfernung Erde–Sonne ist viel größer als die Entfernung Erde–Mond. Schätze das Verhältnis dieser beiden Entfernungen und überprüfe deine Schätzung durch Rechnung.

Sonne, Erde und Mond in maßstäblicher Größe zu zeichnen, ist nicht möglich. Zeichnet man die Erde mit r = 1, so wäre der Mondradius 0,27, der Sonnenradius aber 109.

Mithilfe von Sinus, Kosinus und Tangens können in rechtwinkligen Dreiecken die fehlenden Seiten und Winkel berechnet werden, wenn zwei Seiten oder eine Seite und ein weiterer Winkel gegeben sind.
Wenn ein Winkel gegeben ist, kann der fehlende Winkel auch aus der Winkelsumme berechnet werden. Wenn zwei Seiten gegeben sind, kann die fehlende Seite auch mit dem Satz des Pythagoras berechnet werden.

> Aus **zwei Seiten** oder aus **einer Seite und einem Winkel** lassen sich die übrigen Seiten und Winkel eines rechtwinkligen Dreiecks berechnen.

Bemerkung: Bei der Berechnung rechtwinkliger Dreiecke gibt es meist mehrere Lösungswege. Es ist zweckmäßig, zur Kontrolle der Ergebnisse einen anderen Weg zu wählen. Auch maßstäbliche Zeichnungen sollten zur Probe genutzt werden.

Beispiele
Bei der Berechnung rechtwinkliger Dreiecke lassen sich vier Fälle unterscheiden.

a) Gegeben: Zwei Katheten
$a = 7{,}2$ cm, $b = 5{,}1$ cm
Gesucht: α, β, c
Rechnung: $\tan \alpha = \frac{a}{b} = \frac{7{,}2 \text{ cm}}{5{,}1 \text{ cm}} = 1{,}411\ldots$

$\alpha = 54{,}7°$
$\beta = 90° - 54{,}7°$
$\ \ = 35{,}3°$
$c = \sqrt{a^2 + b^2}$
$\ \ = 8{,}8$ cm

b) Gegeben: Hypotenuse und eine Kathete
$c = 9{,}0$ cm, $a = 4{,}4$ cm
Gesucht: α, β, b
Rechnung: $\sin \alpha = \frac{a}{c} = \frac{4{,}4 \text{ cm}}{9{,}0 \text{ cm}} = 0{,}488\ldots$

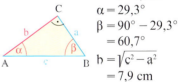

$\alpha = 29{,}3°$
$\beta = 90° - 29{,}3°$
$\ \ = 60{,}7°$
$b = \sqrt{c^2 - a^2}$
$\ \ = 7{,}9$ cm

c) Gegeben: Hypotenuse und ein Winkel
$c = 8{,}8$ cm, $\alpha = 57{,}4°$
Gesucht: a, b, β
Rechnung: $\sin \alpha = \frac{a}{c}$

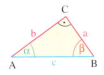

$a = c \cdot \sin \alpha$
$\ \ = 8{,}8 \text{ cm} \cdot \sin 57{,}4°$
$\ \ = 7{,}4$ cm
$b = c \cdot \cos \alpha$
$\ \ = 4{,}7$ cm
$\beta = 90° - 57{,}4°$
$\ \ = 32{,}6°$

d) Gegeben: Eine Kathete und ein Winkel
$a = 5{,}3$ cm, $\alpha = 36{,}0°$
Gesucht: c, b, β
Rechnung: $\sin \alpha = \frac{a}{c}$

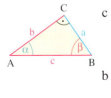

$c = \frac{a}{\sin \alpha}$
$\ \ = \frac{5{,}3 \text{ cm}}{0{,}587\ldots}$
$\ \ = 9{,}0$ cm
$b = \frac{a}{\tan \alpha}$
$\ \ = 7{,}3$ cm
$\beta = 90° - 36{,}0°$
$\ \ = 54{,}0°$

Berechnungen rechtwinkliger Dreiecke

Planfigur zu den Aufgaben 5 bis 10

Aufgaben

2 Berechne die fehlenden Seiten und Winkel. Gib jeweils zwei Lösungswege an.

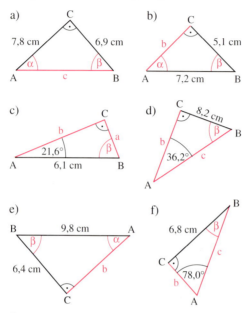

3 Berechne die fehlenden Seiten und Winkel. Gib jeweils zwei Lösungswege an.

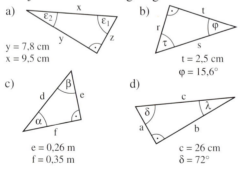

4 Susanne drückt an ihrem Taschenrechner zur Lösung einer Aufgabe folgende Tasten:

Welche Stücke des rechtwinkligen Dreiecks ABC waren gegeben, wie groß waren diese?

5 Berechne α, β und c.

	a)	b)	c)	d)
a (in cm)	6,5	5,7	4,9	2,4
b (in cm)	2,3	6,8	4,9	4,2

6 Berechne α, β und b.

	a)	b)	c)	d)
a (in cm)	4,0	3,9	7,5	6,0
c (in cm)	7,0	4,8	7,6	8,0

7 Berechne c, b und α.

	a)	b)	c)	d)
a (in cm)	4,8	2,9	5,2	1,6
β	27,0°	58,2°	22,4°	78,8°

8 Berechne a, b und β.

	a)	b)	c)	d)
c (in cm)	7,6	6,8	9,6	8,8
α	32,5°	60,5°	2,9°	30°

9 Berechne die fehlenden Seiten (in cm) und Winkel. Skizziere zunächst das rechtwinklige Dreieck ABC und kennzeichne die gegebenen und die gesuchten Stücke in verschiedenen Farben.

	a)	b)	c)	d)	e)	f)
a	5,4	7,8	6,5	7,9	1,0	1,8
b	8,0	1,2	6,7	2,8	5,7	7,7
c	9,6	7,9	9,3	8,4	5,8	7,9
α	34,0°	81,3	44,3	70,5	10,0°	13,5
β	56°	8,7	45,7	19,5°	80	76,5°

10 Berechne die fehlenden Stücke in den pythagoreischen Dreiecken (Seiten in cm).

	a)	b)	c)	d)	e)
a	3	12	15	7	1360
b	4	5		24	222
c	5	13	17	25	1378

2) a) c = 10,4 cm b) b = 5,1
   α = 41,5°   α = 45°
   β = 48,5°   β = 45°

c) a = 2,2   d) β = 53,8°
   β = 68,4°   b = 11,2
   b = 5,6 (7)   c = 13,9

e) b = 7,4   f) c = 7,0
   α = 40,8°   β = 12°
   β = 49,2°   b = 1,4

11) a)
                  b) g = 1,7
   e) a = 8,5 cm   β = 15°
      γ = 21,3   p = 23,1
                     c = 24,8
      c = 24,3   a = 23,95 = 24,0
      b = 22,8   b = 6,4
      α = 20,6°
      β = 69,4°

Berechnungen rechtwinkliger Dreiecke

11 Berechne die fehlenden Stücke.

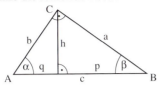

a) $q = 2{,}5$ cm, $\alpha = 35{,}0°$
b) $h = 6{,}2$ cm, $\alpha = 75{,}0°$
c) $p = 5{,}8$ cm, $\beta = 31{,}2°$
d) $p = 7{,}6$ cm, $\alpha = 37{,}9°$
e) $h = 8{,}0$ cm, $p = 3{,}0$ cm

12
a) Welche Winkel bilden die Diagonalen eines Rechtecks mit $a = 12$ cm und $b = 7$ cm mit den Seiten?
b) Unter welchen Winkeln schneiden sich die Diagonalen?
c) Wie groß ist der Flächeninhalt der Teildreiecke?

13

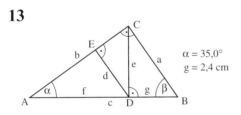

$\alpha = 35{,}0°$
$g = 2{,}4$ cm

Berechne die bezeichneten Strecken und Winkel.

14
Bei einem Rhombus sind
a) die Diagonale $e = 12$ cm und $f = 7$ cm lang,
b) eine Seite 17 cm lang und ein Winkel 122° groß.
Berechne die fehlenden Stücke.

15

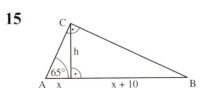

Stelle ein Gleichungssystem aus zwei Gleichungen mit x und h auf und berechne daraus x und h.

16

Die Bugwelle eines Schiffes hat immer einen Öffnungswinkel von etwa 40°. Ein Schiff fährt in der Mitte eines 160 m breiten Flusses. Wie weit ist sein Bug vom Auftreffpunkt der Welle am Ufer entfernt?

17

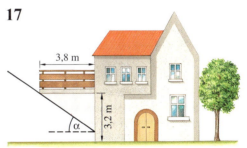

Unter welchem Winkel steht die Sonne, wenn der Schatten des Vorbaus
a) genau auf den Fuß der Wand trifft?
b) bis in die halbe Höhe der Wand reicht?

18
Die größte Steigung im Netz der Deutschen Bahn AG muss auf der Strecke von Boppard nach Kastellaun in den Hunsrück hinauf überwunden werden. Das Steigungsverhältnis auf der 7 km langen Strecke ist 1 : 16,4. Berechne den Steigungswinkel und den Höhengewinn.

19
Ein gerader Weg verbindet zwei Orte, deren Entfernung auf der Karte mit 618 m angegeben ist. Die Orte liegen in einer Höhe von 88 m und 134 m über Normal-Null.
a) Wie lang ist der Weg?
b) Unter welchem Winkel steigt er an?

Berechnungen rechtwinkliger Dreiecke

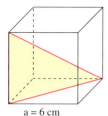
a = 6 cm

20

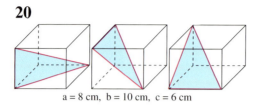
a = 8 cm, b = 10 cm, c = 6 cm

Schnittdreiecke von Quadern oder Würfeln haben als Seiten eine Kante, eine Flächendiagonale und eine Raumdiagonale.
a) Bestimme die Seiten und Winkel des Schnittdreiecks des Würfels.
b) Gib die Seiten und Winkel der drei Schnittdreiecke des Quaders an. Überlege vorher, wo die rechten Winkel liegen.

21

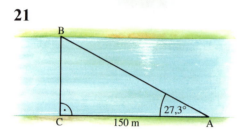

Wie breit ist der Fluss?

22

Der Amazonas hat von seinem Eintritt in die Tiefebene bis zur Mündung in den Atlantik auf etwa 4800 km Länge ein Gefälle von 106 m.
Wie groß ist der Gefällwinkel?

23

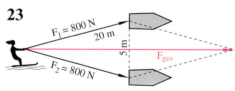

Eine Wasserskiläuferin wird gleichzeitig von zwei im Abstand von 5 m parallel fahrenden Booten gezogen. Beide Boote ziehen mit gleicher Kraft von 800 N an den 20 m langen Zugseilen. Mit welcher Kraft wird die Läuferin gezogen?
Berechne dazu zunächst den Winkel zwischen den Zugseilen. Zeichne dann das „Kräfteparallelogramm" und berechne die gesamte Zugkraft F_{ges}.

24

Um die Breite eines Flusses an einer bestimmten Stelle zu bestimmen, wird eine Hilfslinie $\overline{AH}$ festgelegt und gemessen. Mit einem Theodolit werden vom Standpunkt S aus die Winkel in Richtung A und B gemessen. Wie breit ist der Fluss?

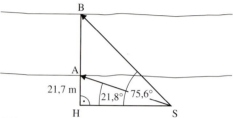

25

Mit einem Theodolit (Standhöhe 1,50 m) wird aus 120 m Entfernung die Spitze eines Turms unter dem Winkel von 35,6° zur Waagrechten angepeilt. Wie hoch ist der Turm?

26

Das kreisförmige Wasserbecken eines Brunnens soll mit Sandsteinquadern umrandet werden. Berechne anhand der Zeichnung für den Steinmetz die Abmessungen der benötigten Steine.

27

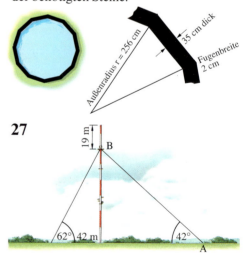

Ein Sendemast ist mit so genannten Abspannseilen gesichert, die im Boden verankert sind.
a) Wie hoch ist der Sendemast?
b) Wie lang ist das Abspannseil $\overline{AB}$?

28

In einer Pyramide sind unterschiedliche Neigungswinkel zu finden:

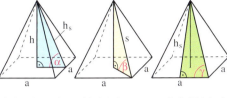

α ist der Neigungswinkel der Seitenfläche zur Grundfläche

β ist der Neigungswinkel der Seitenkante zur Grundfläche

γ ist der Winkel zwischen Seitenkante und Grundkante

a) Bestimme die drei Winkel für eine quadratische Pyramide mit der Grundkantenlänge 6 cm und der Körperhöhe 8 cm.
b) Berechne die Winkel β und γ für α = 72,5° und a = 15,8 cm.
c) Berechne das Volumen von drei quadratischen Pyramiden:
Pyramide I: a = 15 cm und α = 65°
Pyramide II: s = 12 cm und β = 55°
Pyramide III: a = 8 cm und γ = 72°

29

Berechne das Volumen der abgebildeten quadratischen Pyramiden.

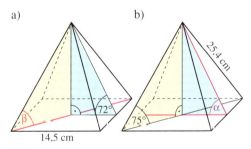

30

Quadratische Pyramiden mit der Grundkantenlänge a = 10 cm sollen unterschiedliche Winkelgrößen α zwischen Grundfläche und Seitenfläche aufweisen.
a) Stelle für diese Pyramiden eine Formel für das Volumen in Abhängigkeit von α auf.
b) Berechne die Volumenwerte der Pyramiden für α = 30°; 45°; 60°; 75°.
c) Für welchen Wert von α erhält man ein Volumen von 500 cm³?

31

Am 25. September 1895 wurde in Dresden-Loschwitz eine Standseilbahn in Betrieb genommen. Sie fährt von der Station K am Körnerplatz hinauf zur Station L an der Gaststätte Luisenhof.
Dabei überwindet sie auf einer Gesamtstrecke von 544 m einen Höhenunterschied von 95,0 m.
Die Fahrzeit beträgt 5,0 min.
Bemerkung: Die Strecke werde als geradlinig und die Geschwindigkeit als konstant angenommen.
a) Fertige eine Skizze an und berechne die Größe des Anstiegswinkels.
b) Wie viel Prozent beträgt das durchschnittliche Gefälle?
c) Welchen Höhenunterschied überwindet die Bahn in 2,0 min Fahrzeit?
d) Berechne die Fahrgeschwindigkeit der Bahn und gib das Ergebnis in Kilometer je Stunde an.
e) In welcher Länge erscheint die Strecke $\overline{KL}$ auf einer Landkarte, deren Maßstab 1 : 1 000 ist?

32

Rampen für Rollstuhlfahrer sollten eine Neigung von 6 % nicht übersteigen.
Wie lang muss eine Rampe sein, wenn die Neigung von 6 % zugrunde gelegt wird und etwa 2,20 m Höhenunterschied zu überwinden sind?

5 Berechnungen gleichschenkliger Dreiecke

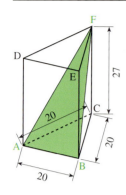

1
Ein Gartenhaus hat in Fußbodennähe eine Breite von 8,00 m. Die Firsthöhe beträgt 7,00 m.
Berechne den Neigungswinkel der Dachfläche.

2
Die Grafik links zeigt ein dreiseitiges Prisma ABCDEF, das von einer Ebene geschnitten wurde. Die Schnittfläche ABF ist farbig gekennzeichnet.
Berechne den Inhalt der Fläche ABF sowie die drei Innenwinkel dieses Dreiecks.

Jedes gleichschenklige Dreieck ist achsensymmetrisch und kann deshalb sehr einfach in zwei zueinander kongruente rechtwinklige Teildreiecke zerlegt werden. Deshalb kann man fehlende Seitenlängen oder Winkelgrößen mithilfe von Sinus, Kosinus oder Tangens berechnen. Wenn zwei voneinander unabhängige Bestimmungsstücke bekannt sind, können alle Innenwinkel, Seitenlängen und auch die Länge der auf der Basis senkrecht stehenden Höhe ermittelt werden.
Gleichschenklige Dreiecke sind zudem Bausteine regelmäßiger Vielecke. Mithilfe solcher Bestimmungsdreiecke ist es möglich, Berechnungen an regelmäßigen n-Ecken durchzuführen.

> Durch Zerlegung gleichschenkliger Dreiecke in zwei kongruente rechtwinklige lässt sich deren Berechnung auf die Berechnung rechtwinkliger Dreiecke zurückführen.

Beispiele

a) Von einem gleichschenkligen Dreieck sind gegeben:
$a = b = 14{,}6$ cm und $\gamma = 73{,}4°$.
Es sollen c, α und der Flächeninhalt A berechnet werden.

$\sin \frac{\gamma}{2} = \frac{c}{2} : a = \frac{c}{2a}$

$c = 2 \cdot a \cdot \sin \frac{\gamma}{2} = 2 \cdot 14{,}6$ cm $\cdot \sin 36{,}7° = 17{,}5$ cm

$\alpha = 90° - \frac{\gamma}{2} = 90° - 36{,}7° = 53{,}3°$

$\cos \frac{\gamma}{2} = \frac{h_c}{a}$

$h_c = a \cdot \cos \frac{\gamma}{2} = 14{,}6$ cm $\cdot \cos 36{,}7° = 11{,}7$ cm

$A = \frac{1}{2} c \cdot h_c = \frac{1}{2} \cdot 11{,}7$ cm $\cdot 17{,}5$ cm $= 102$ cm²

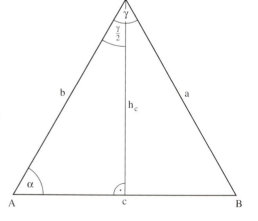

b) Sind der Neigungswinkel $\alpha = 70{,}0°$ und die Körperhöhe $h = 6{,}6$ cm gegeben, kann das Volumen des Kegels berechnet werden.

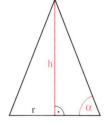

Berechnung von r:

$\tan \alpha = \frac{h}{r}$ $r = \frac{6{,}6 \text{ cm}}{\tan 70{,}0°}$

$\frac{h}{\tan \alpha} = r$ $r = 2{,}4$ cm

Berechnung von V:

$V = \frac{1}{3} \pi r^2$; $V = \frac{1}{3} \cdot \pi \cdot (2{,}4 \text{ cm})^2 \cdot 6{,}6$ cm

$V = 39{,}8$ cm³

Berechnungen gleichschenkliger Dreiecke

Planfigur zu Aufgabe 3

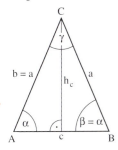

Aufgaben

3

Berechne die fehlenden Seiten und Winkel sowie den Flächeninhalt des gleichschenkligen Dreiecks ABC. Konstruiere das Dreieck in einem geeigneten Maßstab.
a) $a = 25{,}1$ m, $c = 14{,}3$ m
b) $c = 125$ m, $h_c = 85$ m
c) $c = 19{,}6$ m, $\gamma = 55{,}5°$
d) $a = 5{,}6$ cm, $h_c = 4{,}8$ cm
e) $a = 3{,}75$ m, $c = 2{,}35$ m
f) $h_c = 4{,}76$ m, $\gamma = 32{,}1°$
g) $c = 75{,}6$ m, $\alpha = 53{,}2°$
h) $a = 18{,}8$ cm, $\gamma = 146{,}4°$

4

Ein gleichschenkliges Dreieck hat die Basis $c = 6{,}0$ cm und die Basiswinkel $\alpha = \beta = 70°$. Wie lang sind die Schenkel des Dreiecks?

5

Welche der folgenden Aussagen sind wahr, welche sind falsch? Begründe.
a) Wenn ein Dreieck gleichseitig ist, so ist es auch gleichschenklig.
b) Ein Dreieck ist auch gleichschenklig, wenn es gleichseitig ist.
c) Ein Dreieck ist auch gleichseitig, wenn es gleichschenklig ist.
d) Es gibt gleichschenklige Dreiecke, die gleichseitig sind.
e) Nicht alle gleichseitigen Dreiecke sind gleichschenklig.
f) Es gibt gleichseitige Dreiecke, die rechtwinklig sind.
g) Gleichseitige Dreiecke sind ähnlich.

6

In einem gleichseitigen Dreieck ist die Höhe 13 cm lang.
Berechne Seitenlänge und Flächeninhalt dieses Dreiecks.

7

Ermittle Höhe und Flächeninhalt eines gleichseitigen Dreiecks in Abhängigkeit von der Seitenlänge a.

8

Wenn die Grundfläche einer Pyramide ein regelmäßiges Vieleck ist, kann man sie mithilfe von Sinus, Kosinus oder Tangens berechnen.
Beispiel: Die Grundfläche ist ein regelmäßiges Fünfeck.

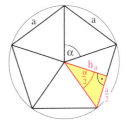

$\alpha = \dfrac{360°}{5} = 72°$

$\tan \dfrac{\alpha}{2} = \dfrac{\frac{a}{2}}{h_a}$

$G = 5 \cdot \dfrac{a \cdot h_a}{2}$

$G = \dfrac{5a^2}{4 \tan 36°}$

a) Berechne das Volumen einer regelmäßigen fünfseitigen Pyramide mit $a = 8$ cm und $h = 15$ cm.
b) Berechne die Grundfläche und das Volumen einer regelmäßigen neunseitigen Pyramide mit der Grundkantenlänge 1 m und der Körperhöhe 3 m.

9

Gegeben ist ein gerades Prisma ABCDEF mit den Maßen $\overline{AB} = \overline{DC} = 6{,}2$ cm, $\overline{AD} = \overline{BC} = \overline{EF} = 8{,}5$ cm, $\sphericalangle BAE = \sphericalangle BEA = 56°$

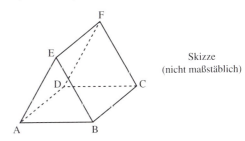

Skizze (nicht maßstäblich)

a) Stelle das Prisma im Zweitafelbild dar und bezeichne alle Eckpunkte entsprechend der Skizze.
b) Zeichne ein Netz des Prismas. Bezeichne auch hier alle Eckpunkte.
c) Berechne $\overline{BE}$.
d) Berechne den Oberflächeninhalt des Prismas.
e) Berechne das Volumen des Prismas.

6 Beziehungen zwischen Sinus, Kosinus, Tangens

1
In nebenstehender Abbildung findest du drei Zahlenpaare. Ermittle mit dem Taschenrechner die Werte. Was stellst du fest?
Gib noch drei weitere Paare mit der gleichen Eigenschaft an.
Beschreibe den Zusammenhang zwischen den beiden Winkelgrößen, die dem Sinus- und dem Kosinuswert eines jeden solchen Zahlenpaares zugeordnet sind. Versuche, deine Feststellung durch eine Gleichung auszudrücken.

2
Übertrage die Tabelle in dein Heft. Setze für α noch drei weitere Winkelgrößen ein und berechne die einzelnen Sinus-, Kosinus- und Tangenswerte sowie den Quotienten mit dem Taschenrechner. Runde die Ergebnisse auf drei Stellen nach dem Komma.
Welche Gesetzmäßigkeit erkennst du?

α	sin α	cos α	tan α	$\frac{\sin α}{\cos α}$
13,5°	0,233	0,972		
56,8°	0,837		1,528	
42,7°				0,923

Es gibt viele Formeln, durch die Sinus, Kosinus und Tangens miteinander verknüpft sind.

(1) Im rechtwinkligen Dreieck ABC ist
$\sin α = \frac{a}{c}$ und $\cos β = \frac{a}{c}$, also $\sin α = \cos β$.
Wegen $β = 90° - α$ ist demnach $\sin α = \cos(90° - α)$.
Ebenso ist $\cos α = \sin(90° - α)$.

Für $\sin α \cdot \sin α$ schreibt man
$$(\sin α)^2$$
oder kürzer
$$\sin^2 α$$

(2) Aus $\sin α = \frac{a}{c}$ und $\cos α = \frac{b}{c}$ folgt
$\frac{\sin α}{\cos α} = \frac{a}{c} : \frac{b}{c} = \frac{a \cdot c}{c \cdot b} = \frac{a}{b}$, also ist $\frac{\sin α}{\cos α} = \tan α$.
Wegen $\cos 90° = 0$ gilt dies nur für $α \neq 90°$.

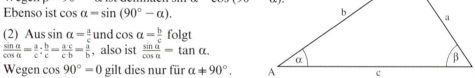

(3) Nach dem Satz des Pythagoras gilt $a^2 + b^2 = c^2$. Daraus folgt:
$$\sin^2 α + \cos^2 α = \left(\frac{a}{c}\right)^2 + \left(\frac{b}{c}\right)^2 = \frac{a^2 + b^2}{c^2} = \frac{c^2}{c^2} = 1$$

Sinus, Kosinus und Tangens sind als Seitenverhältnisse im rechtwinkligen Dreieck definiert. Deshalb waren bislang nur Winkelgrößen kleiner 90° sinnvoll.
Es ist jedoch möglich und zweckmäßig, eine Erweiterung auf beliebige Winkel vorzunehmen. Im Folgenden werden Winkel zwischen 0° und 180° betrachtet.

Der Vierteleinheitskreis wurde im Koordinatensystem an der y-Achse gespiegelt. Es gilt $\overline{OQ} = \cos α$ und $\overline{QR} = \sin α$ und damit $R(\cos α; \sin α)$.
Für das Bild R' folgt: $R'(-\cos α; \sin α)$ und für $\sphericalangle R'OQ = 180° - α$.
Somit gilt $\sin(180° - α) = \sin α$
und $\cos(180° - α) = -\cos α$.

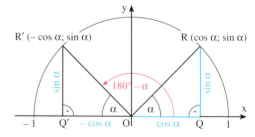

Beziehungen zwischen Sinus, Kosinus, Tangens

$\sin^2 α + \cos^2 α = 1$ $\quad\sin α = \cos(90° - α)$ $\quad\sin(180° - α) = \sin α$
$\tan α = \frac{\sin α}{\cos α}$ $(α \neq 90°)$ $\quad\cos α = \sin(90° - α)$ $\quad\cos(180° - α) = -\cos α$

Beziehungen zwischen Sinus, Kosinus, Tangens

Bemerkung: Die Erweiterung auf stumpfe Winkel bedeutet, dass jetzt zu einem bestimmten Sinuswert zwei Winkel existieren. Aus sin α = 0,5 folgt $α_1 = 30°$ und $α_2 = 180° - 30° = 150°$. Winkel zu Kosinuswerten sind nach wie vor eindeutig.

Beachte: Auch der Taschenrechner kennt Sinus- und Kosinuswerte für Winkel über 90°. Die Eingabe ⓪ ． ⑤ ⁺⁄₋ 2ⁿᵈ COS liefert die Ausgabe „120", ①④⑤ SIN bringt das Ergebnis „0,5735...". Zur Eingabe ⓪．⑤ 2ⁿᵈ SIN erhältst du aber nur das Ergebnis „30", den zweiten Winkel 150° zum Sinuswert 0,5 musst du selbst ermitteln.

Aufgaben

3
Ermittle mit dem Taschenrechner und runde auf drei Dezimalstellen.
a) sin 5,1°, sin 93,4°, sin 128,6°, sin 34,8°, sin 178,3°, sin 89,5°
b) cos 17,9°, cos 117,9°, cos 84,2°, cos 146,8°, cos 93,7°, cos 78,4°

4
Runde die Anzeige des Taschenrechners auf eine Dezimalstelle. (0° < α < 180°)
a) cos α = 0,349 b) cos α = −0,476
c) sin α = 0,853 d) sin α = 0,264
e) sin α = $\frac{3}{7}$ f) cos α = $\frac{11}{12}$
g) cos α = $-\frac{1}{2}\sqrt{2}$ g) sin α = $\frac{1}{3}\sqrt{5}$

5
Ermittle am Vierteleinheitskreis die Werte von sin α und cos α für den Winkel
a) 20° b) 55° c) 75° d) 30°.
Kontrolliere die Ergebnisse anhand der Formel $\sin^2 α + \cos^2 α = 1$.

6
Ermittle am Vierteleinheitskreis Sinus- und Kosinuswerte für die angegebenen Winkel. Trage sie im Heft in eine Tabelle ein und kennzeichne gleiche Werte mit gleicher Farbe.

α	20°	50°	45°	60°	70°
sin α					
cos (90° − α)					
cos α					
sin (90° − α)					

7
Bestimme die Lösungsmenge der folgenden Gleichungen im Intervall 0° ≤ α ≤ 180°.
a) 2 · sin α = 2
b) 1 − sin α = 0,64
c) 8 − sin α = 5 + 3 · sin α
d) $\frac{\sin α}{1,2} = \frac{\sin 35°}{3,4}$
e) $\frac{1}{2} \sin α = \frac{1}{4} - \frac{2}{5} \sin α$

8
Vereinfache.
a) $2\cos^2 α + \sin^2 α - \cos^2 α$
b) $(\sin α + \cos α)^2 + (\sin α - \cos α)^2$
c) $4\cos^2 α \cdot \tan^2 α + 4\cos^2 α$

9
Früher wurden Sinus-, Kosinus- und Tangenswerte aus Tabellen abgelesen.
a) Die am Rand abgebildete Tabelle enthält gleichzeitig Sinus- und Kosinuswerte. Welche Formel spielt hier eine Rolle?
b) Lies cos 52° ab.
c) Die Tabelle lässt erkennen, dass auch die Formel sin (45° − α) = cos (45° + α) gilt. Beweise diese Formel, indem du in die Formel aus a) für α den Ausdruck 45° + α einsetzt.

10
Vereinfache die Terme mithilfe der Formeln.
a) $\frac{\sin 50°}{\sin 40° \cdot \tan 50°}$
b) $\frac{\cos 20°}{\sin 70°} - \frac{\sin 70°}{\cos 20°}$
c) $\tan 46° - \frac{1}{\tan 44°}$
d) $\tan 38° \cdot \tan 52°$

7 Besondere Werte

1
Berechne die Winkel im Dreieck ABC aus den zwei Angaben $\tan\alpha_1 = 1$ und $\sin\alpha_2 = \frac{1}{2}$.

2
Berechne mit dem Taschenrechner $\sin\alpha$ für $\alpha = 30{,}1°$; $30{,}01°$; $30{,}001°$; ...

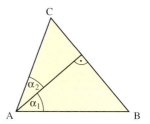

Die Sinus-, Kosinus- und Tangenswerte, die der Taschenrechner zeigt, sind zwar auf viele Stellen genau, aber in der Regel doch nur gerundet. Für die Winkel 30°, 45° und 60° ergeben sich jedoch einfache Brüche bzw. Wurzelausdrücke.

Das Dreieck ABC (Fig. 1) ist die Hälfte eines gleichseitigen Dreiecks. Damit erhalten wir:

$\sin 30° = \frac{\frac{a}{2}}{a} = \frac{1}{2}$ und $\sin 60° = \frac{\frac{a}{2}\sqrt{3}}{a} = \frac{1}{2}\sqrt{3}$

$\cos 30° = \frac{\frac{a}{2}\sqrt{3}}{a} = \frac{1}{2}\sqrt{3}$ und $\cos 60° = \frac{\frac{a}{2}}{a} = \frac{1}{2}$

$\tan 30° = \frac{\frac{a}{2}}{\frac{a}{2}\sqrt{3}} = \frac{1}{3}\sqrt{3}$ und $\tan 60° = \frac{\frac{a}{2}\sqrt{3}}{\frac{a}{2}} = \sqrt{3}$

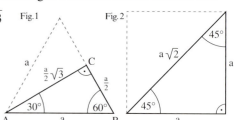

Fig. 1   Fig. 2

$\frac{1}{\sqrt{2}} = \frac{1 \cdot \sqrt{2}}{\sqrt{2} \cdot \sqrt{2}} = \frac{1}{2}\sqrt{2}$

$\frac{1}{\sqrt{3}} = \frac{1 \cdot \sqrt{3}}{\sqrt{3} \cdot \sqrt{3}} = \frac{1}{3}\sqrt{3}$

Am gleichschenklig rechtwinkligen Dreieck (Fig. 2), also am halben Quadrat, ist abzulesen:

$\sin 45° = \frac{a}{a\cdot\sqrt{2}} = \frac{1}{2}\sqrt{2}$ $\cos 45° = \frac{a}{a\cdot\sqrt{2}} = \frac{1}{2}\sqrt{2}$

$\tan 45° = \frac{a}{a} = 1$

Am Vierteleinheitskreis ergeben sich Werte auch für die Winkel 0° und 90°. Da aber die Tangente und die y-Achse parallel sind, gibt es keinen Wert von $\tan\alpha$ für $\alpha = 90°$.

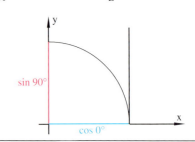

$\tan 89° = ?$
$\tan 89{,}9° = ?$
$\tan 89{,}99° = ?$
$\tan 89{,}999° = ?$
...

Tabelle der besonderen Sinus-, Kosinus- und Tangenswerte:

α	0°	30°	45°	60°	90°
$\sin\alpha$	0	$\frac{1}{2}$	$\frac{1}{2}\sqrt{2}$	$\frac{1}{2}\sqrt{3}$	1
$\cos\alpha$	1	$\frac{1}{2}\sqrt{3}$	$\frac{1}{2}\sqrt{2}$	$\frac{1}{2}$	0
$\tan\alpha$	0	$\frac{1}{3}\sqrt{3}$	1	$\sqrt{3}$	nicht definiert

Beispiel
Im gleichschenklig rechtwinkligen Dreieck ABC ist die Hypotenuse c in der Form 3e gegeben.

Für die Katheten ergibt sich $a = 3e \cdot \sin 45° = 3e \cdot \frac{1}{2}\sqrt{2}$.

Der Umfang u beträgt damit $u = 3e + 2a = 3(1 + \sqrt{2}) \cdot e$.

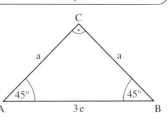

Der Flächeninhalt A beträgt
$A = \frac{1}{2}a^2 = \frac{1}{2}(3e \cdot \frac{1}{2}\sqrt{2})^2 = \frac{1}{2} \cdot 9e^2 \cdot \frac{1}{4} \cdot 2 = \frac{9}{4}e^2$.

Bemerkung: In Formeln ersetzen wir Wurzelausdrücke nicht durch Näherungswerte. Das Endergebnis von Anwendungsaufgaben kann jedoch gerundet werden.

Aufgaben

3
Überprüfe den „trigonometrischen Pythagoras" $\sin^2\alpha + \cos^2\alpha = 1^2$ für die Winkel
a) 30° b) 45° c) 60° d) 90°.
Verwende dazu die Tabelle auf Seite 70.

4
Überprüfe in der Tabelle der besonderen Sinus-, Kosinus- und Tangenswerte die Zusammenhänge $\sin\alpha = \cos(90° - \alpha)$ und $\tan\alpha = \frac{\sin\alpha}{\cos\alpha}$.

5
Erweitere die auf Seite 70 dargestellte Tabelle mit entsprechenden stumpfen Winkeln (120°, 135°, 150°) sowie mit 180°. Verwende dazu geeignete Formeln.

6
Berechne ohne Taschenrechner.
a) $\sin 30° \cdot \cos 60° + \sin 60° \cdot \cos 30°$
b) $\sin 30° + \tan 30° \cdot \cos 30°$
c) $\tan 45° \cdot \cos 30° \cdot \sin 60°$
d) $\sin 60° + \tan 30° \cdot \cos 60°$
e) $\tan 30° \cdot \sin 60° \cdot \cos 90°$

7
Drücke die Seiten a, b bzw. c durch e aus.

a) 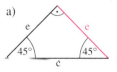   b)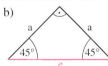

c)   d)   e)

8
Drücke a, b bzw. c durch e aus.
Drücke den Umfang u und den Flächeninhalt A durch e aus.

a) 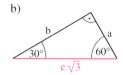   b) 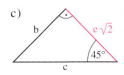   c) (Bild mit 45°, $e\sqrt{2}$)

! ! !
Ganz besondere Werte
$\tan\alpha = 2 - \sqrt{3}$
$\cos\beta = \frac{1}{4}(\sqrt{5} - 1)$
$\sin\gamma = \frac{1}{2}\sqrt{2 + \sqrt{3}}$
Berechne die Winkel!

Teste deinen Taschenrechner!
$\sin 45° - \frac{1}{2}\sqrt{2} = ?$

9
Man kann z. B. $\cos\alpha$ und $\tan\alpha$ aus $\sin\alpha$ berechnen, ohne erst α selbst zu ermitteln:
Gegeben: $\sin\alpha = \frac{1}{2}$
$\cos\alpha = \sqrt{1 - \sin^2\alpha}$
$= \sqrt{1 - \frac{1}{4}} = \sqrt{\frac{3}{4}} = \frac{1}{2}\sqrt{3}$
$\tan\alpha = \frac{\sin\alpha}{\cos\alpha}$
$= \frac{\frac{1}{2}}{\frac{1}{2}\sqrt{3}} = \frac{1}{\sqrt{3}} = \frac{1}{3}\sqrt{3}$
Berechne auf diese Weise
a) $\cos\alpha$ und $\tan\alpha$ aus $\sin\alpha = 0{,}8$
b) $\sin\alpha$ und $\tan\alpha$ aus $\cos\alpha = \frac{3}{5}$.

10
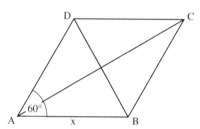

a) Berechne den Flächeninhalt des Rhombus in Abhängigkeit von x.
b) Wie lang muss x sein, damit sich für A der Wert 100 cm² ergibt?

Falsch rechnen unmöglich!
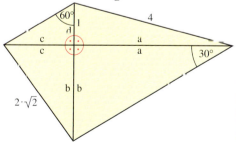

Berechne der Reihe nach ohne Taschenrechner die Länge der Strecken a, b, c und d. Am Ende stellt sich von selbst heraus, ob du richtig gerechnet hast.

Versuche selbst, einen ähnlichen „Rundlauf" zu finden.

8 Berechnungen mit dem Sinussatz

1
Die Entfernung zwischen zwei Punkten A und B im Gelände kann mithilfe einer geschickt gelegten Standlinie $\overline{CD}$ ermittelt werden.
Wie lang ist die Strecke $\overline{AB}$?

2
Die Seite b des Dreiecks ABC soll durch die Seite a ausgedrückt werden. Zerlege dazu das Dreieck in zwei besondere Dreiecke.
Gib eine Formel für den Flächeninhalt an.

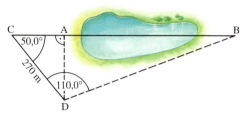
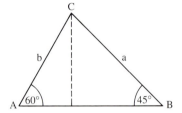

Mithilfe von geeigneten rechtwinkligen Teil- oder Ergänzungsdreiecken können auch in beliebigen Dreiecken weitere Stücke berechnet werden. Aufgaben zur Dreiecksberechnung lösen wir oft nach gleichem Muster:
Wir suchen eine geeignete Höhe, berechnen diese mithilfe eines der beiden Teildreiecke und verwenden das Ergebnis für die weitere Arbeit im anderen Teildreieck. Wir können Arbeit sparen, wenn wir die Berechnung einmal allgemein durchführen und dann künftig nur noch die ermittelten Formeln benutzen.

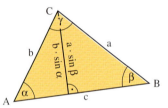

Für h_c gilt $h_c = b \cdot \sin \alpha$ und $h_c = a \cdot \sin \beta$, also
$$b \cdot \sin \alpha = a \cdot \sin \beta.$$
Ebenso erhält man für h_a bzw. h_b
$$b \cdot \sin \gamma = c \cdot \sin \beta$$
$$c \cdot \sin \alpha = a \cdot \sin \gamma$$
Diese Gleichungen sind auch für rechtwinklige und für stumpfwinklige Dreiecke richtig.

Besser kann man sich diese Aussagen merken, wenn man sie umformt:
$\frac{a}{b} = \frac{\sin \alpha}{\sin \beta}$, $\frac{a}{c} = \frac{\sin \alpha}{\sin \gamma}$, $\frac{b}{c} = \frac{\sin \beta}{\sin \gamma}$ oder $a : b : c = \sin \alpha : \sin \beta : \sin \gamma$

und in Worten unabhängig von den Bezeichnungen formuliert:
Die Längen zweier Seiten verhalten sich wie die Sinuswerte ihrer gegenüberliegenden Winkel. Man nennt diese Beziehung **Sinussatz**.

Sinussatz
In jedem Dreieck verhalten sich die Längen zweier Seiten zueinander wie die Sinuswerte der gegenüberliegenden Winkel.
$$a : b : c = \sin \alpha : \sin \beta : \sin \gamma$$

Gegeben:
Eine Seite und die zwei anliegenden Winkel

Beispiele
a) Gegeben:
b = 7,0 cm
$\alpha = 65,0°$
$\gamma = 40,0°$
Gesucht: β, a, c
Rechnung:
(1) $\beta = 180° - \alpha - \gamma$
$\beta = 180° - 65,0° - 40,0° = 75,0°$

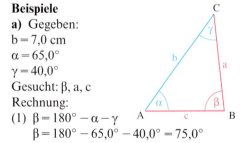

(2) $\frac{a}{\sin \alpha} = \frac{b}{\sin \beta}$

$a = \frac{b \cdot \sin \alpha}{\sin \beta}$

$a = \frac{7 \cdot 0,9063}{0,9659}$ cm

a = 6,6 cm

(3) $\frac{b}{\sin \beta} = \frac{c}{\sin \gamma}$

$c = \frac{b \cdot \sin \gamma}{\sin \beta}$

$c = \frac{7 \cdot 0,6428}{0,9659}$ cm

c = 4,7 cm

Die Aufgabe ist eindeutig lösbar, weil der Kongruenzsatz (wsw) erfüllt ist.

Berechnungen mit dem Sinussatz

Gegeben:
Zwei Seiten und der Gegenwinkel der größeren Seite.

b) Gegeben:
$a = 8{,}2$ cm
$b = 6{,}2$ cm
$\alpha = 57{,}5°$
Gesucht: β, γ, c
Rechnung:
(1) $\frac{a}{\sin \alpha} = \frac{b}{\sin \beta}$; $\sin \beta = \frac{b \cdot \sin \alpha}{a}$

$\sin \beta = 0{,}63768$
$\beta_1 = 39{,}6°$ $\beta_2 = 140{,}4°$ entfällt
(2) $\gamma = 180° - \alpha - \beta = 82{,}9°$
(3) $c = \frac{a \cdot \sin \gamma}{\sin \alpha} = 9{,}6$ cm

Die Aufgabe ist eindeutig lösbar, weil der Kongruenzsatz (Ssw) erfüllt ist.

Bemerkung: Ist bei einer Dreiecksberechnung keines der Kongruenzkriterien erfüllt, kann die Aufgabe zwei oder auch keine Lösungen besitzen. Will man z. B. Winkel β aus $a = 3$ cm, $b = 4$ cm und $\alpha = 30°$ berechnen, so folgt aus $\sin \beta = \frac{b \cdot \sin \alpha}{a} = \frac{4 \cdot 0{,}5}{3} = 0{,}667$, dass $\beta = 41{,}8°$ oder $138{,}2°$ gilt. Ist dagegen $a = 3$ cm, $b = 4$ cm und $\alpha = 50°$ gegeben, so erhält man $\sin \beta = \frac{4 \cdot 0{,}766}{3} = 1{,}021$ und damit keine Lösung für β.

Der Flächeninhalt A eines beliebigen Dreiecks läßt sich mithilfe des Sinus berechnen:

Aus $A = \frac{1}{2} c \cdot h_c$ und $h_c = b \cdot \sin \alpha$ ergibt sich $A = \frac{1}{2} b \cdot c \cdot \sin \alpha$.

Entsprechende Formeln gelten, wenn zwei andere Seiten und der eingeschlossene Winkel gegeben sind.

> Für den Flächeninhalt eines beliebigen Dreiecks gelten die Formeln
> $A = \frac{1}{2} \cdot b \cdot c \cdot \sin \alpha$ $A = \frac{1}{2} \cdot a \cdot b \cdot \sin \gamma$ $A = \frac{1}{2} \cdot a \cdot c \cdot \sin \beta$

Beispiel
Das Dreieck ABC mit $b = 7{,}0$ cm, $c = 9{,}3$ cm, $\alpha = 42{,}0°$ hat den Flächeninhalt
$A = \frac{1}{2} \cdot 9{,}3 \cdot 7{,}0 \cdot \sin 42{,}0°$ cm² $= 21{,}8$ cm².

Aufgaben

3
Berechne die rot markierten Stücke.

a) 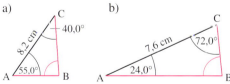   b)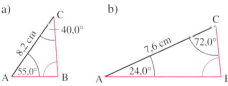

4
Berechne die rot markierten Stücke.

a) 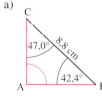   b)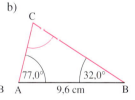

c) 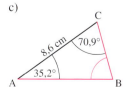   d)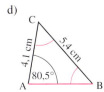

c) 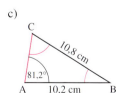   d)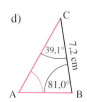

Berechnungen mit dem Sinussatz

5 Berechne β, a, c.

	a)	b)	c)	d)	e)
b (in cm)	9,0	1,0	5,0	8,8	10,5
α	73,2°	80,5°	37,5°	20,0°	22,2°
γ	25,6°	85,0°	52,5°	60,0°	55,5°

6 Berechne β, γ, c.

	a)	b)	c)	d)	e)
a (in cm)	7,5	7,2	8,4	5,1	10,0
b (in cm)	5,1	6,8	4,2	3,8	10,0
α	62,0°	49,9°	80,0°	53,3°	59,9°

7 Berechne die fehlenden Stücke. Überlege dazu erst, welches der Beispiele a) und b) zu den Vorgaben passt (Seiten in cm).

	a)	b)	c)	d)	e)
a	9,6	9,5			
b		7,2	3,6		7,5
c				5,5	6,0
α		72,0°	67,5°	10,0°	
β	25,0°			85,0°	25,0°
γ	75,0°		42,4°		

8 Berechne den Flächeninhalt A des Dreiecks.
a) a = 5,8 cm, c = 9,4 cm, β = 55,0°
b) b = 12,5 cm, a = 20,0 cm, γ = 120,0°

9 In einem Dreieck ABC ist b = 5,3 cm, a = 10,5 cm und β = 27°. Bei diesem Dreieck liegt der gegebene Winkel der kürzeren Seite gegenüber, die Konstruktion zeigt, dass es zwei Lösungen gibt. Versuche, auf rechnerischem Weg für beide Lösungsdreiecke die fehlenden Stücke zu berechnen.

10 In einem Dreieck ABC ist b = 4 cm, a = 10,5 cm und β = 27°. Bei diesem Dreieck liegt der gegebene Winkel der kürzeren Seite gegenüber, die Konstruktion zeigt, dass es keine Lösung gibt. Wie ergibt sich dieses Ergebnis durch Rechnung?

Achtung:
Bei jeder Berechnung von Winkeln aus Sinuswerten musst du zwei Winkel betrachten!

11 Berechne den Flächeninhalt A des Dreiecks.

	a)	b)	c)	d)	e)
a (in cm)	7,0	2,4	10,2	14,1	8,0
b (in cm)	6,0	5,8	14,5	5,0	4,0
γ	40,0°	56,2°	110,0°	45,2°	30,0°

12 Berechne im Dreieck ABC
a) die Seite c aus
A = 30,0 cm², b = 8,2 cm, α = 67,0°
b) die Seite b aus
A = 25,2 cm², a = 9,7 cm, γ = 50,0°

13 Berechne im spitzwinkligen Dreieck ABC die jeweils fehlenden Stücke.
a) a = 11,5 cm, β = 39°, γ = 68°
b) c = 7,0 cm, α = 75°, γ = 63°
c) b = 18,5 cm, c = 10,2 cm, β = 71°

14 Berechne im stumpfwinkligen Dreieck ABC die fehlenden Stücke.
a) α = 135°, β = 20°, b = 15,3 cm
b) a = 25 cm, c = 21,3 cm, α = 15°

15 Berechne im Dreieck ABC die fehlenden Stücke. Es gibt zwei Lösungen oder keine.
a) b = 5,2 cm, c = 4,5 cm, γ = 58°
b) a = 10,5 cm, c = 7,3 cm, γ = 76°
c) a = 1,2 cm, b = 2,5 cm, α = 25°

16 Ein Waldstück, das die Form eines Dreiecks hat, wurde vermessen:
$\overline{RS} = t = 850$ m
∢ SRT = δ = 55°
∢ TSR = ε = 42°

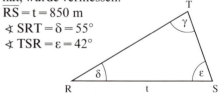

a) Konstruiere das Dreieck in einem geeigneten Maßstab.
b) Berechne den Flächeninhalt dieses Waldstückes aus den gegebenen Größen und gib ihn in Hektar an.

Berechnungen mit dem Sinussatz

17

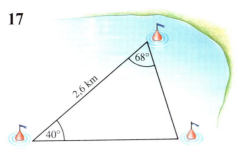

Wie lang ist der Regattakurs?

18

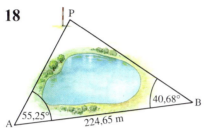

Ein Punkt P im Gelände wird von den Endpunkten einer Standlinie $\overline{AB}$ aus angepeilt.
a) Wie groß sind die Strecken $\overline{AP}$ und $\overline{BP}$?
b) Wie groß ist der Abstand von P zu $\overline{AB}$?

19

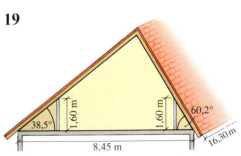

Der Raum unter dem Pultdach wird ausgebaut. Die Teile mit weniger als 1,60 m Höhe werden abgetrennt. Berechne
a) die Dachfläche   b) die Giebelhöhe
c) die Grundfläche des nutzbaren Dachraums
d) den Inhalt des umbauten nutzbaren Raums.

20

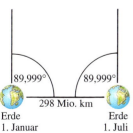

Erde 1. Januar — Erde 1. Juli

Astronomische Entfernungen können, wenn sie nicht zu groß sind, durch Winkelmessung in einem Dreieck bestimmt werden, dessen Basis der Erdbahndurchmesser ist (siehe Abbildung am Rand).
Wie weit ist der Stern von der Erde entfernt?

21

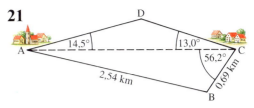

C ist von A aus auf zwei Wegen erreichbar.
a) Wie lang ist die Entfernung in Luftlinie?
b) Wie lang ist der Weg über D?

22

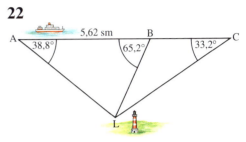

Ein Schiff peilt von 3 Punkten seiner geradlinigen Fahrtroute aus einen Leuchtturm an.
a) Wie weit ist es in B von L entfernt?
b) Wie lang ist die Wegstrecke $\overline{BC}$?

23

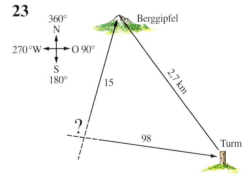

Bei einer Wanderung peilen Ute und Rainer von ihrem Standort aus zwei markante Geländepunkte mit dem Kompass an. Sie ermitteln die Kompasszahlen 15 und 98. Aus ihrer Wanderkarte entnehmen sie, dass der Berggipfel und der Turm 2,7 km voneinander entfernt sind.
a) Wie weit sind die beiden von den Geländepunkten entfernt?
b) Mit welcher Kompasszahl müssen Rainer und Ute marschieren, um ihr Ziel zu erreichen, das in einem Tal 1,5 km in östlicher Richtung vom Berggipfel liegt?

9 Berechnungen mit dem Kosinussatz

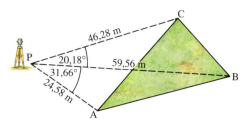

1
Ein dreieckiges Grundstück ABC wird von einem außerhalb liegenden Punkt P aus vermessen. Die Längen der Strecken $\overline{PA}$, $\overline{PB}$ und $\overline{PC}$ werden dabei mit einem elektrooptischen Messgerät direkt bestimmt.
Berechne den Flächeninhalt des Grundstücks aus den Flächeninhalten der drei Dreiecke mit Eckpunkt P.

Berechnungen von Dreiecken sind besonders aufwändig, wenn drei Seiten gegeben sind. Auch hier können wir Arbeitsaufwand sparen, indem wir wiederum die Berechnung allgemein durchführen und dann nur noch die hergeleiteten Formeln verwenden.

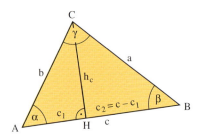

Um aus $\cos \alpha = \frac{c_1}{b}$ den Winkel α zu berechnen, müssen die beiden Beziehungen $b^2 = c_1^2 + h_c^2$ und $a^2 = (c - c_1)^2 + h_c^2$ nach h_c aufgelöst und gleichgesetzt werden. Die erhaltene Gleichung wird nach c_1 aufgelöst:
$c_1 = \frac{b^2 + c^2 - a^2}{2c}$, und in $\cos \alpha = \frac{c_1}{b}$ eingesetzt.
Es ergibt sich $\cos \alpha = \frac{b^2 + c^2 - a^2}{2bc}$.
Entsprechend erhält man
$\cos \beta = \frac{a^2 + c^2 - b^2}{2ac}$ und $\cos \gamma = \frac{a^2 + b^2 - c^2}{2ab}$.

Diese drei Beziehungen kann man sich besser merken, wenn man sie umformt in
$a^2 = b^2 + c^2 - 2bc \cdot \cos \alpha$ und $b^2 = a^2 + c^2 - 2ac \cdot \cos \beta$ und $c^2 = a^2 + b^2 - 2ab \cdot \cos \gamma$
und in Worten unabhängig von den Bezeichnungen formuliert:
In jedem Dreieck ist das Quadrat über einer Seite gleich der Summe der Quadrate über den beiden anderen Seiten, vermindert um das doppelte Produkt aus diesen Seiten und dem Kosinus des eingeschlossenen Winkels. Diese Beziehung nennt man **Kosinussatz**. Mit dem Kosinussatz kann man sowohl Winkel bei drei gegebenen Seiten berechnen, als auch die dritte Seite, wenn zwei Seiten und der eingeschlossene Winkel gegeben sind.

Kosinussatz
In jedem Dreieck ist das Quadrat der Länge einer Seite gleich der Summe der Quadrate der Längen der beiden anderen Seiten, vermindert um das doppelte Produkt aus den Längen dieser beiden Seiten und dem Kosinus des von beiden Seiten eingeschlossenen Winkels.
$a^2 = b^2 + c^2 - 2bc \cdot \cos \alpha$ $b^2 = a^2 + c^2 - 2ac \cdot \cos \beta$ $c^2 = a^2 + b^2 - 2ab \cdot \cos \gamma$

Gegeben:
Eine Seite und der eingeschlossene Winkel.

Beispiele
a) Gegeben:
$b = 6{,}3$ m
$c = 4{,}9$ m
$\alpha = 52{,}6°$
Gesucht:
a, β, γ

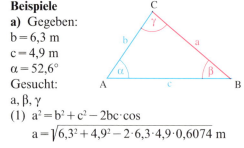

(1) $a^2 = b^2 + c^2 - 2bc \cdot \cos$
$a = \sqrt{6{,}3^2 + 4{,}9^2 - 2 \cdot 6{,}3 \cdot 4{,}9 \cdot 0{,}6074}$ m
$a = \sqrt{26{,}20}$ m $= 5{,}1$ m

(2) $\frac{\sin \gamma}{\sin \alpha} = \frac{c}{a}$; $\sin \gamma = \frac{c \cdot \sin \alpha}{a}$
$\sin \gamma = \frac{4{,}9 \cdot 0{,}7944}{5{,}1186537} = 0{,}76047$
$\gamma_1 = 49{,}5°$ ($\gamma_2 = 130{,}5°$ entfällt; denn $52{,}6° + 130{,}5° > 180°$)

(3) $\beta = 180° - \alpha - \gamma = 49{,}5°$
Die Aufgabe ist eindeutig lösbar, weil der Kongruenzsatz (wsw) erfüllt ist.

Berechnungen mit dem Kosinussatz

Gegeben: Drei Seiten

b) Gegeben:
a = 5,8 cm
b = 9,4 cm
c = 4,7 cm
Gesucht:
α, β, γ.

(1) $\cos\beta = \dfrac{a^2 + c^2 - b^2}{2ac}$

$\cos\beta = \dfrac{5{,}8^2 + 4{,}7^2 - 9{,}4^2}{2 \cdot 5{,}8 \cdot 4{,}7}$

$\cos\beta = -0{,}59849$
$\beta = 126{,}8°$

(2) $\sin\alpha = \dfrac{a \cdot \sin\beta}{b}$

$\sin\alpha = 0{,}49406$
$\alpha = 29{,}6°$ (α > 90° entfällt, da schon β > 90°)
$\gamma = 180° - \alpha - \beta = 23{,}6°$.

Die Aufgabe ist eindeutig lösbar, weil der Kongruenzsatz (sss) erfüllt ist.

Bemerkung: Bei Aufgaben vom Typ (sss) sollte man stets mit der Berechnung desjenigen Winkels beginnen, der der größten Dreiecksseite gegenüberliegt.

Aufgaben

2
Berechne im spitzwinkligen Dreieck ABC die fehlenden Stücke.
a) a = 5,6 cm, b = 20,7 cm, γ = 83,3°
b) a = 2,1 cm, b = 2,6 cm, c = 3,2 cm
c) b = 12,5 cm, c = 15,3 cm, α = 74,6°
Wichtig sind die richtigen Ansätze und die Lösungswege.

3
Berechne im stumpfwinkligen Dreieck ABC die fehlenden Stücke.
a) a = 7,0 cm, b = 5,6 cm, γ = 123°
b) a = 12,00 cm, b = 4,75 cm, c = 8,3 cm
c) b = 33,7 cm, c = 14,5 cm, α = 25,3°

4
Berechne im Dreieck ABC die fehlenden Stücke (Längenangaben in cm).

	a)	b)	c)	d)	e)	f)
a	3,5		8,2	0,75	5,7	6,9
b	5,7	22,7		2,40	3,4	
c		31,6	5,9	2,15	5,7	5,1
α		45,2°				
β			95,7°			13,9°
γ	67,5°					

Vorsicht Glatteis!

5
Berechne im Dreieck ABC mit a = 5 cm, b = 7 cm und c = 13 cm die Winkel. Was passiert in der Rechnung? Begründe.

6
Die Dreiecke ABC sind rechtwinklig.
a) a = 3 cm, b = 4 cm, c = 5 cm
b) a = 12 cm, b = 5 cm, c = 13 cm
Berechne die fehlenden Stücke mit dem Kosinussatz und stelle fest, was in der Rechnung passiert.

7

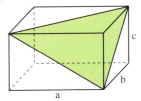

Ein Quader hat drei verschieden lange Flächendiagonalen. Berechne in dem von drei Flächendiagonalen gebildeten Dreieck die Winkel, wenn die Kanten a = 7 cm, b = 5 cm und c = 4 cm lang sind.

8
Auf einem Körper wirken im selben Angriffspunkt zwei Kräfte $F_1 = 450$ N und $F_2 = 210$ N im Winkel von φ = 25°. Wie groß ist die Gesamtkraft F und in welche Richtung wirkt sie?

9
Die Eckpunkte eines Dreiecks haben die Koordinaten A(−5; −4), B(10; 2) und C(−6; 6).
Berechne die Längen der Seiten und die Größen der Innenwinkel.

Berechnungen mit dem Kosinussatz

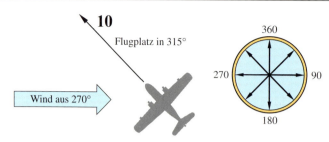
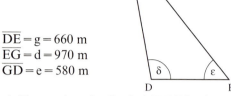

10

Flugplatz in 315°
Wind aus 270°

Ein Flugzeug will einen in 315° liegenden Flugplatz ansteuern. Es fliegt mit einer Geschwindigkeit von 395 km/h, der Wind kommt aus 270° (W) mit 65 km/h.
a) Welcher Kompasskurs muss gesteuert werden, um den Flugplatz zu erreichen?
b) Mit welcher Flugzeit ist zu rechnen, wenn der Flugplatz 345 km entfernt ist?

11
Ein Park hat die Form eines Dreiecks mit den Seitenlängen 490 m, 450 m und 410 m. Ein gerader Fußweg verläuft vom gegenüberliegenden Eckpunkt so, dass er auf die Mitte der kürzesten Seite trifft.
Welche Länge hat der Fußweg?

12
Ein dreieckiges Waldstück wurde vermessen:

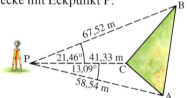

$\overline{DE} = g = 660$ m
$\overline{EG} = d = 970$ m
$\overline{GD} = e = 580$ m

a) Konstruiere das Dreieck DEG in einem geeigneten Maßstab, und gib den gewählten Maßstab an.
b) Berechne aus den gegebenen Seitenlängen den Flächeninhalt des Waldstückes, und gib ihn in Hektar an.

13
Berechne den Flächeninhalt des Grundstücks aus den Flächeninhalten der drei Dreiecke mit Eckpunkt P.

67,52 m
21,46° 41,33 m
13,09°   C
58,54 m

Grundaufgaben der Dreiecksberechnung
Dreiecke können eindeutig berechnet werden, wenn die gegebenen Stücke eines der vier Kongruenzkriterien erfüllen:

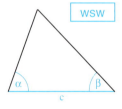 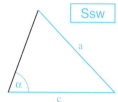 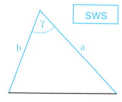 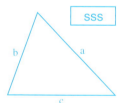

WSW:
(1) $\gamma = 180° - (\alpha + \beta)$
(2) $b = \dfrac{c \cdot \sin \beta}{\sin \gamma}$
(3) $a = \dfrac{c \cdot \sin \alpha}{\sin \gamma}$

Ssw:
(1) $\sin \gamma = \dfrac{c \cdot \sin \alpha}{a}$ (a > c)
(2) $\beta = 180° - (\alpha + \gamma)$
(3) $b = \dfrac{a \cdot \sin \beta}{\sin \alpha}$

SWS:
(1) $c^2 = a^2 + b^2 - 2ab \cdot \cos \gamma$
(2) $\sin \beta = \dfrac{b \cdot \sin \gamma}{c}$
(3) $\alpha = 180° - (\beta + \gamma)$

SSS:
(1) $\cos \alpha = \dfrac{b^2 + c^2 - a^2}{2ab}$
(2) $\sin \beta = \dfrac{b \cdot \sin \alpha}{a}$
(3) $\gamma = 180° - (\alpha + \beta)$

Kontrollmöglichkeiten (Auswahl nach Zweckmäßigkeit):
 Maßstäbliche Konstruktion
 Satz über die Innenwinkelsumme im Dreieck
 Sinussatz, insbesondere $\dfrac{a}{\sin \alpha} = \dfrac{b}{\sin \beta} = \dfrac{c}{\sin \gamma}$
 Beziehungen der Dreiecksungleichung
 Seiten-Winkel-Beziehungen als grobe Kontrolle

10 Berechnungen von Vierecken und Vielecken

1

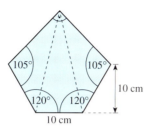

Gib eine Zerlegung an, mit der sich der Flächeninhalt des Fünfecks leichter als durch die eingetragene Zerlegung berechnen lässt.

2

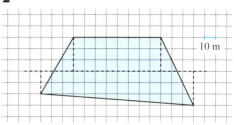

Gib den Flächeninhalt der Figur näherungsweise an. Welche Möglichkeit zur genauen Berechnung erkennst du?

Vierecke und Vielecke lassen sich auf viele verschiedene Arten in einfachere Teilfiguren zerlegen. Welche Zerlegung günstig ist, hängt davon ab, welche Größen gegeben und welche gesucht sind. Manchmal hilft bei Berechnungen statt der Zerlegung auch die Ergänzung.

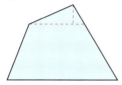 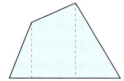  

> Größen in **Vierecken und Vielecken** lassen sich durch Zerlegung oder Ergänzung berechnen. Geeignete Teil- oder Ergänzungsfiguren sind rechtwinklige Dreiecke, gleichseitige Dreiecke, Quadrate, Rechtecke und Trapeze.

Beispiele

a)

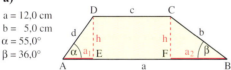

$a = 12{,}0$ cm
$b = 5{,}0$ cm
$\alpha = 55{,}0°$
$\beta = 36{,}0°$

Wir berechnen den Flächeninhalt A des Trapezes nach der Formel $A = \frac{a+c}{2} \cdot h$.

Aus $\triangle FBC$: $\quad h = b \cdot \sin \beta$
$\qquad\qquad\qquad = 2{,}94$ cm,

Aus $\triangle AED$: $\quad \tan \alpha = \frac{h}{a_1}$
$\qquad\qquad\qquad a_1 = \frac{h}{\tan \alpha}$
$\qquad\qquad\qquad\quad = 2{,}06$ cm

Aus $\triangle FBC$: $\quad \tan \beta = \frac{h}{a_2}$
$\qquad\qquad\qquad a_2 = \frac{h}{\tan \beta}$
$\qquad\qquad\qquad\quad = 4{,}05$ cm

Damit ergibt sich: $c = a - a_1 - a_2 = 5{,}9$ cm
$\qquad\qquad A = \frac{12{,}0 + 5{,}89}{2} \cdot 2{,}94$ cm²
$\qquad\qquad\quad = 26{,}3$ cm²

b)

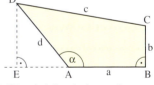

$a = 5{,}0$ cm
$b = 2{,}5$ cm
$d = 4{,}0$ cm
$\alpha = 130{,}0°$

Das Viereck ABCD wird durch das rechtwinklige Dreieck EAD zum Trapez EBCD mit Höhe $\overline{EB}$ ergänzt. Damit lässt sich der Flächeninhalt des Vierecks ABCD berechnen:

Aus $\triangle EAD$: $\overline{ED} = d \cdot \sin(180° - \alpha) = 3{,}06$ cm
$\qquad\qquad\quad \overline{EA} = d \cdot \cos(180° - \alpha) = 2{,}57$ cm

Die Höhe des Trapezes ist damit
$\qquad \overline{EB} = \overline{EA} + \overline{AB} = 7{,}57$ cm

Für die Flächeninhalte ergibt sich
$\qquad A_{\text{Trapez}} = \frac{1}{2} (\overline{ED} + \overline{BC}) \cdot \overline{EB}$
$\qquad\qquad\quad = 21{,}04$ cm²
$\qquad A_{\text{Dreieck}} = \frac{1}{2} \overline{EA} \cdot \overline{ED}$
$\qquad\qquad\quad = 3{,}93$ cm²
$\qquad A_{\text{Viereck}} = A_{\text{Trapez}} - A_{\text{Dreieck}}$
$\qquad\qquad\quad = 17{,}1$ cm²

Berechnungen von Vierecken und Vielecken

Aufgaben

3
Berechne den Flächeninhalt und den Umfang des aus zwei rechtwinkligen Dreiecken zusammengesetzten Vierecks.

a)
$a = 5{,}0$ cm
$b = 7{,}0$ cm
$\alpha = 125{,}0°$

b)
$b = 8{,}5$ cm
$\alpha_1 = 67{,}2°$
$\gamma = 102{,}4°$

c)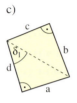
$c = 6{,}4$ cm
$d = 7{,}5$ cm
$\delta_1 = 50{,}0°$

d)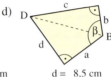
$d = 8{,}5$ cm
$\overline{BD} = 11{,}2$ cm
$\beta = 116{,}6°$

4
Berechne den Flächeninhalt und den Umfang des Trapezes.

a)
$a = 8{,}5$ cm
$b = 5{,}4$ cm
$\beta = 58{,}0°$

b)
$c = 2{,}8$ cm
$d = 9{,}5$ cm
$\delta = 127{,}6°$

c)
$a = 15{,}2$ cm
$c = 6{,}9$ cm
$\beta = 58{,}0°$

d)
$a = 8{,}2$ cm
$b = 5{,}0$ cm
$c = 4{,}5$ cm

5
Berechne den Flächeninhalt und den Umfang des Trapezes.

a)
$a = 11{,}0$ cm
$b = 5{,}2$ cm
$\alpha = 65{,}0°$
$\beta = 48{,}0°$

b)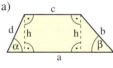
$a = 15{,}0$ cm
$b = 5{,}0$ cm
$d = 6{,}0$ cm
$\alpha = 36{,}0°$

6
Konstruiere das Trapez und berechne den Umfang und den Flächeninhalt. (Die parallelen Seiten sind a und c. Maße in cm.)

	a)	b)	c)	d)
a	10,0			8,2
b		4,8	6,0	5,6
c		8,0	2,5	
d	9,0		8,0	
α	62,0°	27,0°		40,0°
β	78,0°	63,0°	70,0°	100,0°

7
a) Ein gleichschenkliges Trapez ABCD hat die Seite $c = 5{,}6$ cm, den Winkel $\alpha = 50{,}0°$ und die Höhe $h = 6{,}4$ cm. Berechne die Grundlinie a und den Schenkel b.

b) Ein gleichschenkliges Trapez hat die Seiten $c = 7{,}2$ cm, $d = 8{,}1$ cm und den Winkel $\alpha = 65°$. Berechne den Flächeninhalt und den Umfang.

8
Berechne den Umfang und den Flächeninhalt des Trapezes mit $a = 10{,}0$ cm, $b = 7{,}0$ cm, $d = 6{,}0$ cm und $\alpha = 70{,}0°$.

9
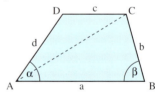
$a = 13{,}9$ cm
$b = 8{,}0$ cm
$\alpha = 75{,}0°$
$\beta = 55{,}0°$

Berechne im Trapez ABCD die Höhe h, die Diagonale $\overline{AC}$ sowie die Seiten d und c.

10
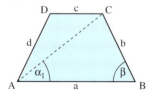
$a = 12{,}0$ cm
$\alpha_1 = 38{,}0°$
$\beta = 64{,}0°$

Berechne die Seiten des gleichschenkligen Trapezes ABCD.

Berechnungen von Vierecken und Vielecken

11

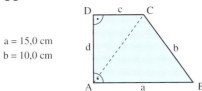

a = 15,0 cm
b = 10,0 cm

Das Teildreieck ABC des Trapezes ABCD hat den Flächeninhalt $A_1 = 45,0\ cm^2$. Berechne den gesamten Flächeninhalt des Trapezes ABCD.

12

Das Trapez ABCD hat rechte Winkel bei A und D, die Seiten a = 12 cm und d = 4 cm sowie den Flächeninhalt $A = 42\ cm^2$. Berechne zuerst die Seiten c, b und dann die Winkel β, γ.

13

Berechne die fehlenden Seiten und Winkel.

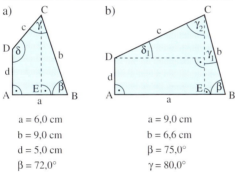

a)
a = 6,0 cm
b = 9,0 cm
d = 5,0 cm
β = 72,0°

b)
a = 9,0 cm
b = 6,6 cm
β = 75,0°
γ = 80,0°

14

Berechne die fehlenden Seiten und Winkel. Beachte dazu die eingezeichneten Ergänzungsdreiecke.

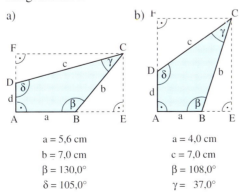

a)
a = 5,6 cm
b = 7,0 cm
β = 130,0°
δ = 105,0°

b)
a = 4,0 cm
c = 7,0 cm
β = 108,0°
γ = 37,0°

Augenmaß gefragt!

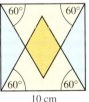

10 cm

Schätze, wie oft der Flächeninhalt des Rhombus im Flächeninhalt des Quadrates enthalten ist.

15

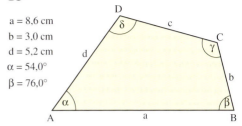

a = 8,6 cm
b = 3,0 cm
d = 5,2 cm
α = 54,0°
β = 76,0°

Berechne den Umfang des Vierecks sowie die Winkel γ und δ.

16

Das Viereck ABCD hat die Seite a = 9,0 cm und die Winkel α = 37,0°, β = 69,0°. Die Senkrechten $\overline{CF}$ und $\overline{DE}$ auf die Seite a haben die Längen $\overline{CF} = 5,0$ cm und $\overline{DE} = 4,3$ cm. Berechne den Umfang des Vierecks.

17

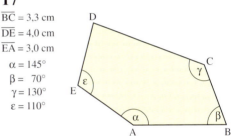

$\overline{BC} = 3,3$ cm
$\overline{DE} = 4,0$ cm
$\overline{EA} = 3,0$ cm
α = 145°
β = 70°
γ = 130°
ε = 110°

Berechne
a) die Länge der Diagonale $\overline{CE}$
b) den Flächeninhalt
des unregelmäßigen Fünfecks.

18

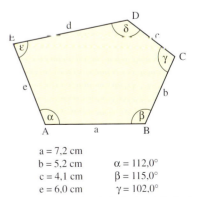

a = 7,2 cm
b = 5,2 cm   α = 112,0°
c = 4,1 cm   β = 115,0°
e = 6,0 cm   γ = 102,0°

Berechne den Flächeninhalt des Fünfecks.

Berechnungen von Vierecken und Vielecken

19

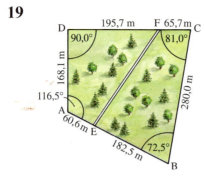

Beim Neubau einer Bahnstrecke wird eine Ausgleichsfläche aufgeforstet.
a) Wie groß ist der Flächeninhalt des Vierecks ABCD auf Ar gerundet?
b) Wie lang ist der Weg durch das Waldstück?

20

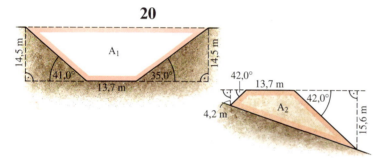

Eine Bahnstrecke wird 320 m weit in einem Einschnitt geführt und wechselt dann auf einen 630 m langen Damm über.
a) Berechne die Querschnittsflächen des Einschnitts und des Damms.
b) Kann das gesamte aus dem Einschnitt geräumte Material zur Aufschüttung des Damms verwendet werden?

21

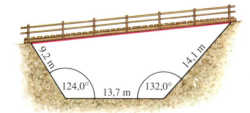

a) Wie lang ist der Steg (rote Strecke), der über den Einschnitt führt?
b) Wie viel Prozent Steigung hat der Steg?

22

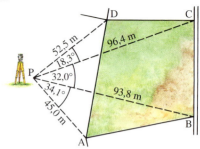

Die Eckpunkte des Grundstücks wurden vom selben Standort P aus anvisiert. Berechne den Flächeninhalt des Vierecks ABCD.

23

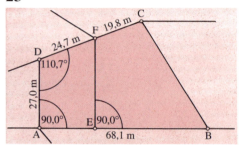

Ein viereckiges Baugrundstück ABCD wird geteilt.
a) Wie lang ist die Grenze $\overline{EF}$?
b) Welchen Flächeninhalt haben die zwei Teile?
(Es sind nur die zur Berechnung notwendigen Zahlenwerte angegeben.)

24

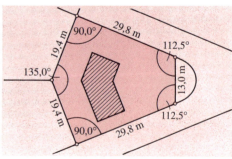

Berechne den Flächeninhalt des Eckgrundstücks. (Hier sind mehr Zahlenwerte angegeben, als zur Berechnung nötig sind. Wähle zwei geeignete Zerlegungen und vergleiche die Ergebnisse.)

11 Vermischte Aufgaben

1

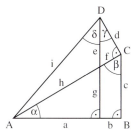

Gib Gleichungen an für
a) $\sin\alpha$, $\cos\beta$, $\cos\delta$, $\tan\gamma$, $\sin\gamma$
b) $\dfrac{c}{a+b}$, $\dfrac{f+h}{a+b}$, $\dfrac{d}{i}$, $\dfrac{e+g}{i}$, $\dfrac{f+h}{i}$, $\dfrac{h}{g}$, $\dfrac{d}{h+f}$.

2

Berechne ohne Taschenrechner:
a) $\sin^2 50° + \cos^2 50°$
b) $\sin^2 40° + \sin^2 50°$
c) $\sin 70° - \cos 20°$
d) $\tan 35° - \dfrac{1}{\tan 55°}$

3

Berechne die fehlenden Stücke.

a) 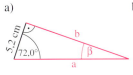 b)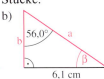

c)   d)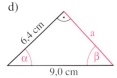

4

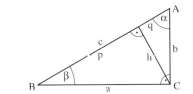

Berechne die fehlenden Stücke.
a) $p = 3{,}8$ cm, $\beta = 72{,}0°$
b) $h = 7{,}0$ cm, $\alpha = 34{,}5°$
c) $q = 2{,}9$ cm, $\beta = 21{,}0°$

5

Berechne mithilfe besonderer Werte.
a) $\sin 45° \cdot \cos 60°$ b) $\sin 60° \cdot \cos 30°$
c) $\sin 30° \cdot \tan 45°$ d) $\tan 60° \cdot \cos 30°$
e) $\tan 30° \cdot \cos 60°$ f) $\cos 45° \cdot \sin 45°$

6

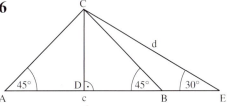

Drücke die Seitenlänge d durch die Seitenlänge $c = \overline{AB}$ aus.

7

a) Gib eine Formel an, in der der Flächeninhalt A des rechtwinkligen Dreiecks durch die Hypotenuse c und den Winkel α ausgedrückt wird.
b) Berechne den Flächeninhalt A für ein rechtwinkliges Dreieck mit
1) $c = 7{,}0$ cm, $\alpha = 49{,}0°$
2) $c = 10{,}5$ cm, $\alpha = 64{,}0°$
3) $c = 9{,}2$ cm, $\alpha = 89{,}0°$.

8

Berechne die fehlenden Stücke.

a)   b)

c)   d)

e)   f)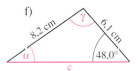

9

Berechne die in der Tabelle fehlenden Stücke.

	a)	b)	c)	d)	e)
a (in cm)		5,6	5,9	7,0	
b (in cm)	10,0		8,8		7,1
c (in cm)		6,5			9,9
α	120,0°				
β			105,0°	27,5°	
γ	25,0°	70,0°		32,5°	30,0°

Vermischte Aufgaben

10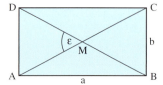

a) Die Diagonalen eines Rechtecks haben die Länge d und schneiden sich unter dem Winkel ε. Leite eine Formel für den Flächeninhalt A in Abhängigkeit von d und ε her. (Hinweis: Gib zunächst den Flächeninhalt von △AMD an.)

b) Berechne den Flächeninhalt.

	1)	2)	3)	4)
d (in cm)	7,0	8,5	12,8	14,14
ε	52,0°	65,2°	30,0°	90,00°

c) Berechne den Winkel ε.

	1)	2)	3)	4)
d (in cm)	7,90	5,90	10,00	8,20
A (in cm²)	25,50	8,70	49,24	30,00

11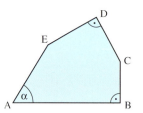

$\overline{AB}$ = 14,2 cm
$\overline{BC}$ = 5,6 cm
$\overline{EA}$ = 8,7 cm
α = 58,0°
$\overline{CD} = \overline{DE}$

Berechne den Umfang und den Flächeninhalt des Fünfecks.

12

a) Berechne den Flächeninhalt zweier Dreiecke mit b = 6,0 cm, c = 8,0 cm und $α_1$ = 40,0° bzw. $α_2$ = 140,0°.

b) Begründe an einer Zeichnung, dass die Flächeninhalte gleich sein müssen.

13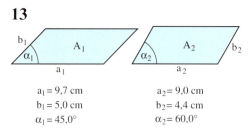

a_1 = 9,7 cm a_2 = 9,0 cm
b_1 = 5,0 cm b_2 = 4,4 cm
$α_1$ = 45,0° $α_2$ = 60,0°

Welches der zwei Parallelogramme hat den größeren Flächeninhalt?

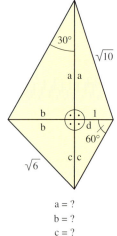

a = ?
b = ?
c = ?
d = ?

14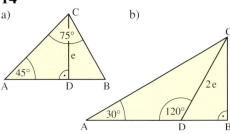

Berechne den Umfang u und den Flächeninhalt A des Dreiecks in Abhängigkeit von e.

15

Der Ausbau der Bundesautobahn A 72 verlangte eine Erneuerung der 650 m langen Brücke in Wilkau-Haßlau. Für die Bauarbeiten wurde ein Hilfspfeiler in Gittermastkonstruktion errichtet. Seine Höhe kann vom Niveau der Bundesstraße B 93 aus ermittelt werden (s. Skizze).

Berechne die Höhe des Gittermastes ($\overline{FP}$), wenn folgende Messwerte bekannt sind:
$\overline{AB}$ = 61,0 m, α = 23,5°, δ = 38,0°

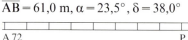
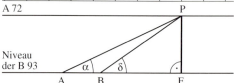

16

Die Sonne erscheint von der Erde aus unter dem Sehwinkel von etwa 0,53°, der Mond unter fast demselben Sehwinkel von 0,52°. Einem Betrachter auf der Erde erscheinen Sonnen- und Mondscheibe also gleich groß. Dies ist auch der Grund, weshalb der viel kleinere Mond bei einer totalen Sonnenfinsternis die Sonne völlig verdecken kann. Berechne aus den Sehwinkeln und den Radien von Sonne (r_s ≈ 695 300 km) und Mond (r_M ≈ 1 740 km) die Entfernung Erde–Sonne und Erde–Mond.

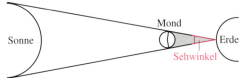

17

Vom Ort A aus führt ein gerader Fußweg zum Ort C. Die Straßenverbindung macht den Umweg über den Ort B.
Um wie viel ist die Straßenverbindung länger als der Weg?

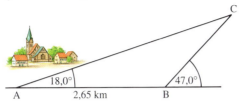

18

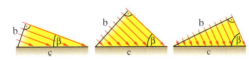

Ein Schiff peilt einen Leuchtturm unter einem Winkel von 35° zur Fahrtrichtung an. Nach 5,8 sm ergibt eine erneute Peilung den Winkel von 61°. Wie weit ist das Schiff bei der 2. Peilung vom Leuchtturm entfernt?

1 Seemeile ist der 21 600. Teil des mittleren Erdumfangs, entspricht also 1,852 km.

19

Die Sonneneinstrahlung auf eine horizontal liegende Fläche ist um so intensiver, je höher die Sonne steht.

Das Verhältnis $\frac{b}{c}$ gibt an, welcher Anteil der eingestrahlten Wärmeenergie am Boden wirksam wird.
a) Gib das Verhältnis $\frac{b}{c}$ in % an für $\beta = 65°$, $\beta = 42°$ und $\beta = 19°$.
Dies sind die Winkel, unter denen die Sonne in unseren Breiten mittags im Juni, im März (im September) bzw. im Dezember am Himmel steht.
b) Wie groß ist $\frac{b}{c}$ an den in a) genannten Zeiten auf einem um 20° nach Süden geneigten Weinbergshang?

20

Von der Brüstung einer Burgmauer aus werden die Höhenwinkel zur Spitze und zum Fuß eines Wehrturms gemessen. Wie hoch ist der Turm?

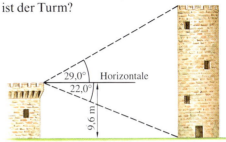

21

a) Ein 20,0 m hoher Baum steht auf einem Berghang, der unter 28,0° geneigt ist. Die Sonne steht (gegen die Horizontale gemessen) 47,0° hoch, und der Schatten fällt genau in Falllinie bergab. Wie lang ist der Schatten?
b) Wie lang ist der bergauf fallende Schatten eines ebenso hohen Baums auf einem ebenso steilen, aber entgegengesetzt geneigten Hang?

22

$s = 217,5$ m
$\alpha_1 = 17,2°$
$\beta_1 = 30,3°$

Zwischen den zwei Punkten P und Q im Gelände gibt es keine direkte Blickverbindung. Ihre Entfernung x lässt sich aber berechnen, weil beide von den Endpunkten A und B einer Standlinie mit bekannter Länge anvisiert werden können.
Berechne x aufgrund der Angaben.
(Bemerkung: Die vier Punkte müssen in derselben Ebene liegen. In der Praxis lässt es sich oft nicht einrichten, dass bei A und B rechte Winkel entstehen. Dann wird die Berechnung schwieriger.)

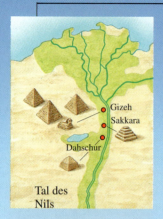

Tal des Nils

Die Entstehungsgeschichte der Pyramiden führt zurück in das alte Ägypten vor mehr als 4 500 Jahren. Die Zeit von 2850 bis 2660 v. Chr. wird als Frühzeit bezeichnet von 2660 bis 2160 v. Chr. war das Alte Reich. In dieser Zeit herrschte der Pharao Djoser, der den genialen Imhotep als großen Baumeister an seinem Hof hatte.

Imhotep erhielt den Befehl, in der damaligen Hauptstadt Sakkara eine besonders imposante Grabstätte zu bauen.

Diese bestand zunächst aus einer unterirdischen Kammer, über der ein 63 m langer und 8 m hoher Steinbau errichtet wurde. Diesen bezeichnete man als Mastaba. Dem Pharao war dieses Grabmal jedoch nicht groß genug, und so wurde es ständig erweitert und vergrößert.

Darauf entwarf Imhotep einen neuen Bautyp. Aus einer großen Mastaba entstand die erste Pyramide der Welt, die Stufenpyramide bei Sakkara. Sie war 70 m hoch und maß im Grundriss 125 m mal 110 m.

Den Übergang von der Stufenpyramide zur reinen Pyramidenform kann man bei der Pyramide von Meidum sehen.

Um die stufige Pyramide wurde ein Mantel aus behauenen und geglätteten Steinblöcken gebildet.

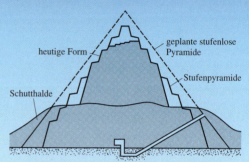

Man vermutet, dass sich beim Bau dieser Pyramide die größte Baukatastrophe der Welt ereignet hat, denn wegen eines zu hohen Böschungswinkels der Seitenflächen von 52° kamen große Steinmengen ins Rutschen.

Vor diesem Hintergrund lässt sich die Entstehung der Knickpyramide von Dahschur erklären, die von dem Pharao Snofru in der 4. Dynastie errichtet wurde.

Bis zu einer Höhe von 45 m steigen die Seitenwände mit einem Steigungswinkel von 54° sehr steil an. Dann wird die Steigung nach einem Knick mit nur noch 43,5° deutlich geringer, sodass das Monument wesentlich niedriger als geplant ausfiel.

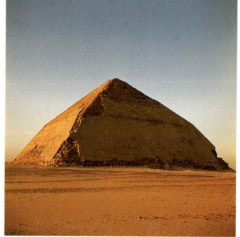

VON EINST BIS HEUTE

1

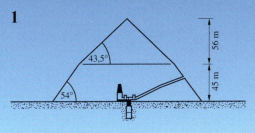

Aus den bekannten Größen der Knickpyramide kannst du weitere Größen berechnen. Die Grundfläche ist ein Quadrat.
a) Berechne die Grundkantenlänge der oberen Pyramide.
b) Berechne die Grundkantenlänge des unteren Baus.
c) Wie hoch war die Pyramide ursprünglich geplant, wenn der Winkel von 54° beibehalten worden wäre?

Den Höhepunkt der Pyramidenbaukunst im alten Ägypten kann man noch heute in der Nähe von Kairo bestaunen, die Pyramiden von Gizeh. Die größte ägyptische Pyramide ließ der Sohn des Pharao Snofru, der Pharao Cheops, bei Gizeh bauen.

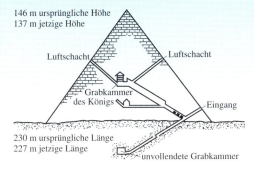

Pyramiden von Gizeh
Cheops
(2551–2528 v. Chr.)
Chefren
(2520–2494 v. Chr.)
Mykerinos
(2490–2471 v. Chr.)

Teotihuacan,
Sonnenpyramide,
Mexiko

Sie besteht aus rund 2,3 Millionen Steinblöcken mit einem Durchschnittsgewicht von 2,8 t. Napoleon ließ nach dem Besuch der Pyramiden berechnen, dass man aus den Steinen der Cheopspyramide eine 3 m hohe und 30 cm dicke Mauer um ganz Frankreich errichten könnte.

2

Berechne den Volumenunterschied zwischen der ursprünglichen Pyramide und der heutigen Pyramide.

Glaspyramide vor dem
Louvre, Paris

Auch in den alten südamerikanischen Kulturen der Azteken und Mayas finden wir pyramidenförmige Bauten.

Diese schöne Form hat sich bis in die heutige Zeit in der modernen Architektur erhalten.

Rückspiegel

1

Gib je drei Gleichungen an für
a) $\sin\alpha$ b) $\cos\gamma_1$ c) $\tan\beta$.

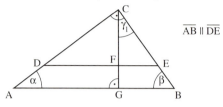

$\overline{AB} \parallel \overline{DE}$

2

Berechne die fehlenden Seiten.

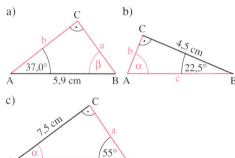

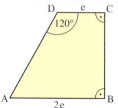

3

Berechne die Winkel im rechtwinkligen Dreieck mit $\gamma = 90°$.
a) $a = 5{,}7$ cm, $c = 7{,}2$ cm
b) $a = 4{,}6$ cm, $b = 6{,}9$ cm

4

Berechne die bezeichneten Strecken.

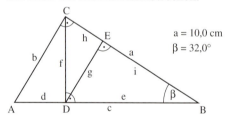

$a = 10{,}0$ cm
$\beta = 32{,}0°$

5

Gib den Umfang u und den Flächeninhalt A des Vierecks in Abhängigkeit von e an.

6

Berechne den Winkel ε im Schnittdreieck des Quaders.

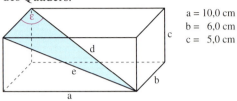

$a = 10{,}0$ cm
$b = 6{,}0$ cm
$c = 5{,}0$ cm

7

Berechne die fehlenden Strecken und Winkel des allgemeinen Dreiecks.
a) $b = 8{,}0$ cm, $\alpha = 35{,}0°$, $\gamma = 70{,}0°$
b) $a = 4{,}8$ cm, $b = 3{,}6$ cm, $\alpha = 56{,}0°$

8

Berechne im gleichschenkligen Dreieck ABC mit Spitze C
a) den Schenkel a aus $c = 6{,}4$ cm und $\alpha = 32{,}4°$
b) die Basis c aus $a = 9{,}2$ cm und $\gamma = 28{,}0°$.

9

Berechne den Flächeninhalt des Dreiecks ABC mit $a = 6{,}0$ cm, $b = 8{,}2$ cm, $\gamma = 34{,}0°$.

10

Berechne den Umfang u und den Flächeninhalt A des Trapezes.

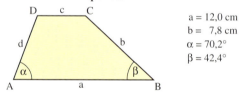

$a = 12{,}0$ cm
$b = 7{,}8$ cm
$\alpha = 70{,}2°$
$\beta = 42{,}4°$

11

Das Grundstück ABCD wird geteilt. Berechne
a) die Länge der Grenzlinie $\overline{EF}$
b) den Flächeninhalt A_1 auf m² gerundet
c) den Flächeninhalt A_2 auf m² gerundet.

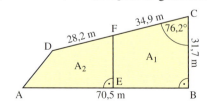

IV Trigonometrische Funktionen

Die unverwechselbare Form der Sinuskurve findet sich ...

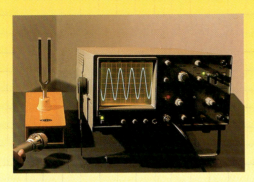

in der Wissenschaft ...
(Oszilloskopbild einer elektrischen Schwingung)

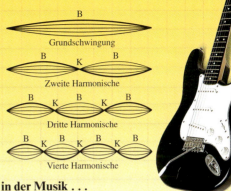

in der Musik ...
(Grund- und Oberschwingungen einer Saite mit Bäuchen und Knoten)

in der Natur ...
(Tageslauf der Mittsommersonne am Nordkap)

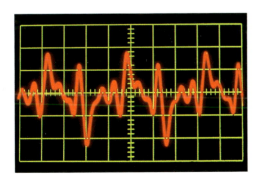

Sinuskurven sind die Grundbausteine vielgestaltiger Schwingungen. Die Überlagerung von Sinuskurven lässt sich am Bildschirm darstellen. Jean Baptiste Joseph Fourier (1768–1830), ein französischer Mathematiker, hat entdeckt, dass sich so gut wie alle Funktionen durch Zusammensetzen von Sinusfunktionen darstellen und berechnen lassen.

1 Sinus und Kosinus am Einheitskreis

1

Die Kolbenbewegung der Dampfmaschine wird über den Kreuzkopf K, die Pleuelstange P und den Drehzapfen D in die Drehbewegung des Schwungrads umgesetzt. Die Lage von D ist durch den Drehwinkel bestimmt, den die Kurbel mit der positiven x-Achse einschließt.
Welche Winkel gehören zu den Lagen D_2, D_3 und D_4? Wo befindet sich K, wenn der Drehzapfen in der Lage D_4 ist?

2

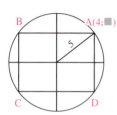

Die Punkte B, C und D entstehen aus A durch fortgesetzte Spiegelung an den Koordinatenachsen. Welche y-Koordinate hat der Punkt A? Welche Koordinaten haben die Punkte B, C und D?

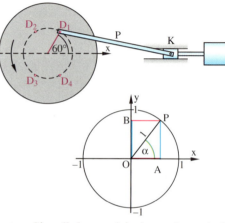

Der Punkt P liegt auf dem Kreis um den Ursprung mit Radius 1, dem **Einheitskreis**. Die Hypotenuse der Dreiecke OAP und OBP hat jeweils die Länge 1.
Also gilt $\sin \alpha = \frac{\overline{AP}}{\overline{OP}} = \frac{\overline{AP}}{1} = \overline{AP} = \overline{OB}$ und ebenso
$\cos \alpha = \frac{\overline{OA}}{\overline{OP}} = \frac{\overline{OA}}{1} = \overline{OA}$. Der Punkt P hat also die Koordinaten $(\cos \alpha;\sin \alpha)$.

Diese Darstellung gilt zunächst nur im 1. Quadranten. Sie soll aber auch in den anderen drei Quadranten gelten. Deshalb werden Sinus und Kosinus für die Winkel von 90° bis 360° als Koordinaten des Punktes auf dem Einheitskreis festgelegt.
Daraus ergeben sich die folgenden Formeln:

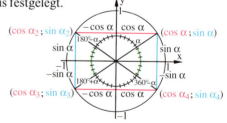

$\sin \alpha_2 = \sin(180° - \alpha) = \sin \alpha$
$\cos \alpha_2 = \cos(180° - \alpha) = -\cos \alpha$
$\sin \alpha_3 = \sin(180° + \alpha) = -\sin \alpha$
$\cos \alpha_3 = \cos(180° + \alpha) = -\cos \alpha$
$\sin \alpha_4 = \sin(360° - \alpha) = -\sin \alpha$
$\cos \alpha_4 = \cos(360° - \alpha) = \cos \alpha$

> Jeder Punkt P auf dem Einheitskreis hat die Koordinaten $(\cos \alpha; \sin \alpha)$.
> Die Werte von Sinus und Kosinus für Winkel zwischen 90° und 360° ergeben sich aus den Werten für die Winkel zwischen 0° und 90°.

Beispiele

a) $\sin 215° = \sin(180° + 35°)$
 $= -\sin 35° = -0{,}573\ldots$

b) $\cos 167° = \cos(180° - 13°)$
 $= -\cos 13° = -0{,}974\ldots$

c) Der zweite Winkel α mit $\sin \alpha = \sin 40°$
 ist $\alpha = 140°$, denn
 $\sin 140° = \sin(180° - 40°)$
 $= \sin 40°$

d) Der zweite Winkel α mit $\cos \alpha = \cos 25°$
 ist $\alpha = 335°$, denn
 $\cos 335° = \cos(360° - 25°)$
 $= \cos 25°$

Sinus und Kosinus am Einheitskreis

Aufgaben

3
Zeichne einen Kreis mit r = 1 dm. Trage die Punkte P(cos α; sin α) für die Winkel α = 130°, 170°, 230°, 305°, 340° ein. Ermittle aus der Zeichnung die zugehörigen Werte von cos α und sin α.

4
Drücke durch sin α bzw. cos α mit einem Winkel α zwischen 0° und 90° aus.
a) sin 165°   b) sin 222°   c) cos 105°
d) cos 196°   e) cos 300°   f) sin 295°
g) sin 91°   h) cos 271°   i) sin 359°

5
Bestimme den zweiten Winkel α wie in Beispiel c) und d).
a) sin α = sin 50°   b) cos α = cos 40°
c) sin α = sin 5°   d) cos α = cos 82°

6
Bestimme den zweiten Winkel α.
a) sin α = − sin 23°   b) cos α = − cos 38°
c) cos α = − cos 75°   d) sin α = − sin 50°

7
Gib den Quadranten und jeweils zwei Winkel an, für die gilt:
a) sin α > 0 und cos α > 0
b) sin α > 0 und cos α < 0
c) sin α < 0 und cos α > 0
d) sin α < 0 und cos α < 0.

8
In welchen zwei Quadranten liegen die Punkte P(cos α; sin α) mit
a) cos α > 0   b) sin α > 0
c) sin α < 0   d) cos α < 0
e) sin α · cos α > 0   f) sin α · cos α < 0?

9
Sinus und Kosinus haben besondere Werte für die Winkel 0°, 30°, 45°, 60°, 90°. Solche Werte ergeben sich auch für die um 90°, 180° und 270° vergrößerten Winkel. Lege eine Tabelle der besonderen Werte von 0° bis 360° an.

10
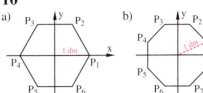

Gib die Koordinaten der Eckpunkte des regelmäßigen
a) Sechsecks   b) Achtecks
auf mm gerundet an. Prüfe die Rechnung an einer Zeichnung.

11
a) Berechne
sin 50° + sin 140° + sin 230° + sin 320°.
b) Begründe das Ergebnis von a), ohne den Taschenrechner zu benutzen.
c) Gib α_2, α_3 und α_4 so an, dass
sin 37° + sin α_2 + sin α_3 + sin α_4 = 0.

12
a) Welche der folgenden Formeln gelten für alle Winkel α von 0° bis 90°, welche sind falsch? Begründe am Einheitskreis.
1) sin α = cos (90° − α)
2) sin α = sin (90° + α)
3) cos α = − cos (360° − α)
4) sin (180° + α) = sin (180° − α)
5) cos α = − cos (180° + α)
6) sin α = − sin (270° + α)
7) sin α = cos (270° + α)
8) cos α = − sin (270° − α)

b) Für welche der falschen Formeln gibt es einen Winkel α, für den beide Seiten denselben Wert ergeben?

13
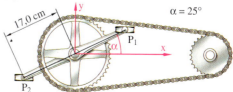

Berechne die Koordinaten der Pedale
a) in der gezeichneten Lage
b) eine Vierteldrehung weiter.

2 Sinusfunktion und Kosinusfunktion

1

Beim Skilaufen wird aus der geradlinigen Abfahrt durch Hin- und Herschwingen eine Fahrt in Wellenlinien. Skizziere verschiedene Wellenlinien mit freier Hand.

2

Auf eine Folie wird die Diagonale gezeichnet. Die Folie wird zum Zylinder gerollt und die entstehende Raumkurve an die Wand projiziert. Beschreibe das Bild. Welcher Eindruck entsteht, wenn der Zylinder um seine Achse gedreht wird?

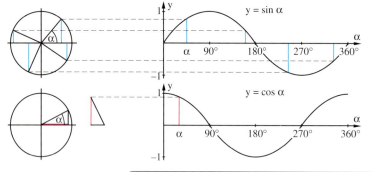

Zu jedem Wert des Winkels α von 0° bis 360° gehört ein Wert von $\sin \alpha$. Wird dieser Zusammenhang grafisch dargestellt, so entsteht der Graph der **Sinusfunktion**.

Entsprechend entsteht auch der Graph der **Kosinusfunktion**. Die am Einheitskreis waagerecht liegende Strecke mit der Länge $\cos \alpha$ wird im Koordinatensystem als y-Wert abgetragen.

> Die **Sinusfunktion** und die **Kosinusfunktion** heißen **Winkelfunktionen**. Sie sind für alle Winkel von 0° bis 360° definiert. Ihre y-Werte reichen von -1 bis $+1$.

Bemerkung: Für Zeichnungen wählen wir in der Regel die Einheiten auf den Koordinatenachsen so, dass das Intervall $0° \leq \alpha \leq 60°$ auf der α-Achse ebenso lang ist wie die Einheit auf der y-Achse.

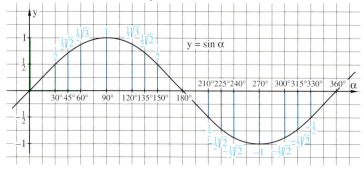

Beispiel
Der Graph der Sinusfunktion wird mit der Einheit 2 cm auf der y-Achse gezeichnet. Das Intervall $0° \leq \alpha \leq 360°$ erhält damit die Länge 12 cm. Eine gute Zeichnung entsteht schon mithilfe der besonderen Werte. Dabei werden die Näherungen $\frac{1}{2}\sqrt{2} \approx 0{,}71$ und $\frac{1}{2}\sqrt{3} \approx 0{,}87$ benutzt. Noch genauer wird die Zeichnung, wenn die Werte in Schritten von 15° bestimmt werden.

92

Sinusfunktion und Kosinusfunktion

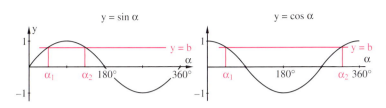

Am Graphen ist zu erkennen, dass zu jedem y-Wert der Sinusfunktion im Intervall $0° \leq \alpha \leq 360°$ zwei Winkelwerte gehören. Die entsprechende Gleichung $\sin\alpha = b$ hat also zwei Lösungen. Dasselbe gilt für die Kosinusfunktion.

> Die Gleichung $\sin\alpha = b$ hat im Intervall $0° \leq \alpha \leq 360°$ zwei Lösungen. Hierbei ist b eine gegebene Zahl, für die $-1 < b < 1$ und $b \neq 0$ gilt.
> Die Gleichung $\cos\alpha = b$ hat im Intervall $0° \leq \alpha \leq 360°$ zwei Lösungen. Hierbei ist b eine gegebene Zahl, für die $-1 < b < 1$ gilt.

Bemerkung: Die Gleichung $\sin\alpha = 0$ hat als Ausnahmefall die drei Lösungen $0°$, $180°$, $360°$.

Beispiele

a) $\sin\alpha = 0{,}8$
Der Taschenrechner liefert die 1. Lösung $\alpha_1 \approx 53{,}1°$.
Aus $\sin(180° - \alpha) = \sin\alpha$ ergibt sich die 2. Lösung $\alpha_2 = 180° - \alpha_1 \approx 126{,}9°$.

b) $\cos\alpha = 0{,}8$
Der Taschenrechner liefert die 1. Lösung $\alpha_1 \approx 36{,}9°$.
Aus $\cos(360° - \alpha) = \cos\alpha$ ergibt sich die 2. Lösung $\alpha_2 = 360° - \alpha_1 \approx 323{,}1°$.

Aufgaben

3
Zeichne die Sinuskurve und die Kosinuskurve mit der Einheit a) 1 cm b) 3 cm.

4
Zeichne das Kurvenstück mit der angegebenen Einheit. Berechne dazu die y-Werte in Schritten von $15°$.
a) $y = \sin\alpha$, $0° \leq \alpha \leq 90°$, Einheit 5 cm
b) $y = \sin\alpha$, $60° \leq \alpha \leq 120°$, Einheit 10 cm
c) $y = \cos\alpha$, $0° \leq \alpha \leq 60°$, Einheit 5 cm

5
a) Zeichne die Sinuskurve und die Kosinuskurve im selben Koordinatensystem mit der Einheit 2 cm.
b) Lies aus der Zeichnung ab, für welche Winkel $\sin\alpha = \cos\alpha$ und für welche Winkel $\sin\alpha = -\cos\alpha$ gilt.

6
Zeichne mit denselben Koordinatenachsen
– die Sinuskurve mit der Einheit 1 cm
– die linke Hälfte der Sinuskurve mit der Einheit 2 cm.

7
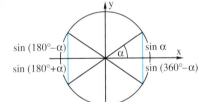

Gib den zweiten Winkel α_2 an.
a) $\sin\alpha_2 = \sin 50°$ b) $\sin\alpha_2 = \sin 77°$
c) $\sin\alpha_2 = \sin 150°$ d) $\sin\alpha_2 = \sin 200°$
e) $\sin\alpha_2 = \sin 300°$ f) $\sin\alpha_2 = \sin 275°$
g) $\sin\alpha_2 = \sin 111°$ h) $\sin\alpha_2 = \sin 1°$

8
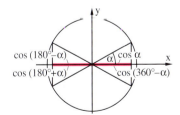

Gib den zweiten Winkel α_2 an.
a) $\cos\alpha_2 = \cos 35°$ b) $\cos\alpha_2 = \cos 62°$
c) $\cos\alpha_2 = \cos 140°$ d) $\cos\alpha_2 = \cos 179°$
e) $\cos\alpha_2 = \cos 300°$ f) $\cos\alpha_2 = \cos 350°$
g) $\cos\alpha_2 = \cos 155°$ h) $\cos\alpha_2 = \cos 290°$

Sinusfunktion und Kosinusfunktion

9
Je zwei der angegebenen Winkel ergeben denselben Wert der Sinusfunktion.
Nenne die zusammengehörigen Winkel.
(Wer viel Zeit hat, benutzt hier den Taschenrechner.)

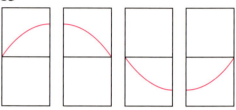

50° 160° 250° 100° 20° 310° 190°
200° 230° 130° 340° 80° 350° 290°

10
Je zwei der angegebenen Winkel ergeben denselben Wert der Kosinusfunktion.
Nenne die zusammengehörigen Winkel.
Was fällt auf?

220° 200° 60° 250° 10° 140° 160°
350° 190° 300° 210° 110° 150° 170°

11
Löse mithilfe des Taschenrechners; gib auch die zweite Lösung an.
a) $\sin\alpha = 0{,}2$ b) $\cos\alpha = 0{,}3$
c) $\sin\alpha = 0{,}9$ d) $\cos\alpha = 0{,}7$
e) $\cos\alpha = -0{,}8$ f) $\cos\alpha = -0{,}25$

12
Ermittle aus dem Graphen die Intervalle für α, in denen
a) die Sinuskurve steigt
b) die Sinuskurve fällt
c) die Kosinuskurve steigt
d) die Sinuskurve und die Kosinuskurve steigen
e) die Sinuskurve fällt und die Kosinuskurve steigt.

13
Ermittle aus dem Graphen die Intervalle, in denen
a) die Sinusfunktion positiv ist und steigt
b) die Sinusfunktion negativ ist und steigt
c) die Kosinusfunktion positiv ist und fällt
d) die Kosinusfunktion negativ ist und steigt.

14
Gib ein Intervall an, in dem die Sinuskurve unterhalb der α-Achse liegt und steigt und zugleich die Kosinuskurve oberhalb der Sinuskurve liegt.

15

Zeichne die Sinuskurve mit der Einheit 2 cm auf einen 12 cm langen und 6 cm hohen Papierstreifen. Zerschneide den Streifen in gleich hohe Rechtecke und setze aus den Kurvenstücken neue Kurven zusammen. Du kannst auch Teile um 180° drehen.
Wie viele Kurven ohne Knick findest du?
Wie viele Kurven gibt es, wenn Knicke erlaubt sind?

Sinuskurven-Parkette

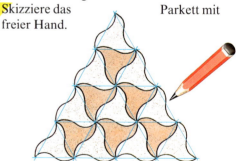

Auf welcher Figur basiert der Parkettstein?
Skizziere das Parkett mit freier Hand.

Mit etwas Übung kannst du das Dreiecksparkett freihändig oder mit einer Schablone zeichnen. Beginne mit einem großen gleichseitigen Dreieck und unterteile es in kleinere Dreiecke.

3 Periodizität

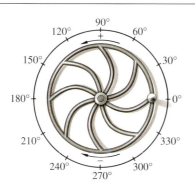

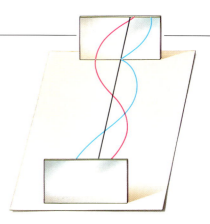

1
Wo steht der Griff, wenn das Handrad
a) erst um $+150°$, dann weiter um $+270°$ und um $+450°$ gedreht wird?
b) erst um $+180°$, dann weiter um $-270°$, $+120°$ und $-450°$ gedreht wird?

2
Experimentiere mit Spiegeln an der Sinuskurve und der Kosinuskurve. Wie kannst du die Spiegel stellen, um mehrere Kosinuskurven zu sehen? Was wird dabei aus der Sinuskurve?

positiver Drehsinn

negativer Drehsinn

Zur Beschreibung von Drehbewegungen sind oft auch Winkel nötig, die über 360° hinausgehen. Drehbewegungen im negativen Drehsinn werden durch negative Winkel angegeben.
Nach Drehungen um $+360°$ bzw. $-360°$ wiederholen sich jeweils die Koordinaten des auf dem Einheitskreis umlaufenden Punkts $P(\cos\alpha; \sin\alpha)$.
Entsprechend werden die Sinuskurve und die Kosinuskurve durch Verschiebung um Vielfache von 360° nach rechts und links beliebig weit fortgesetzt. Dabei entstehen **periodische Kurven**. Für alle Winkel und alle natürlichen Zahlen n gilt dann:
$$\sin(\alpha \pm n \cdot 360°) = \sin\alpha$$
$$\cos(\alpha \pm n \cdot 360°) = \cos\alpha$$

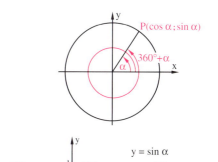

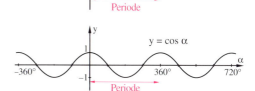

> Die Sinusfunktion und die Kosinusfunktion sind auch für Winkel über 360° und negative Winkel definiert. Ihre Werte wiederholen sich jeweils nach 360°. Sie heißen daher **periodische Funktionen**. Die **Periode** beträgt 360°.

Beispiele

a) $\cos 420° = \cos(60° + 360°)$
$= \cos 60°$
$= \frac{1}{2}$

b) $\sin(-60°) = \sin(-60° + 360°)$
$= \sin 300°$
$= -\frac{1}{2}\sqrt{3}$

c) Die Gleichung $\cos\alpha = \frac{1}{2}$ hat in $0° \leq \alpha \leq 360°$ die Lösungen $\alpha_1 = 60°$ und $\alpha_2 = 300°$. Die Lösungen in $-360° \leq \alpha \leq 0°$ sind daher $\alpha_3 = 60° - 360° = -300°$ und $\alpha_4 = 300° - 360° = -60°$.

d) Die Gleichung $\sin\alpha = 1$ hat im Intervall $0° \leq \alpha \leq 360°$ die einzige Lösung $\alpha = 90°$. Wegen der Periodizität hat die Gleichung $\sin\alpha = 1$ insgesamt die Lösungen $\alpha = 90° \pm n \cdot 360°$ mit $n \in \mathbb{N}$.

Periodizität

Aufgaben

3
Zeichne die Sinuskurve von $-360°$ bis $720°$ mit der Einheit 1 cm.
(Es genügt, wenn du die Punkte mit den y-Werten 0, $\pm\frac{1}{2}$ und ± 1 verwendest.)

4
Zeichne im selben Koordinatensystem die Sinuskurve und die Kosinuskurve mit der Einheit 1 cm von $-360°$ bis $+360°$.

5
Gib einen Winkel α im Intervall $0° \leq \alpha \leq 360°$ an, für den die Sinusfunktion denselben Wert hat wie
a) $\sin 450°$ b) $\sin 526°$
c) $\sin 700°$ d) $\sin(-35°)$
e) $\sin(-250°)$ f) $\sin(-361°)$.

6
Gib einen Winkel im Intervall $0° \leq \alpha \leq 360°$ an, für den die Kosinusfunktion denselben Wert hat wie
a) $\cos 398°$ b) $\cos 426°$
c) $\cos 500°$ d) $\cos(-150°)$
e) $\cos(-181°)$ f) $\cos(-487°)$.

7
Bestimme die Lösungen im angegebenen Intervall.
a) $\sin \alpha = \frac{1}{2}$; $360° \leq \alpha \leq 720°$
b) $\sin \alpha = -\frac{1}{2}$; $360° \leq \alpha \leq 720°$
c) $\cos \alpha = \frac{1}{2}\sqrt{3}$; $360° \leq \alpha \leq 720°$
d) $\cos \alpha = -\frac{1}{2}\sqrt{2}$; $-360° \leq \alpha \leq 0°$
e) $\sin \alpha = 1$; $-360° \leq \alpha \leq 0°$
f) $\cos \alpha = -1$; $-720° \leq \alpha \leq 360°$

8
a) Gib je sechs Nullstellen der Sinus- und der Kosinusfunktion an.
b) Gib einen allgemeinen Ausdruck für alle Nullstellen der Sinusfunktion an.
c) Gib einen allgemeinen Ausdruck für alle Nullstellen der Kosinusfunktion an.

9
Gib alle Lösungen allgemein an.
a) $\sin \alpha = \frac{1}{2}$ b) $\sin \alpha = -\frac{1}{2}$
c) $\cos \alpha = \frac{1}{2}$ d) $\cos \alpha = -\frac{1}{2}$

10
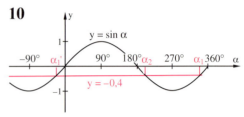

a) Gib mithilfe des Taschenrechners eine Lösung α_1' der Gleichung $\sin \alpha = -0{,}4$ an.
b) Ermittle aus α_1' eine Lösung α_1 im Intervall $0° \leq \alpha \leq 360°$.
c) Bestimme die zweite Lösung α_2 in $0° \leq \alpha \leq 360°$ aus der Beziehung $\alpha_1 - 270° = 270° - \alpha_2$.

11
Löse im Intervall $0° \leq \alpha \leq 360°$.
a) $\sin \alpha = -0{,}766$ b) $\sin \alpha = -0{,}951$
c) $\sin \alpha = -0{,}6$ d) $\sin \alpha = -0{,}3$

12
Löse im angegebenen Intervall.
a) $\sin \alpha = 0{,}669$; $360° \leq \alpha \leq 720°$
b) $\cos \alpha = 0{,}208$; $360° \leq \alpha \leq 720°$
c) $\sin \alpha = -0{,}966$; $-360° \leq \alpha \leq 0°$
d) $\cos \alpha = -0{,}259$; $-360° \leq \alpha \leq 0°$

13
Welche Kurve entsteht, wenn
a) die Sinuskurve um $90°$ nach rechts
b) die Kosinuskurve um $90°$ nach links
c) die Sinuskurve um $180°$ nach rechts
d) die Kosinuskurve um $360°$ nach rechts
verschoben wird?

14
a) Berechne für $\alpha = 15°$, $120°$, $222°$: $\sin(-\alpha)$ und $\sin \alpha$; $\cos(-\alpha)$ und $\cos \alpha$.
b) Welche Formeln sind anhand der Ergebnisse aus a) zu vermuten?
c) Weise die Formeln nach.

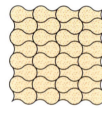
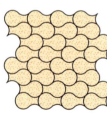
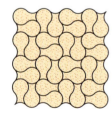

Ein vielseitiger Parkettstein!

4 Die Funktionen y = a·sin α

1
Wodurch entsteht die merkwürdige Wirkung der Grafik? Welche der Kurven könnte eine Sinuskurve sein?

2
Vergleiche die Parabeln
$y = x^2$, $y = \frac{1}{2}x^2$ und $y = 2x^2$.
Welchen Einfluss hat der Faktor a in der Funktionsgleichung $y = ax^2$?

Die Funktion mit der Gleichung $y = 2 \cdot \sin \alpha$ entsteht aus der Sinusfunktion durch Verdopplung aller y-Werte.
Ihr Graph ist also die in y-Richtung mit dem Faktor 2 gestreckte Sinuskurve.

Dies gilt entsprechend für $y = a \cdot \sin \alpha$.

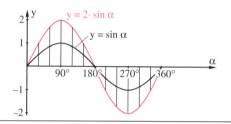

Die Funktion mit der Gleichung **y = a·sin α** mit einem positiven Faktor a hat als Graph eine in y-Richtung mit dem Faktor a gestreckte Sinuskurve.

Beispiel
Wertetabelle und Graph der Funktion mit der Gleichung $y = 3 \cdot \sin \alpha$, Einheit 1 cm.

α	0°	30°	60°	90°	120°	150°	180°
y (in cm)	0	1,5	2,6	3,0	2,6	1,5	0

210°	240°	270°	300°	330°	360°
−1,5	−2,6	−3,0	−2,6	−1,5	0

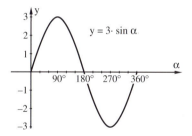

Aufgaben

3
Zeichne den Graphen für $0° \leq \alpha \leq 360°$ mit der Einheit 1 cm.
a) $y = 2 \cdot \sin \alpha$ b) $y = 4 \cdot \sin \alpha$
c) $y = \frac{1}{2} \sin \alpha$ d) $y = \frac{1}{3} \sin \alpha$

4
Zeichne den Graphen.
a) $y = 2 \cdot \sin \alpha$; $0° \leq \alpha \leq 360°$; Einheit $\frac{1}{2}$ cm
b) $y = 4 \cdot \sin \alpha$; $0° \leq \alpha \leq 360°$; Einheit $\frac{1}{2}$ cm
c) $y = \frac{1}{2} \sin \alpha$; $0° \leq \alpha \leq 180°$; Einheit 2 cm
d) $y = 5 \cdot \sin \alpha$; $0° \leq \alpha \leq 720°$; Einheit 1 cm
e) $y = \frac{1}{4} \sin \alpha$; $0° \leq \alpha \leq 180°$; Einheit 2 cm

5
Zeichne die Kurvenbögen alle mit der Einheit 1 cm in dasselbe Koordinatensystem:
$y = \frac{1}{2} \cdot \sin \alpha$; $0° \leq \alpha \leq 180°$
$y = \sin \alpha$; $180° \leq \alpha \leq 360°$
$y = 2 \cdot \sin \alpha$; $360° \leq \alpha \leq 540°$
$y = 4 \cdot \sin \alpha$; $540° \leq \alpha \leq 720°$.

6
Zeichne in dasselbe Koordinatensystem:
$y = \sin \alpha$; $0° \leq \alpha \leq 360°$; Einheit 2 cm
$y = 2 \cdot \sin \alpha$; $0° \leq \alpha \leq 720°$; Einheit 1 cm.
Beachte: Die beiden α-Intervalle werden in der Zeichnung gleich lang.

Die Funktionen y = a · sin α

Noch sind Roboter zu teuer, um beim Tragen von Schultaschen zu helfen.

7

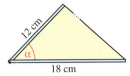

a) Gib den Flächeninhalt A des Dreiecks als Funktion des Winkels α an.
b) Wie groß ist α, wenn A = 12 cm² gilt?
c) Wie groß muss α sein, damit A den größtmöglichen Wert annimmt?

8

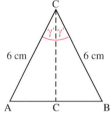

a) Gib den Umfang u des gleichschenkligen Dreiecks ABC in Abhängigkeit von γ', dem halben Winkel an der Spitze, an.
b) Zeichne den Graphen für 0° ≤ γ' ≤ 90°.
c) Wie groß ist γ', wenn u den Wert 15 cm hat?

9

Radius r = 10 m
Höhe des Drehpunkts 12 m

a) Durch welche Funktion wird die Höhe h der Gondel in Abhängigkeit vom Winkel beschrieben?
b) Zeichne den Graphen dieser Funktion im Maßstab 1 : 500. (10 m entsprechen also 2 cm.) Beachte die Verschiebung in positiver y-Richtung.
c) Suche ein 30°-Intervall, in dem sich die Höhe besonders stark ändert. Wo ist also bei gleichmäßiger Drehgeschwindigkeit die Geschwindigkeit in senkrechter Richtung am größten?

Roboter

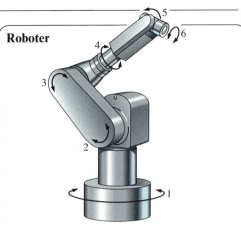

Die Industrie setzt Montageroboter bei vielen Fertigungsprozessen ein. Je nach Aufgabenbereich können die Arme Schub- und Drehbewegungen ausführen. Die Antriebsmotoren werden von Computern gesteuert, die Lage der Endwerkzeuge wird von Sensoren überwacht.
Der Gelenkarmroboter kann mehrere Drehbewegungen ausführen. Wir betrachten nur die Drehungen 2 und 3 (siehe Abb. oben).

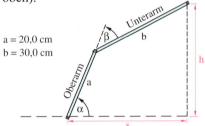

a = 20,0 cm
b = 30,0 cm

Begründe die Formeln
h = 20 cm · sin α + 30 cm · sin (α − β)
s = 20 cm · cos α + 30 cm · cos (α − β).

Berechne s und h für folgende Wertepaare von α und β:

α	30°	30°	30°	45°	45°	45°	60°	60°	60°
β	0°	30°	45°	30°	45°	60°	30°	45°	60°

Der Unterarm steht waagerecht, wenn β = α gilt. Gib für diesen Fall die Abhängigkeit von s und h von α an. Berechne s und h für α von 0° bis 180° in Schritten von 15°. Trage die so berechneten Punkte (s; h) im Maßstab 1 : 10 in ein Koordinatensystem ein. Auf welcher Kurve läuft die Roboterhand?

5 Die Tangensfunktion

1

Ein Schattenstab ist leicht herzustellen. In der Abbildung zeigt er an, dass die Sonne 45° über dem Horizont steht.
Ist der Schatten doppelt so lang, wenn die Sonne nur 22,5° hoch steht?
Wie lang ist der Schatten, wenn sein Öffnungswinkel an der Spitze des Stabs 90° beträgt?

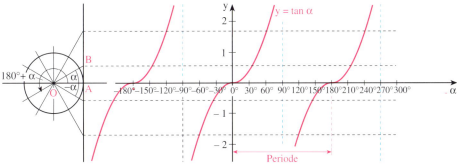

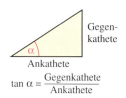

Ankathete
$\tan \alpha = \dfrac{\text{Gegenkathete}}{\text{Ankathete}}$

Die Werte der **Tangensfunktion** für $0° \leq \alpha < 90°$ sind auf der senkrechten Tangente t des Einheitskreises abzulesen, da $\tan \alpha = \dfrac{\overline{AB}}{\overline{OA}} = \overline{AB}$ gilt. Für $\alpha = 90°$ gibt es keinen Tangenswert.

Auf dieselbe Weise sind die Tangenswerte für Winkel über 90° und für negative Winkel erklärt. Damit ergibt sich die Periodizitätsbeziehung $\tan(180° + \alpha) = \tan \alpha$. Außerdem gilt $\tan(-\alpha) = -\tan \alpha$. Die **Tangensfunktion** ist für die Winkel $\alpha = \pm(90° + n \cdot 180°)$ mit $n \in \mathbb{N}$ nicht definiert. Die Tangenskurve besteht daher aus voneinander getrennten Teilen.

> Die **Tangensfunktion** ist für alle Winkel definiert mit Ausnahme der Winkel $\alpha = \pm(90° + n \cdot 180°)$, $n \in \mathbb{N}$. Sie hat die **Periode** 180°. Ihre Wertemenge, also die Menge der y-Werte, ist die Menge aller reellen Zahlen.

Bemerkung: Da die Tangenskurve sehr steil verläuft, ist es oft zweckmäßig, auf der α-Achse eine größere Einheit als auf der y-Achse zu wählen.

Beispiel
Das rechtwinklige Dreieck hat den Flächeninhalt

$A = \dfrac{1}{2} \cdot 10 \text{ cm} \cdot 10 \text{ cm} \cdot \tan \alpha = 50 \cdot \tan \alpha \text{ cm}^2$.

Die Einheiten für den Graphen sind auf der α-Achse 1 cm für 10°, auf der y-Achse 1 cm für 20 cm².
Aus der Zeichnung ist abzulesen, dass sich der Flächeninhalt $A = 100 \text{ cm}^2$ für den Winkel $\alpha \approx 63°$ ergibt.

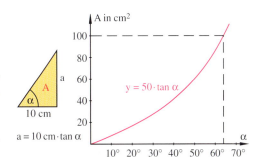

Die Tangensfunktion

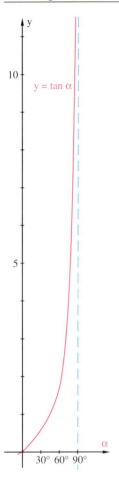

$y = \tan \alpha$

Aufgaben

2
Zeichne die Tangenskurve für $-75° \leq \alpha \leq 75°$ mit den Einheiten
a) 1 cm für 60° auf der α-Achse und 1 cm auf der y-Achse
b) 1 cm für 15° auf der α-Achse und 1 cm auf der y-Achse.

3
Stelle eine Tabelle der besonderen Werte der Tangensfunktion auf für
$\alpha = 0°$, $\alpha = \pm 30°$, $\alpha = \pm 45°$, $\alpha = \pm 60°$.

4
Skizziere mithilfe der besonderen Werte die Tangenskurve zwischen $-270°$ und $270°$.
(Einheiten: 1 cm für 60° auf der α-Achse, 1 cm auf der y-Achse.)

5
Die Tangensfunktion wächst unbegrenzt, wenn α sich von links dem Winkel 90° nähert.
a) Was zeigt der Taschenrechner beim Versuch, tan 90° zu berechnen?
b) Suche die größte Zahl, die der Taschenrechner als Wert der Tangensfunktion anzeigen kann.

6
a) Es gilt $\tan(180° - \alpha) = -\tan\alpha$. Prüfe diese Formel an drei Beispielen nach und beweise sie allgemein.
b) Es gilt $\sin\alpha = \cos(90° - \alpha)$ und $\cos\alpha = \sin(90° - \alpha)$.
Welche Formel ergibt sich daraus zwischen $\tan\alpha$ und $\tan(90° - \alpha)$?
c) Prüfe die Formel b) für $\alpha = 30°$, $45°$ und $60°$ ohne Taschenrechner nach.

7
Bestimme mithilfe des Taschenrechners die Sinus- und Tangenswerte für die Winkel 5°, 4°, 3°, 2° und 1°.
Was stellst du fest? Begründe.

8
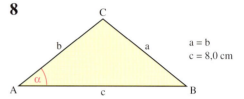

$a = b$
$c = 8{,}0$ cm

a) Durch welche Funktion von α wird der Flächeninhalt A des gleichschenkligen Dreiecks beschrieben?
b) Zeichne den Graphen der Funktion für $0° \leq \alpha \leq 75°$.
(Einheit auf der α-Achse 1 cm für 15°, Einheit auf der y-Achse 1 cm für 10 cm².)
c) Wie groß muss α sein, damit A den Wert 40 cm² annimmt?

9
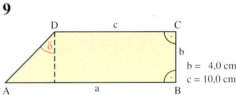

$b = 4{,}0$ cm
$c = 10{,}0$ cm

a) Gib den Flächeninhalt des Trapezes als Funktion des Winkels δ an.
b) Zeichne den Graphen für $0° \leq \delta \leq 80°$.
(Einheit auf der δ-Achse 1 cm für 10°, Einheit auf der y-Achse 1 cm für 10 cm².)
c) Überlege anhand der Zeichnung, ob der Flächeninhalt beim Sprung von $\delta = 30°$ auf $\delta = 35°$ oder beim Sprung von $\delta = 60°$ auf $\delta = 65°$ stärker wächst.
In welchem Bereich wächst der Flächeninhalt am schnellsten, wo am langsamsten?

10
Steigungen werden oft in % angegeben. Der zu einer p-prozentigen Steigung gehörende Winkel α wird aus $\tan\alpha = p\%$ berechnet.
(Auf dem Taschenrechner dienen dazu die Tasten [Shift] [tan].)
a) Vervollständige die Wertetabelle.

p%	0%	10%	...	200%
α	0°	5,7°	...	63,4°

b) Zeichne den Graphen. (p-Achse waagerecht, $\frac{1}{2}$ cm für 10%; α-Achse senkrecht, 1 cm für 10°.)

6 Winkelfunktionen im Bogenmaß

1

Wie viel m Kabel wickelt sich bei einer Vierteldrehung von einer Trommel mit 2 m Radius ab? Um wie viel Grad muss die Trommel gedreht werden, wenn insgesamt 12 m Kabel abzuwickeln sind?

Wenn ein Kreis auf einer Geraden abrollt, überträgt sich die Länge seines Umfangs und auch die Länge eines jeden Teilbogens längentreu auf die Gerade. Der Kreisbogen mit dem Mittelpunktswinkel α und dem Radius r hat die Länge $b = 2\pi r \cdot \frac{\alpha}{360°}$.

Das Verhältnis $\frac{b}{r}$ hat also den Wert $2\pi \cdot \frac{\alpha}{360°}$ und hängt somit nur von α ab.

2

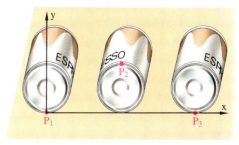

Eine Dose mit 8 cm Durchmesser rollt auf ebener Unterlage ab. Der markierte Randpunkt P hat anfangs die Lage $P_1(0;0)$. Welche Lage hat er nach einer halben Umdrehung, welche nach einer Volldrehung?

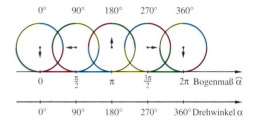

Der Winkel α hat das **Bogenmaß** $\hat{\alpha} = 2\pi \cdot \frac{\alpha}{360°}$.

Umgekehrt gehört zum Bogenmaß $\hat{\alpha}$ der Winkel $\alpha = 360° \cdot \frac{\hat{\alpha}}{2\pi}$.

Bemerkung: Das Bogenmaß ist keine Länge, sondern eine unbenannte Zahl, weil sich die Einheiten von b und r im Verhältnis $\frac{b}{r}$ wegkürzen.

Beispiele

a) Der Winkel $\alpha = 140°$ hat das Bogenmaß
$\hat{\alpha} = 2\pi \cdot \frac{140°}{360°}$
$= 2{,}44\ldots$

b) Zum Bogenmaß $\hat{\alpha} = 1{,}2$ gehört der Winkel
$\alpha = 360° \cdot \frac{1{,}2}{2\pi} = 68{,}7\ldots°$

c) Der Winkel $\alpha = 60°$ hat das Bogenmaß
$\hat{\alpha} = 2\pi \cdot \frac{60°}{360°} = \frac{\pi}{3}$.

Bemerkung: Das Bogenmaß wird oft als Bruchteil von π oder von 2π angegeben, wenn der Quotient $\frac{\alpha}{360°}$ ein Bruch mit kleinem Zähler und Nenner ist.

d) **Besondere Bogenmaße**

α	0°	30°	45°	60°	90°	120°	135°	150°	180°	270°	360°
$\frac{\alpha}{360°}$	0	$\frac{1}{12}$	$\frac{1}{8}$	$\frac{1}{6}$	$\frac{1}{4}$	$\frac{1}{3}$	$\frac{3}{8}$	$\frac{5}{12}$	$\frac{1}{2}$	$\frac{3}{4}$	1
$\hat{\alpha}$	0	$\frac{\pi}{6}$	$\frac{\pi}{4}$	$\frac{\pi}{3}$	$\frac{\pi}{2}$	$\frac{2\pi}{3}$	$\frac{3\pi}{4}$	$\frac{5\pi}{6}$	π	$\frac{3\pi}{2}$	2π

Winkelfunktionen im Bogenmaß

Wir kennen die Winkelfunktionen mit der unabhängigen Variablen α in Grad. Jetzt können wir auch das Bogenmaß $\hat{\alpha}$ als unabhängige Variable verwenden. Es ist üblich, das Bogenmaß mit x statt mit $\hat{\alpha}$ zu bezeichnen. Die Graphen werden dann im x,y-Koordinatensystem gezeichnet. Dazu muss für π ein Näherungswert benutzt werden. Bequemer als π ≈ 3,14 ist π ≈ 3. Dann sind auch Bruchteile von π leicht einzutragen.

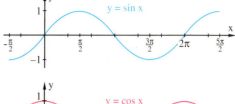
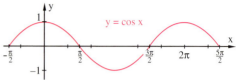

> Die Winkelfunktionen können als **Funktionen des Bogenmaßes** aufgefasst werden. Das Bogenmaß wird hier mit x bezeichnet.
> Die Funktionsgleichungen lauten dann $y = \sin x$, $y = \cos x$ und $y = \tan x$.

Bemerkungen: Soll der Taschenrechner Eingaben im Bogenmaß verarbeiten, muss er auf RAD geschaltet werden, dies geschieht mit der Taste $\boxed{\text{DRG}}$.

Beachte: Auch wenn die Näherung π ≈ 3 verwendet wird, müssen Funktionswerte von π-Bruchteilen exakt berechnet werden.
Richtig ist $\sin\frac{\pi}{6} = \frac{1}{2}$, falsch wäre $\sin\frac{\pi}{6} = \sin\frac{3}{6} = 0{,}479\ldots$

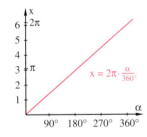

sin 1° = 0,017...
sin 1 = 0,841...

Beispiele

a) Besondere Werte (s. Tabelle auf S. 70)
$\sin\frac{\pi}{3} = \frac{1}{2}\sqrt{3}$ $\cos\frac{\pi}{4} = \frac{1}{2}\sqrt{2}$

b) Allgemeine Werte
$\sin 0{,}9 \approx 0{,}78$ $\cos 2{,}8 \approx -0{,}94$

Aufgaben

3
Rechne die Winkel aus dem Gradmaß ins Bogenmaß um und umgekehrt.

α	10°		27°		50°		105°		250°		305°
x		1,3		0,9		2,1		3,0		4,8	

4

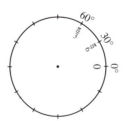

Teile einen Kreis mit r = 5 cm in
a) 8   b) 12   c) 15
gleiche Bögen und trage an den Teilpunkten die Winkel außen im Gradmaß und innen in Bruchteilen von π ein.

5
Rechne den Winkel α = 1° ins Bogenmaß und den Winkel x = 1 ins Gradmaß um.

6
Berechne mit dem Taschenrechner:
a) sin 1,3; sin 0,6; sin 2,4; sin 3,0
b) cos 1,2; cos 2,5; cos 0,4; cos 1,9.

7
Gib die besonderen Werte der Sinus- und der Kosinusfunktion an für.
$\frac{\pi}{6}, \frac{2\pi}{6}, \ldots, \pi, \frac{7\pi}{6}, \ldots, 2\pi, \frac{\pi}{4}, \frac{3\pi}{4}, \frac{5\pi}{4}, \frac{7\pi}{4}$.

8
Berechne mit dem Taschenrechner:
$\sin\frac{\pi}{12}$; $\sin\frac{\pi}{8}$; $\cos\frac{2\pi}{5}$; $\cos\frac{4\pi}{15}$;
$\cos\frac{\pi}{10}$; $\sin\frac{9\pi}{10}$; $\cos\frac{3\pi}{8}$; $\sin\frac{11\pi}{12}$.

9
Ermittle ohne Rechenhilfsmittel das Bogenmaß für Winkel mit folgenden Gradmaßen.
a) 180° b) 120° c) 150° d) 300°

10
Ermittle ohne Rechenhilfsmittel das Gradmaß folgender im Bogenmaß gegebener Winkel.
a) $\frac{\pi}{4}$ b) $\frac{\pi}{3}$ c) $\frac{3}{4}\pi$ d) $\frac{11}{6}\pi$

11
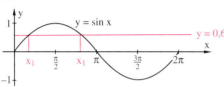

Löse die Gleichung im Intervall $0 \leq x \leq 2\pi$.
a) $\sin x = 0{,}6$ b) $\sin x = 0{,}2$
c) $\sin x = \frac{1}{2}\sqrt{2}$ d) $\sin x = -\frac{1}{2}\sqrt{2}$
e) $\sin x = 0{,}01$ f) $\sin x = 0{,}99$

12
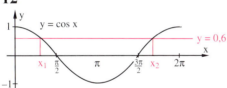

Löse die Gleichung im Intervall $0 \leq x \leq 2\pi$.
a) $\cos x = 0{,}6$ b) $\cos x = 0{,}2$
c) $\cos x = -0{,}7$ d) $\cos x = -1$
e) $\cos x = 0{,}99$ f) $\cos x = 0$

13
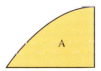

Zeichne die Sinuskurve für $0 \leq x \leq \frac{\pi}{2}$ mit $\pi = 3{,}14$ und der Einheit 1 dm auf beiden Achsen. Bestimme den Flächeninhalt A durch Auszählen von Kästchen.
Du kannst die Kurve auch auf Karton zeichnen und das Flächenstück wiegen. Durch Vergleich mit dem Gewicht des Einheitsquadrats ergibt sich der Flächeninhalt.

??
Wie lässt sich der Winkel $x = 1{,}2345$ mit dem Taschenrechner ins Gradmaß umrechnen, ohne eine einzige Taste mit Rechenzeichen zu drücken?
Du solltest $\alpha = 70{,}73\ldots°$ herausbekommen!

14
Ermittle den größten und den kleinsten Wert, den die Summe $\frac{1}{2} + \sin x$ annehmen kann.

15
Skizziere den Graph der Funktion mit der Gleichung $y = 2 \cdot \sin x$ im Intervall $0 \leq x \leq 4\pi$. Gib den Wertebereich dieser Funktion und die Anzahl der Nullstellen im genannten Intervall an.

16
Gegeben sind die Funktionen f und g durch die Funktionsgleichungen:
$y = f(x) = \sin x$ ($x \in \mathbb{R}$)   und
$y = g(x) = a \cdot \sin x$ ($x \in \mathbb{R}; a \in \mathbb{R}; a \neq 0$)
a) Zeichne den Graph der Funktion f im Intervall $0 \leq x \leq 2\pi$ in ein Koordinatensystem.
b) Der Punkt $P(\frac{\pi}{3}; \frac{3}{2})$ gehört zum Graph der Funktion g. Bestimme den Wert für a und gib die Funktionsgleichung an.
c) Zeichne unter Verwendung der in b) ermittelten Lösung den Graph der Funktion g im Intervall $0 \leq x \leq 2\pi$ in das bei a) verwendete Koordinatensystem.
d) Gib den Funktionswert der Funktion g für das Argument $x = \frac{\pi}{6}$ an. Verwende dazu wiederum das Ergebnis von b).

17
Ermittle alle Lösungen der Gleichung im Intervall $0 \leq x \leq 2\pi$. Gib die Winkel sowohl im Bogenmaß als auch im Gradmaß an.
a) $\cos x + 1 = \sqrt{3}$
b) $1 - \sin x = 0{,}64$
c) $\sin x \cdot (3 - 4 \cdot \cos x) = 0$

18
Auch die Tangensfunktion kann als Funktion des Winkels im Bogenmaß aufgefasst werden.
a) Zeichne die Tangenskurve mit der Einheit 1 cm auf beiden Achsen für Winkel im Bogenmaß im Intervall $-1{,}2 \leq x \leq +1{,}2$.
b) Berechne $\tan\frac{\pi}{4}$; $\tan\frac{\pi}{3}$; $\tan 1{,}0$; $\tan 1{,}5$.
c) Löse mit dem Taschenrechner die Gleichungen $\tan x = 0{,}9$; $\tan x = 2{,}1$; $\tan x = 10$.

Winkelfunktionen im Bogenmaß

Die Funktion y = sin (bx) und y = a·sin (bx)

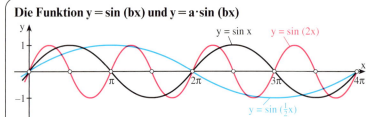

Wie im Schaubild ersichtlich, hat der Faktor b in y = sin (bx) Einfluss auf die Länge der kleinsten Periode und auf die Anzahl der Nullstellen in einem bestimmten Intervall.
Für den Wertebereich gilt jedoch stets $-1 \leq y \leq 1$.
Insbesondere gilt für **b = 2**:

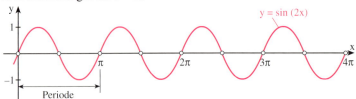

Die Periode ist π. Die Anzahl der Nullstellen im Intervall $0 \leq x \leq 2\pi$ beträgt 5; denn Nullstellen liegen bei $0; \frac{\pi}{2}; \pi; \frac{3\pi}{2}; 2\pi$.
Für **b = $\frac{1}{2}$** gilt:

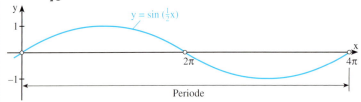

Die Periode ist 4π. Die Anzahl der Nullstellen im Intervall $0 \leq x \leq 2\pi$ beträgt 2; denn Nullstellen liegen nur bei 0 und 2π.

Setzt man **a = 2,5** und **b = 2** in die Gleichung y = a·sin (bx) ein, erhält man folgenden Graph:

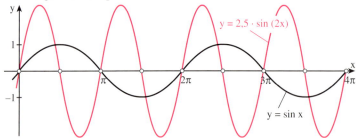

Das Schaubild zeigt, dass die Sinuskurve in Richtung der x-Achse mit dem Faktor b = 2 gestaucht und in Richtung der y-Achse mit dem Faktor a = 2,5 gestreckt wurde. Der Definitionsbereich dieser Funktion ist somit $-2,5 \leq x \leq +2,5$. Die Periode beträgt π. Nullstellen liegen bei $k \cdot \frac{\pi}{2}$ ($k \in \mathbb{Z}$).

Durch die Gleichung $y = \frac{3}{2} \sin (2x)$ ist eine Winkelfunktion gegeben.
Zeichne den Graph dieser Funktion im Intervall $-\pi \leq x \leq \pi$ und gib den Wertebereich an.

In der nachfolgenden Abbildung ist eine Winkelfunktion mit der Gleichung
y = a·sin (bx)   (a,b,x $\in \mathbb{R}$)
im Intervall $0 \leq x \leq 2\pi$ dargestellt.
Wie lautet die Gleichung in diesem speziellen Fall?

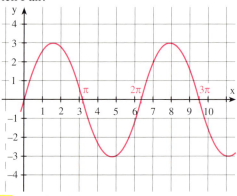

Durch die Gleichung $y = 2 \cdot \sin (3x)$ ist eine Winkelfunktion gegeben.
Skizziere den Graph dieser Funktion im Intervall $0 \leq x \leq 2\pi$.

Von einer Funktion y = a·sin (bx) sind bekannt:
Wertebereich: $-2,5 \leq y \leq +2,5$ und
Periode: 4π.
Wie lautet die Funktionsgleichung?
Gib die Nullstellen dieser Funktion im Intervall $0 \leq x \leq 2\pi$ an.

Gegeben sind die Funktionen
y = f(x) = a·sin x   (a $\in \mathbb{R}$, a $\neq$ 0)   und
y = g(x) = sin (bx)   (b $\in \mathbb{R}$, b $\neq$ 0).
a) Der Punkt $A(\frac{\pi}{6};2)$ gehört zum Graph der Funktion f(x).
Bestimme den Faktor a.
b) Ermittle die kleinste Periode der Funktion g(x) für b = 3.
c) Das geordnete Paar $(\frac{\pi}{6};0)$ erfüllt die Gleichung g(x). Welche Werte kann b annehmen? Begründe deine Antwort.

7 Vermischte Aufgaben

1
Bestimme den Winkel α im Intervall $0° \leq \alpha \leq 90°$.
a) $\sin \alpha = \sin 110°$ b) $\sin \alpha = \sin 155°$
c) $\cos \alpha = \cos 320°$ d) $\cos \alpha = \cos 285°$
e) $\sin \alpha = \sin 127°$ f) $\cos \alpha = \cos 352°$

2
Bestimme den zweiten Winkel im Intervall $0° \leq \alpha \leq 360°$.
a) $\sin \alpha = \sin 75°$ b) $\sin \alpha = \sin 128°$
c) $\cos \alpha = \cos 48°$ d) $\cos \alpha = \cos 222°$
e) $\sin \alpha = \sin 205°$ f) $\sin \alpha = \sin 335°$

3
Wie groß ist der Winkel α, für den gilt:
a) $\sin \alpha = 0{,}7880$ und $\cos \alpha = 0{,}6156$
b) $\cos \alpha = 0{,}9205$ und $\sin \alpha = -0{,}3907$
c) $\sin \alpha = -0{,}4226$ und $\cos \alpha = 0{,}9063$
d) $\cos \alpha = 0{,}4848$ und $\sin \alpha = -0{,}8746$?

4
Bestimme den Winkel α, für den gilt:
a) $\sin \alpha = 0{,}7986$ und $\cos \alpha > 0$
b) $\sin \alpha = 0{,}7986$ und $\cos \alpha < 0$
c) $\cos \alpha = 0{,}8387$ und $\sin \alpha > 0$
d) $\cos \alpha = 0{,}8387$ und $\sin \alpha < 0$.

5
Gib die Lösungen im Intervall $0° \leq \alpha \leq 360°$ an:
a) $\sin \alpha = 0{,}65$ b) $\cos \alpha = 0{,}52$
c) $\cos \alpha = -0{,}25$ d) $\sin \alpha = -0{,}38$
e) $\sin \alpha = -0{,}90$ f) $\cos \alpha = 0{,}77$.

6
Für welche vier Winkel in $0° \leq \alpha \leq 360°$ gilt $\sin^2 \alpha = \cos^2 \alpha$?

7
Bestimme die Koordinaten der Ecken der regelmäßigen Figuren.

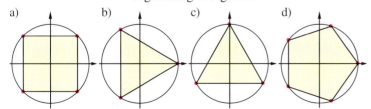

8
Fasse die Winkel in Paare zusammen, für die $\sin \alpha_1 = -\sin \alpha_2$ oder $\cos \alpha_1 = -\cos \alpha_2$ gilt.

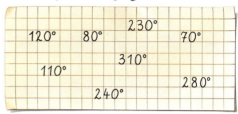

9
a) Skizziere den Graphen der Sinusfunktion und der Kosinusfunktion in einem gemeinsamen Koordinatensystem mit der Einheit 2 cm.
b) Markiere 45°-Intervalle und vervollständige im Heft die Tabelle mit Funktionseigenschaften.

α zwischen	0° und 45°	45° und 90°	...
Vorzeichen			
$\sin \alpha$	> 0	> 0	
$\cos \alpha$	> 0	...	
Steigen/Fallen			
$\sin \alpha$	steigt	steigt	
$\cos \alpha$	fällt	...	
Vergleich			
$\sin \alpha \gtreqless \cos \alpha$	<	...	

10
Wenn du dir vorstellst, auf der Sinuskurve von links nach rechts zu fahren, folgen abwechselnd Rechts- und Linkskurven aufeinander.

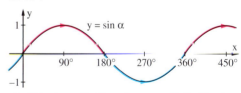

a) Skizziere die Sinuskurve und die Kosinuskurve für $0° \leq \alpha \leq 720°$ und teile sie in Rechts- und Linkskurven ein.
b) Gib die Teilintervalle an, in denen beide Kurven Linkskurven sind.
c) Gib die Teilintervalle an, in denen die Sinuskurve eine Linkskurve und die Kosinuskurve eine Rechtskurve ist.

Vermischte Aufgaben

11
Berechne das Bogenmaß des Winkels α.
17°, 48°, 85°, 100°, 206°, 250°, 345°

12
Rechne den im Bogenmaß gegebenen Winkel x ins Gradmaß um.
a) 0,5; 0,8; 1,5; 2,0; 2,8; 3,0
b) $\frac{\pi}{4}, \frac{\pi}{5}, \frac{\pi}{9}, \frac{3\pi}{5}, \frac{4\pi}{9}, \frac{5\pi}{12}, \frac{\pi}{180}$

13
Auf eine Seiltrommel mit dem Radius r = 0,35 m wird ein 14,52 m langes Stück Seil aufgewickelt.
a) Wie groß ist der Drehwinkel?
b) Wie viele volle Drehungen macht die Seiltrommel, wie groß ist der Restwinkel?

14
Gegeben sind die Funktionen f und g:
y = f(x) = 1,5 sin x
y = g(x) = 0,5 cos x
a) Skizziere die Graphen beider Funktionen in ein und dasselbe Koordinatensystem im Intervall 0 ≤ x ≤ 2π.
b) Gib den Wertebereich von f und g an.

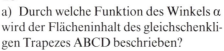

a = 12 cm
c = 4 cm
b = d
α = β

15
a) Durch welche Funktion des Winkels α wird der Flächeninhalt des gleichschenkligen Trapezes ABCD beschrieben?
b) Zeichne die Funktion im Intervall 0° ≤ α ≤ 60° mit der Einheit 1 cm für 10° auf der α-Achse und 1 cm für 10 cm² auf der y-Achse.

16
Der Ausleger des Turmdrehkrans ist 18,20 m lang, der Anlenkpunkt A des Auslegers am Turm liegt 15,50 m hoch über dem Boden.
a) Gib die Höhe h der Auslegerspitze S über dem Boden in Abhängigkeit vom Erhebungswinkel α an.
b) Der Ausleger wird angehoben, und das Lastseil mit dem Haken wird so nachgeführt, dass sich die Länge l des frei herunterhängenden Seilendes nicht ändert. Auf welcher Kurve bewegt sich dabei der Haken?

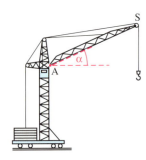

17
a) Gib den Flächeninhalt A des symmetrischen Sterns in Abhängigkeit von α an.
b) Zeichne den zugehörigen Graphen im geometrisch sinnvollen Bereich für α. (Einheit 1 cm für 5° auf der α-Achse, Einheit 1 cm für 10 cm² auf der y-Achse.)
c) Bestimme α so, dass der Stern den halben Flächeninhalt des Quadrats hat. Zeichne den Stern für diesen Winkel.
d) Bestätige, dass der Umfang u des Sterns durch die Funktionsgleichung $u = \frac{40}{\cos \alpha}$ cm gegeben ist. Stelle eine Wertetabelle in Schritten von 5° auf und zeichne den Graphen mit geeigneten Einheiten.

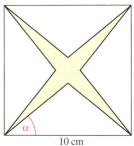
10 cm

Vom Einspluseins zur Kosinusfunktion
Der Taschenrechner gibt die Werte der Winkelfunktionen schnell und zuverlässig aus – aber wie berechnet er sie eigentlich? Grundlage ist das Einspluseins im Zweiersystem. Darauf bauen die Grundrechenarten auf. Für die Winkelfunktionen sind Näherungsausdrücke fest eingegeben.
Zeichne die Kosinuskurve im Bogenmaß für $-\pi \leq x \leq \pi$ und dazu die Parabel mit der Gleichung $y = 1 - \frac{1}{2}x^2$. Vergleiche!
Für größere x-Werte ist diese Näherung zu ungenau. Besser ist die Näherung
$\cos x \approx 1 - \frac{1}{2}x^2 + \frac{1}{24}x^4$.
Prüfe einige Werte.

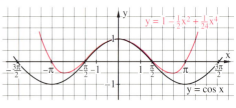

SCHWINGUNGEN

Schwingungen sind regelmäßige, zwischen bestimmten Grenzen hin- und herführende Bewegungen oder Zustandsänderungen. Das Idealbild einer Schwingung ist die Sinuskurve. Eine solche **harmonische Schwingung** ist am Doppelpendel zu erkennen, wenn unter dem Schreibstift ein Papierstreifen durchgezogen wird. Auch elektrische Schwingungen und Schallschwingungen zeigen ihre Form erst durch Umsetzung in eine ebene Bewegung.

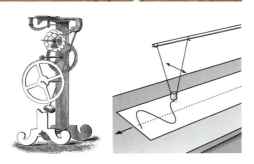

Die Kurve $y = 2 \cdot \sin \alpha$ hat die **Schwingungsweite** 2, weil 2 der größte Funktionswert ist. Die Kurve $y = \sin(2\alpha)$ hat die **Periode** $360° : 2 = 180°$. Das zeigt sich schon an den Nullstellen, die nur halb so weit voneinander entfernt sind wie bei der gewöhnlichen Sinuskurve.

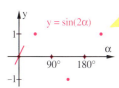

1 Skizziere die Kurven $y = \sin(2\alpha)$ und $y = \sin(3\alpha)$.

Schwingungen entstehen meistens durch **Überlagerung** von Sinusschwingungen unterschiedlicher Schwingungsweiten und Perioden. Die y-Werte werden dabei rechnerisch oder auch zeichnerisch addiert.

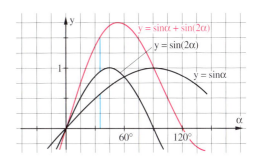

2 Zeichne die Kurven $y = \sin \alpha + \sin(2\alpha)$, $y = 2 \sin \alpha + \sin(2\alpha)$ und $y = 3 \sin \alpha + \sin(3\alpha)$.

Durch Überlagerung mehrerer Sinuskurven können sehr komplizierte Schwingungsbilder zustande kommen. Bei Schallwellen hört der Mensch dann keinen Zusammenklang von Tönen mehr, sondern nur noch ein Geräusch.

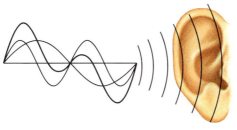

Rückspiegel

1
Drücke mit einem Winkel α zwischen 0° und 90° aus.
a) sin 170°   b) cos 302°   c) sin 166°
d) −cos 91°   e) −sin 270°   f) −cos 250°

2
Gib die besonderen Werte an.
a) sin 135°   b) cos 240°   c) cos 315°
d) sin 330°   e) cos 210°   f) sin 240°

3
Gib den zweiten Winkel $α_2$ in $0 ≤ α ≤ 360°$ an.
a) $\sin α_2 = \sin 84°$ b) $\cos α_2 = \cos 160°$
c) $\sin α_2 = \sin 123°$ d) $\cos α_2 = \cos 291°$

4
Gib die zwei Lösungen in $0 ≤ α ≤ 360°$ an.
a) sin α = 0,23   b) cos α = 0,71
c) sin α = 0,94   d) cos α = −0,18
e) sin α = −0,52   f) sin α = −0,42

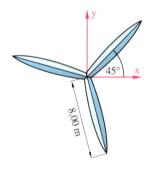

5
a) Welche Koordinaten haben die Spitzen der Rotorblätter?
b) Welche Koordinaten haben sie nach einer Drehung um 130°?

6
Zwischen welchen Winkeln im Intervall $0 ≤ α ≤ 360°$
a) ist die Sinuskurve steigend und negativ
b) ist die Kosinuskurve fallend und positiv
c) ist die Sinuskurve eine fallende Rechtskurve
d) ist die Kosinuskurve eine steigende Linkskurve
e) gilt sin α ≥ cos α?

7
Gib einen Winkel im Intervall $0 ≤ α ≤ 360°$ an, für den die Sinusfunktion denselben Wert hat wie
a) sin 370°   b) sin 790°   c) sin(−105°).

8
Gib die Lösungen im Intervall $0 ≤ α ≤ 720°$ an.
a) $\sin α = \frac{1}{2}\sqrt{3}$ b) $\cos α = -\frac{1}{2}\sqrt{3}$

9
Gib die Winkel im Gradmaß an.
a) $\frac{π}{6}$ b) $\frac{3}{4}π$ c) $\frac{2}{5}π$ d) $\frac{13}{10}π$

10
Rechne ins Bogenmaß um. Schreibe das Ergebnis als Bruchteil von π.
a) 45°   b) 60°   c) 150°   d) 210°

11
Gegeben sind die trigonometrischen Funktionen mit den Gleichungen y = cos x und y = 2·sin x.
a) Zeichne die Graphen dieser Funktionen in ein und dasselbe Koordinatensystem im Intervall $0 ≤ x ≤ 2π$.
b) Für welche Winkel gilt im gezeichneten Intervall cos x = 0,75 bzw. 2·sin x = 1,6? Bestimme die Werte rechnerisch und gib die Winkelgrößen sowohl im Grad- als auch im Bogenmaß an.
c) Entnimm deiner Zeichnung, für welche Winkel im genannten Intervall die Funktionswerte von y = cos x und y = 2·sin x übereinstimmen.

12
a) Gib mithilfe der Dreiecksflächenformel den Flächeninhalt des Rhombus ABCD in Abhängigkeit vom Winkel an.

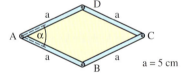

b) Zeichne das dazugehörige Schaubild. (Einheit 1 cm auf der α-Achse, Einheit 1 cm für 5 cm² auf der y-Achse.)
c) Für welchen Winkel α ist der Flächeninhalt am größten?
d) Für welche Winkel hat der Flächeninhalt die Hälfte des größtmöglichen Wertes?

13
Zeichne die Sinuskurve im Intervall $0 ≤ x ≤ 2π$. (Einheit 1 cm).
Trage die Punkte $(0;0)$, $(\frac{π}{2}; \frac{π}{2})$, $(\frac{3π}{2}; -\frac{π}{2})$, $(2π; 0)$ ein und verbinde sie durch einen Streckenzug.

V Komplexe Übungen

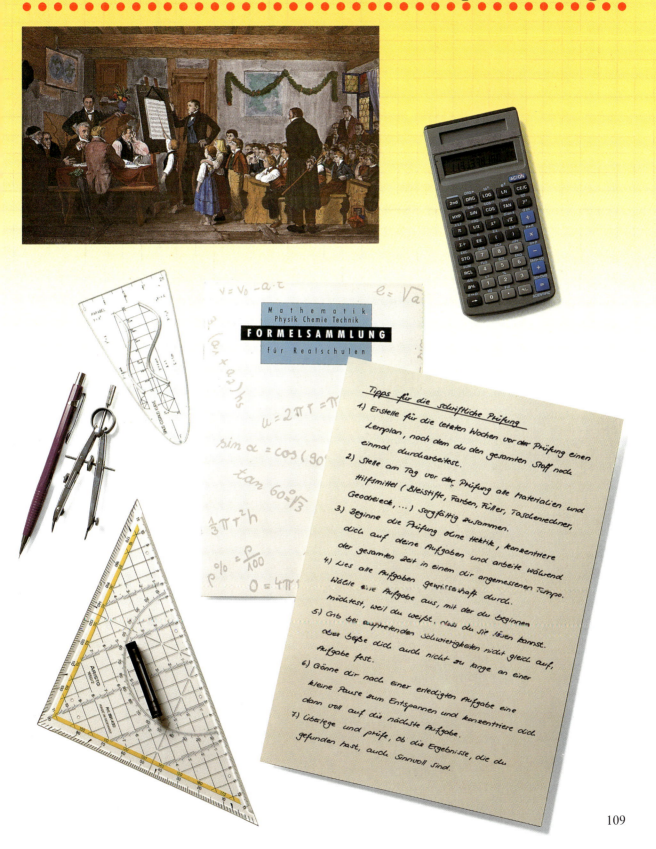

EXAMEN   ESAME   الإمتحان   IMTIHAN

1 Arbeiten mit Größen

Eine Angabe wie
12 Meter
nennt man eine **Größe**.
12 ist die **Maßzahl**.
Meter ist die **Maßeinheit**.

Länge

Kilometer km	Hektometer hm	Dekameter dam	Meter m	Dezimeter dm	Zentimeter cm	Millimeter mm
1 km	= 10 hm		= 1 000 m			
	1 hm	= 10 dam				
		1 dam	= 10 m			
			1 m	= 10 dm		
				1 dm	= 10 cm	
					1 cm	= 10 mm

Bemerkung: Die beiden Maßeinheiten hm und dam werden nur sehr selten verwendet.

1
Schreibe in
a) mm: 5 cm; 2 dm; 3,8 cm; 4 m; 1,1 dm; 7 cm 8 mm; 3 dm 4 cm; 2 m 2 mm
b) cm: 8 dm; 20 mm; 2,6 dm; 4,80 m; 0,4 m; 2 dm 5 mm; 1,05 m
c) m: 62 dm; 450 cm; 0,24 km; 3 dam; 450 dm; 2,8 km; 9 hm; 7 400 mm

Beim Umwandeln können auch die Vorsilben und ihre Bedeutung helfen.

Vorsilbe	Bedeutung
Mega	mal 1 000 000
Kilo	mal 1 000
Hekto	mal 100
Deka	mal 10
Dezi	geteilt durch 10
Zenti	geteilt durch 100
Milli	geteilt durch 1 000
Mikro	geteilt durch 1 000 000

2
Ergänze in deinem Heft.
a) 3,62 m = 362 □
b) 12 m 8 cm = □ cm
c) 44 □ 8 □ = 44,8 dm
d) 78,3 □ = 78 m 3 □
e) □ cm = 8 cm 7 mm
f) 0,48 km = □ m
g) 72 m 48 dm = □ m
h) 23,8 dm = □ mm

3
Ordne nach der Größe.
a) 4 m 6 dm; 4,06 m; 466 cm
b) 1 030 m; 1 km 3 m; 10 km 30 m
c) 0,85 m; 8 dm 50 cm; 85 dm
d) 1,21 dm; 1,12 m; 1 m 2 dm

4
Wie viel fehlt jeweils noch zu 1 m?
a) 98 cm; 9 dm 4 cm; 95 mm
b) 0,9 m; 9 dm 9 cm 9 mm
c) 89 cm; 8,99 dm; 895 mm
d) 0,49 m; 4,95 dm; 49,8 cm

5
Verwende die geeigneten Vorsilben.
a) $4 \cdot 10^3$ m   b) $3,9 \cdot 10^{-2}$ m
c) $73 \cdot 10^{-3}$ m   d) $0,5 \cdot 10^{-1}$ m
e) $12,5 \cdot 10^2$ m   f) $2,8 \cdot 10^{-2}$ m

Geld
In Deutschland werden als Einheiten für **Geld** benutzt:
Euro (abgekürzt € bzw. EUR)   Cent (abgekürzt ct)
Für die Umwandlung gilt: 1 € = 100 ct

6
Schreibe in Euro (mit Komma).
a) 870 ct; 1 435 ct; 709 ct; 23 456 ct
b) 5 € 36 ct; 12 € 75 ct; 150 € 77 ct
c) 908 ct; 6 € 8 ct; 20 € 2 ct; 10 101 ct

7
Gib das Ergebnis in gemischter Schreibweise an.
a) 202,58 € + 58 € 22 ct
b) 99,99 € – 999 ct + 9 € 9 ct
c) 256 € 38 ct – 134,76 €

8
Berechne jeweils den Betrag, den der Kassierer zurückgeben muss.

	Zu zahlen	Der Käufer gibt
a)	12,78 €	20 €
b)	43,13 €	50 € 20 ct
c)	236,51 €	250 € 1 ct

9 €
Wie viel ausländisches Geld bekommt man jeweils für 20 €?
Verwende die auf der Randspalte angegebenen Wechselkurse.

100 €	700 dkr
100 €	63 £
1 €	320 TL
100 €	160 sFr

ἐξέταση ЕGZAMIN ЭКЗΆМЕН EXAMEN

Arbeiten mit Größen

In der Physik und den anderen Naturwissenschaften unterscheidet man Masse von Gewicht!

Masse				
Tonne t	Dezitonne dt	Kilogramm kg	Gramm g	Milligramm mg
1 t =	10 dt =	1 000 kg		
	1 dt =	100 kg		
		1 kg =	1 000 g	
			1 g =	1 000 mg

10
Wandle um.
a) in g: 0,6 kg; 15 kg 25 g; 7 kg 8 g; 2 t 1700 mg; 2 dt 5 g; 6 t 40 kg; 0,4 kg 4 g
b) in kg: 2 t; 0,22 t; 222 dt; 8 t 436 kg 0,136 t; 9 t 90 kg; 2 400 mg
c) in t: 4 300 kg; 17,5 dt; 208 kg

11
a) Wie viel g fehlen jeweils bis 1 kg?
746 g; 90 g; 0,384 kg; 99 000 mg; 0,041 kg
b) Wie viel kg sind es mehr als 1 t?
1 262 kg; 1,01 t; 2 115 000 g; 1,111 t
c) Welche Masse liegt 10 kg am nächsten?
10,1 kg; 10 kg 10 g; 10 100 g; 9 950 g; 9,95 kg

12
Setze passende Maßeinheiten ein.
a) Wenn ich 2 000 ☐ zunehme, wiege ich 67 ☐.
b) Wenn ich 2 ☐ mit 4 multipliziere, erhalte ich 8 000 ☐.
c) Das Achtfache von 125 ☐ ist 1 ☐.
d) Ein Viertel von 2 ☐ ist 500 ☐.
e) Das Doppelte von 300 ☐ ist die Hälfte von 1,2 ☐.

13
Berechne.
a) 12·125 g; 8·1,5 t; 30·0,45 kg
b) 900 kg : 12; 5 t : 8; 100 kg : 500 g

Bei der Zeitmessung unterscheiden wir zwischen **Zeitspannen** und **Zeitpunkten!**

Zeit				
Jahr a	Tag d	Stunde h	Minute min	Sekunde s
1 a =	365 d			
	1 d =	24 h		
		1 h =	60 min	
			1 min =	60 s

14
Ergänze die Tabelle.

Beginn	8.23 Uhr	13.13 Uhr	☐
Ende	10.18 Uhr	☐	9.11 Uhr
Zeitdauer	☐	12 h 20 min	5 h 2 min

15
Schreibe in
a) min: 2 h; 3,5 h; 24 h; 120 s; 1 h 12 min; 3 h 54 min; 165 s
b) s: 9 min; 4,25 min; 60 min; 7 min 45 s; 15 min 1 s; 1 h 5 min
c) h: 180 min; 735 min; 405 min
d) d: 5 Wochen; 48 h; 1 008 h 24 480 min; 8 760 h; 60 h
e) d und h: 500 h; 4 a; 12 d 125 h; 3 Wochen 4 d 15 h; 36 h

16
Zeitspannen werden oft als Bruchteile angegeben. Wandle um.
a) $\frac{3}{2}$ h; $\frac{3}{4}$ h; $\frac{1}{2}$ min; $\frac{1}{4}$ min
b) $1\frac{1}{2}$ min; $1\frac{3}{4}$ h; $2\frac{1}{2}$ h; $11\frac{1}{4}$ min

17
Beim Basketball beträgt die reine Spielzeit für eine Halbzeit 20 min. Die Halbzeitpause dauert 15 min.
a) Wann endet ein Spiel, das um 19.30 Uhr begann und bei dem es über die gesamte Spielzeit insgesamt 36 Minuten Unterbrechungen gab?
b) Wie lange dauerten die Unterbrechungen, wenn das Spiel um 15.30 Uhr begann und um 16.47 Uhr endete?

ESAME الإمتحان ESTESAMES IMTIHAN

Arbeiten mit Größen

1 cm²

■ 1 mm²

Flächeninhalt						
Quadratkilometer km²	Hektar ha	Ar a	Quadratmeter m²	Quadratdezimeter dm²	Quadratzentimeter cm²	Quadratmillimeter mm²
1 km²	= 100 ha					
	1 ha	=100 a				
		1 a	= 100 m²			
			1 m²	= 100 dm²		
				1 dm²	= 100 cm²	
					1 cm²	= 100 mm²

18
Schreibe in
a) m²: 12,1 a; 430 dm²; 120 a; 9,7 ha
1 ha 5 a; 3 a 27 m²; 43 dm²
b) cm²: 4,2 dm²; 8 m²; 9 mm²;
3 dm² 3 cm²; 10,34 m²; 27,4 mm²
c) dm²: 530 cm²; 54,8 m²; 7 a 6 m² 15 dm²;
0,8 ha; 128 mm².

20
Berechne.
a) 15 m² − 360 dm²
b) 7 cm² 18 mm² + 14,09 cm²
c) 9 km² 99 ha + 723 a
d) 4,07 dm² − 2 dm² 35 cm²
e) 12 m² 25 dm² − 20 025 cm²

19
Setze <, > oder = ein.
a) 5 a 77 m²   □   570 m²
b) 9,82 dm²   □   98,2 cm²
c) 4 dm² 5 cm²   □   4,5 dm²

21
a) Wie viel kostet der in der Zeitungsanzeige angebotene Bauplatz?
b) Ein möglicher Käufer bietet für den Bauplatz 95 000 €. Um wie viel Euro ändert sich dadurch der Preis pro m²?

1 cm³

■ 1 mm³

Volumen (Rauminhalt)			
Kubikmeter m³	Kubikdezimeter dm³	Kubikzentimeter cm³	Kubikmillimeter mm³
1 m³	= 1 000 dm³		
	1 dm³	= 1 000 cm³	
	1 l	= 1 000 ml	
		1 cm³	= 1 000 mm³

22
Welche Maßeinheiten verwendet man für den Rauminhalt der folgenden Körper? Klassenzimmer, Wassereimer, Arzneimittelfläschchen, Konservendosen, Hubraum eines Autos?

24
Ordne nach der Größe.
a) 2,5 l; 3 000 cm³; $\frac{1}{5}$ hl; 2 m³; 3 dm³
b) 6 500 mm³; 1,8 dm³; $\frac{1}{2}$ l; 18 ml; 81 dm³

25
Wie viel fehlt bis zu einem Liter?
a) 50 cm³   b) 729 ml
c) 990 cm³   d) 200 cm³ 130 mm³
e) 13 cm³ 30 mm³ f) 0,819 l

23
Wandle um in:
a) cm³: 3 500 mm³; 170 mm³; 5,04 dm³;
1 dm³ 30 cm³; 0,2368 dm³
b) dm³: 5,1 m³; 32 000 cm³; 7 m³ 9 dm³
43 710 cm³; 2 m³ 8 dm³ 3 cm³
c) m³: 450 dm³; 9 400 l; 3 m³ 70 dm³
d) l: 306 dm³; 3,72 m³; 35 ml
e) ml: 0,13 l; 2 dm³ 30 cm³; 17 cm³

26
Berechne.
a) 4,2 dm³ · 14   b) 5 m³ 200 dm³ · 7
c) 9,08 m³ : 5   d) 4 m³ 80 cm³ : 40
e) 3,63 m³ : 1 l   f) 70 l 700 ml : 350 ml

2 Proportionalität

proportional oder nicht proportional? Begründe die Antwort

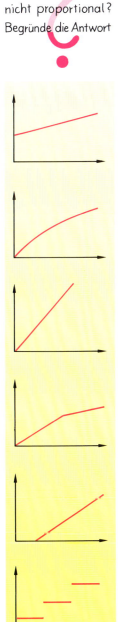

Proportionale Zuordnung
6 Tetrapack Saft kosten 3,30 €.
Wie viel kosten 9 Tetrapack Saft?

:2 (6 Pack kosten 3,30 €) :2
   (3 Pack kosten 1,65 €)
·3 (9 Pack kosten 4,95 €) ·3

Man schließt von einer Größe auf Teile oder Vielfache davon (Dreisatz).

Lösung durch Gleichung
$\frac{3,30 €}{6} = \frac{x}{9}$ **(Quotientengleichheit)**
$x = \frac{3,30 € \cdot 9}{6}$
$x = 4,95 €.$
9 Tetrapack Saft kosten 4,95 €.

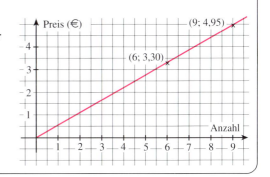

1
Entscheide und begründe, welche der Tabellen zu einer proportionalen Zuordnung gehören.

a)
Anzahl	3	5	8	9	11
Preis in €	1,20	2,00	3,20	3,60	4,40

b)
zurückgelegter Weg in km	35	46	98	112	126
Reststrecke in km	95	84	32	18	4

c)
Verpackungs-inhalt in kg	1	1,5	3	4,5	10
Preis in €	3,95	5,79	11,60	17,84	36,99

2
Ergänze die Tabellen. Es handelt sich um proportionale Zuordnungen.

a)
Masse in kg	1	3,5	6	14	27
Preis in €		8,4			

b)
Zeit in h	5	35	50	80	
Strecke in km			165		528

3
a) 3 kg Äpfel kosten 11,40 €.
Wie viel kosten 5 kg?
b) 7 m Stoff kosten 151,20 €.
Was muss man für 4 m bezahlen?

4 €
Zeichne die Graphen folgender proportionaler Zuordnungen. Lies weitere Wertepaare ab.

a)
Preis in $	1	3	5	8
Preis in €	0,96	2,88	4,80	7,68

b)
Volumen in l	250	400	700	1 000
Höhe in mm	45	72	126	180

c)
Volumen in cm³	10	20	50	100
Masse in g Aluminium	27	54	135	270
Holz	8	16	40	80
Stahl	78	156	390	780

5
Ein Taxifahrer berechnet je Fahrt 5 € Grundgebühr und 80 ct Kilometerpauschale.
a) Was kostet eine 28 km lange Fahrt?
b) Was kostet eine Fahrt doppelter Länge?
c) Wie lang war die Strecke, wenn der Fahrgast 10,60 € bezahlen musste?

6
Der Pkw von Herrn Heinze verbraucht auf einer Strecke von 350 km 26,5 l Kraftstoff.
a) Wie viel Liter benötigt er für 500 km?
b) Wie viel Kilometer könnte er mit 42,5 l fahren?

EXAMINATION

Proportionalität

Indirekt proportionale Zuordnungen
Bei 3 Personen reicht der Vorrat 8 Tage. Wie lange kommen 4 Personen damit aus?

3 Personen: 8 Tage
4 Personen: (8 Tage · 3) : 4 = 6 Tage

Bei Aufgaben mit indirekt proportionaler Zuordnung schließt man erst auf das Einfache durch Multiplizieren, dann auf das Vielfache durch Dividieren. **(Dreisatz)**

Lösung durch eine Gleichung:

8 Tage · 3 = x · 4   **(Produktgleichheit)**

$$x = \frac{8 \text{ Tage} \cdot 3}{4} = 6 \text{ Tage}$$

Der Vorrat reicht 6 Tage für 4 Personen.

grafische Darstellung:

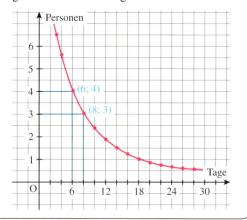

7
Ergänze die Tabellen für indirekt proportionale Zuordnungen.

a)
Personenzahl	25	40	75	100	120
Verpflegung in Tagen			24		

b)
Rechtecklänge in cm	7,5	40	60		
Rechteckbreite in cm		15		37,5	25

8
Wird ein Geldbetrag unter 8 Personen aufgeteilt, erhält jeder 365 €.
Welchen Anteil erhält jeder Einzelne bei 5 Personen?

9
Ergänze die fehlenden Werte mithilfe des Diagrammes.

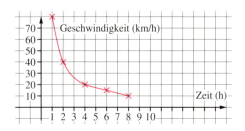

Fahrzeit in h	Geschwindigkeit in km/h
1	
	40
3	
4	
5	
	10

10
Die Füllung eines Regenwassertanks reicht für 150 Gießkannen mit einem Inhalt von 12 Litern.
Wie viele 8-Liter-Kannen könnten aus demselben Tank gefüllt werden?

11
Eine Familie hat Gartenerde bekommen, die mit dem Schubkarren hinters Haus gefahren werden muss.
a) Wenn man jedes Mal 60 kg auflädt, muss man 55-mal fahren. Wie oft muss man bei nur 50 kg Last fahren?
b) Mit der schweren Ladung dauert eine Fahrt $1\frac{1}{2}$ min, mit der leichten $1\frac{1}{4}$ min. Wie ist die Arbeit schneller beendet?

12
Eine Abfüllanlage mit 4 Maschinen füllt in 10 Stunden 42 000 Flaschen ab.
a) Wie lange würden 3 Maschinen für dieselbe Anzahl von Flaschen brauchen?
b) Wie viele Maschinen wären notwendig, um dieselbe Anzahl von Flaschen in 8 Stunden abzufüllen?
c) Wie viele Flaschen könnten die 4 Maschinen in 6 Stunden abfüllen?
d) Wie viele Flaschen könnten 3 Maschinen in 10 Stunden abfüllen?

3 Prozentrechnung. Grundaufgaben

Die **Prozentrechnung** dient dem Vergleich von Zahlen und Größen. Dabei werden die zu vergleichenden Zahlen und Größen zu 100 ins Verhältnis gesetzt, d. h. Anteile von 100 gebildet.

Prozentsatz $= \dfrac{\text{Prozentzahl}}{100} = \dfrac{\text{Prozentwert}}{\text{Grundwert}}$ kurz: $p\% = \dfrac{p}{100} = \dfrac{P}{G}$ $p = \dfrac{100 \cdot P}{G}$

Prozentwert $= $ Grundwert $\cdot$ Prozentsatz   kurz: $P = G \cdot p\% = G \cdot \dfrac{p}{100}$

Grundwert $= $ Prozentwert $\cdot \dfrac{1}{\text{Prozentsatz}}$ kurz: $G = P \cdot \dfrac{100}{p}$

Bei der Promillerechnung (‰) ist die Vergleichszahl 1 000, $p\text{‰} = 0{,}001$.

Übertrage die Tabelle und fülle sie aus.

G	1	1		
P	1	1		
p			1 %	1 %

Tarifbestimmungen

Der Beitrag beträgt für Personenkraftwagen

in Schadenfreiheitsklasse (SF) in Schadenklassen (S und M)	Beitragssatz KH
SF 18	30
SF 17	30
SF 16	35
SF 15	35
SF 14	35
SF 13	35
SF 12	40
SF 11	40
SF 10	40
SF 9	45
SF 8	45
SF 7	50
SF 6	55
SF 5	60
SF 4	65
SF 3	70
SF 2	85
SF 1	100
SF 1/2	125
S	170
O	Anfrage Direktion
M	275

vom Hundert des Beitrages, der sich aus den Tarifbestimmungen und dem Beitragsteil ergibt.

Erkundige dich nach dem Beitragssatz für Führerscheinneulinge.

1
Berechne den Prozentwert im Kopf.
a) 20 % von 80 €
b) 5 % von 120 km
c) 60 % von 30 kg
d) 90 % von 3 000 hl

2
Berechne den Prozentsatz im Kopf.
a) 10 Schüler von 25 Schülern
b) 75 m von 300 m
c) 400 kg von 500 kg
d) 90 km von 600 km

3
Berechne den Grundwert im Kopf.
a) 10 % sind 16 Fahrräder
b) 30 % sind 42 kg
c) 40 % sind 140 €
d) 2,5 % sind 9 m

4
Berechne die fehlende Größe.

	a)	b)	c)	d)	e)
P	220 m	4,5 kg		0,38 g	553 l
p	35 %		72 %		112 %
G		6,3 kg	0,58 l	0,44 g	

5
a) Der Grundwert beträgt 320 €, der Prozentsatz 15 %. Berechne den Prozentwert.
b) Der Grundwert beträgt 2,5 kg, der Prozentwert 1,8 kg. Berechne den Prozentsatz.
c) Der Prozentwert beträgt 32,5 Liter. Dies sind 33 %. Berechne den Grundwert.

6
Die Haftpflichtversicherungsprämie für einen bestimmten Pkw belief sich in einem Jahr auf 491,60 €.
Berechne die Prämienhöhe für die verschiedenen Schadensfreiheitsklassen anhand der Tabelle auf dem Rand.

7
Im Personenverkehr wurden in einem Jahr in Deutschland insgesamt 885 Milliarden Personenkilometer zurückgelegt. Davon entfielen (in Milliarden Personenkilometern) auf:

Straßenbahn, Bus, U-Bahn   79
Eisenbahn   58
Flugzeug   23
Pkw   725

Berechne die prozentualen Anteile der einzelnen Transportarten.

8
Die Angaben 333 oder 585 des Goldstempels bei Schmuck geben den Anteil in Promille an.
Berechne jeweils den Goldanteil bei 12 g schweren Ringen.

9
Weizen enthält als ganzes Korn 4,8 ppm Vitamin B_1 und 1,4 ppm Vitamin B_2.
Wie viel Gramm der Vitamine B_1 und B_2 enthalten 5 t Weizenkorn?

10
Übertrage die Tabelle in dein Heft und fülle sie aus.

%	30		0,4		0,08	
‰		0,05		75		0,0025

4 Prozentrechnung. Veränderte Grundwerte

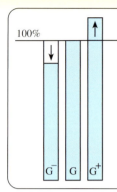

Der Grundwert wird oft um einen prozentualen Anteil vermehrt oder vermindert. Man spricht dann vom **vermehrten** oder **verminderten Grundwert**. Die Veränderung des Grundwerts kann kurz mit dem **Prozentfaktor q** angegeben bzw. berechnet werden.

$G^+ = G\left(\frac{100+p}{100}\right) = G\left(1 + \frac{p}{100}\right) = G \cdot q^+$; zum Beispiel: $p = 5\%$; $G^+ = G \cdot 1{,}05$

mit p^+ als „Steigerung auf ...", p als „Steigerung um ..." und q^+ als Prozentfaktor für die Steigerung.

$G^- = G\left(\frac{100-p}{100}\right) = G\left(1 - \frac{p}{100}\right) = G \cdot q^-$; zum Beispiel: $p = 5\%$; $G^- = G \cdot 0{,}95$

mit p^- als „Senkung auf ...", p als „Senkung um ..." und q^- als Prozentfaktor für die Senkung.

1
Drücke die Veränderung mit Hilfe des Prozentfaktors q aus.
a) $+15\%$ b) $+22\%$ c) $+1\%$
d) $+0{,}4\%$ e) -25% f) -85%
g) -2% h) $-4{,}3\%$ i) $-0{,}8\%$

2
Um welchen Prozentsatz ist die Größe gestiegen oder gefallen?
a) $q = 1{,}2$ b) $q = 1{,}075$ c) $q = 0{,}65$
d) $q = 0{,}925$ e) $q = 1{,}0925$ f) $q = 2{,}5$

3
Berechne den veränderten Grundwert.
a) 165 kg vermehrt um 6 %
b) 7,2 hl vermehrt um 12,5 %
c) 360 € vermindert um 15 %

4
Berechne den Grundwert.
Die Größe wurde vermehrt um
a) 7,5 % auf 68,80 €
b) 28,6 % auf 578,7 kg.
Die Größe wurde vermindert um
c) 12,5 % auf 210 hl
d) $66\frac{2}{3}\%$ auf 0,17 dm.

5
Fülle die Tabelle aus.

	a)	b)	c)
Grundwert	76 €		
Veränderung		$-4{,}0\%$	$+0{,}75\%$
veränderter Grundwert	79,80 €	6,24 kg	0,86 km

6
Drücke die gesamte Veränderung mit einem Prozentfaktor aus.
a) zuerst um 10 %, dann nochmals um 15 % erhöht
b) zweimal nacheinander um je 12 % erhöht
c) zuerst um 30 % erhöht, dann um 8 % vermindert
d) zuerst um 33 % vermindert, dann um 45 % erhöht

7
a) Frau Hermann verdient 3 215,62 € monatlich. Ihr Gehalt wird um 3,8 % erhöht. Wie hoch ist ihr Verdienst jetzt?
b) Die Mitarbeiterin von Frau Hermann verdient nach der 3,8 %igen Erhöhung 3 102,58 €. Wie viel verdiente sie vorher?

8
Der Preis eines Einzelfahrscheins stieg in diesem Jahr zuerst von 3,30 € auf 3,60 € und dann auf 3,90 €. Berechne die jeweilige prozentuale Erhöhung. Um wie viel Prozent stieg der Preis insgesamt?

9
Der Preis einer Videokamera wird zuerst um 5 % gesenkt und anschließend nochmals um 10 % herabgesetzt. Sie kostet jetzt 1 282,50 €.
a) Wie hoch war der ursprüngliche Preis?
b) Wie viel Euro machte die erste Preissenkung aus?
c) Wie viel Prozent betrug der gesamte Preisnachlass?

5 Prozentrechnung. Tabellen und Schaubilder

Aus welchen Werkstoffen besteht ein Auto?

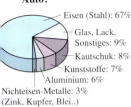

Eisen (Stahl): 67%
Glas, Lack, Sonstiges: 9%
Kautschuk: 8%
Kunststoffe: 7%
Aluminium: 6%
Nichteisen-Metalle: 3% (Zink, Kupfer, Blei..)

Mengenänderung durch radioaktiven Zerfall bei Caesium-137

100%, 50%, 25%, 12,5%
heute, in 30.., in 60.., in 90.. Jahren

Energieverteilung im Privathaushalt

100%
Auto 35%
Heizen 50%
Warmwasser 8%
Hausgeräte 4%
Kochen 2%
Licht 1%

Zur Veranschaulichung von Prozentangaben gibt es verschiedene Arten der Darstellung. Die wichtigsten sind das **Kreisdiagramm,** bei dem 1% einem Winkel von 3,6° entspricht, der **Prozentstreifen,** den man möglichst immer mit 10 cm als 100% wählt, und das **Streifendiagramm**. Alle Diagramme müssen eindeutig beschriftet werden.

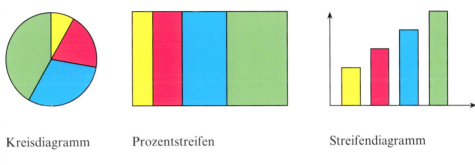

Kreisdiagramm   Prozentstreifen   Streifendiagramm

Zu diesen Diagrammarten gibt es dann noch Artverwandte, wie z. B. zum Säulendiagramm das Stabdiagramm, unzählige grafisch aufgewertete Darstellungen, wie z. B. das sich aufspaltende Streifendiagramm und weitere Arten, wie das Histogramm, den Polygonzug oder das Piktogramm.

1
Bundestagswahlergebnisse 1972–1994

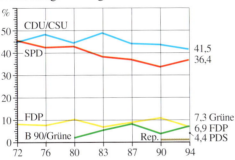

a) In einigen Wahljahren erreichten nur Koalitionen wie 1987 die aus CDU/CSU und FDP die absolute Mehrheit. Welche Koalitionen mit absoluter Mehrheit hätten sich nach einzelnen Bundestagswahlen bilden lassen?

b) 1994 wurden 672 Abgeordnete in den Bundestag gewählt. Der Frauenanteil beträgt bei der Union 14,8%, bei der SPD 32,9%, bei der FDP 17,0%, bei der PDS 43,0% und bei den Grünen 57,0%. Berechne die Zahl der weiblichen Abgeordneten in jeder Partei.
Wie hoch ist der Anteil der Frauen im Gesamtparlament?

2
Landtagswahlen 1994 in Sachsen.

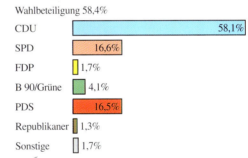

Wahlbeteiligung 58,4%
CDU 58,1%
SPD 16,6%
FDP 1,7%
B 90/Grüne 4,1%
PDS 16,5%
Republikaner 1,3%
Sonstige 1,7%

a) Berechne anhand der Wahlbeteiligung, wie viel Prozent aller Wahlberechtigten für die jeweilige Partei gestimmt haben.

b) Rechne dies in absolute Stimmenzahlen um, wenn die Zahl der Wahlberechtigten insgesamt 3 586 160 betrug.

c) Die prozentuale Sitzverteilung in einem Parlament wird oft mit einem Halbkreis dargestellt. Übertrage die Mehrheitsverhältnisse im Landesparlament von Sachsen in ein Halbkreisdiagramm.

d) Besorge dir die Zahlen der letzten Landtagswahl in Thüringen.
Rechne die Aufgabenteile a) – c) mit diesen Angaben.

Prozentrechnung. Tabellen und Schaubilder

3

Wohlstand und Ressourcenverbrauch pro Einwohner und Jahr

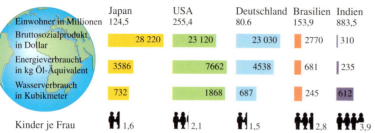

a) Um welchen Faktor ist das Bruttosozialprodukt Deutschlands höher als das der einzelnen Dritte-Welt-Länder?
b) Wie viele Menschen verbrauchen so viel Energie wie ein US-Amerikaner?
c) Gib den jeweiligen prozentualen Anteil am Wasserverbrauch Deutschlands an.

4

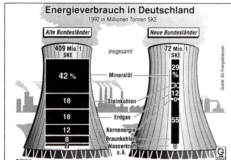

a) Berechne anhand der Daten den Energieverbrauch 1992 für die alten und neuen Bundesländer zusammen. Ermittle den prozentualen Anteil der einzelnen Energieträger und übertrage die Ergebnisse in einen Prozentkreis.
b) Erkläre die unterschiedlichen Anteile der Energieträger im Westen und im Osten.

5 €

a) Berechne den prozentualen Anstieg des Bruttoinlandsproduktes von 1991 bis 1995 und 1995 bis 1999 sowohl mit dem allgemeinen Preisanstieg als auch mit den realen Werten.
b) Welche gleich bleibende jährliche prozentuale Steigerung hätte dasselbe Wachstum erbracht? Stelle diesen Verlauf in einem Koordinatensystem dar.

Das **Bruttoinlandsprodukt** ist der im Inland durch die Produktion von Waren und Dienstleistungen erzeugte Geldwert.

Die Leistung unserer Wirtschaft

Bruttoinlandsprodukt (BIP) in Deutschland in Milliarden €

	nominal*)	real**)
'91	1502	1502
'95	1801	1555
'99	1982	1675

*) allgemeiner Preisanstieg
**) in Preisen von 1991

6

a) Übertrage die Marktanteile der Fernsehsender von 1991 und 1994 in einen Prozentkreis.
b) Lies die Marktentwicklung der einzelnen Sender ab dem Jahr 1987 in Prozentzahlen ab.
c) Welcher Sender weist die stärkste Zuwachsrate auf?
d) Wie haben sich die Marktanteile der einzelnen Sender zwischen 1987 und 1994 prozentual verändert?

7

Verkehrs- und Transportleistungen in Deutschland 1995

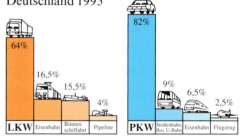

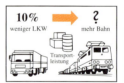

a) Um wie viel Prozent würde die Verkehrsleistung der Bahn zunehmen, wenn 10 % der Transportleistung der Lkw auf die Schiene verlagert würden?
b) Um wie viel Prozent müsste die Verkehrsleistung aller Pkw gesenkt werden, wenn die jährliche Verkehrsleistung der Bahn verdoppelt werden sollte?

Prozentrechnung. Tabellen und Schaubilder

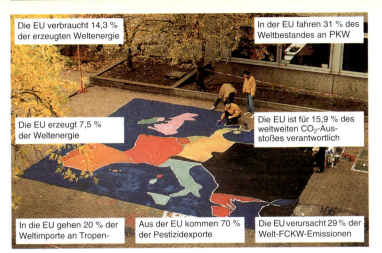

Die EU verbraucht 14,3 % der erzeugten Weltenergie

In der EU fahren 31 % des Weltbestandes an PKW

Die EU erzeugt 7,5 % der Weltenergie

Die EU ist für 15,9 % des weltweiten CO$_2$-Ausstoßes verantwortlich

In die EU gehen 20 % der Weltimporte an Tropen-

Aus der EU kommen 70 % der Pestizidexporte

Die EU verursacht 29 % der Welt-FCKW-Emissionen

8
Auf der Erde leben derzeit etwa sechs Milliarden Menschen, in den Mitgliedstaaten der EU rund 370 Millionen. Vergleiche die in der Grafik genannten Prozentangaben mit dem Bevölkerungsanteil der EU. Nimm zu einzelnen Gesichtspunkten Stellung.

9

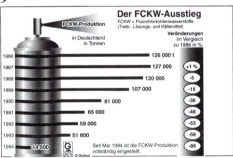

a) Berechne die prozentuale Veränderung der Jahresproduktion jeweils in Bezug auf das Vorjahr.
b) Welche jährlich gleich bleibende prozentuale Abnahme hätte zwischen 1987 und 1994 zu demselben Ergebnis geführt?

10
a) Berechne den prozentualen Anteil der drei aufgeführten Länder an der Gesamtemission der EU-Staaten und der Erde.
b) Ermittle die CO$_2$-Emission pro Kopf und berechne den Anteil der angegebenen Länder an der EU und an der Welt.

CO$_2$-Ausstoß
Energiebedingte
Kohlendioxid-
Emission 1991 in

	Mio. t pro Jahr	Einwohner in Mio.
D	988	81
GB	591	58
F	388	57,7
EU	3 070	370
Welt	21 570	5 400

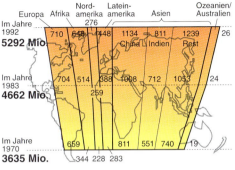

Die Bevölkerungsexplosion in Millionen

11
a) Berechne den jeweiligen Anteil der Regionen an der gesamten Weltbevölkerung von 1992 in Prozent.
b) Berechne die jeweiligen Steigerungsraten der Bevölkerung von 1970 bis 1983 und 1983 bis 1992. Wie hoch ist jeweils die durchschnittliche jährliche Wachstumsrate?
c) In welchem Zeitraum würde sich die Weltbevölkerung verdoppeln, wenn die Wachstumsrate ab 1992 unverändert bei 1,5 % bleiben würde?

12

a) Stelle die prozentualen Aufteilungen in drei Kreisdiagrammen dar. Die Größe der Kreisflächen soll dabei die Einwohnerzahlen berücksichtigen.
b) Stelle die Entwicklung für die Gesamtbevölkerung der drei Kontinente in einem Kreisdiagramm dar.

EXAMINATION EXAMEN ESAME الامتحان

6 Prozentrechnung. Mehrwertsteuer, Rabatt und Skonto

Mehrwertsteuer, Rabatt und **Skonto** sind Begriffe des täglichen Zahlungsverkehrs. Während die Mehrwertsteuer bei Preisen und Gebühren gesetzlich zugeschlagen werden muss, werden Rabatt und Skonto als Preisnachlässe freiwillig gewährt.

Der Mehrwertsteuersatz beträgt zurzeit in Deutschland im Regelfall 16%. Rabatte sind Preisnachlässe für den Käufer im Schluss- und Ausverkauf, bei kleinen Mängeln oder beim Kauf größerer Mengen des gleichen Produkts. Ein Skonto ist ein prozentualer Abschlag vom Rechnungsbetrag bei sofortiger oder kurzfristiger Zahlung.

Preis ohne MwSt.: 100%
Preis mit MwSt.: 116%
Preis ohne Rabatt: 100%
Preis mit Rabatt und Rabatt: 90% | 10%

1 €
Berechne die fehlenden Größen.

Preis **ohne** Mehrwertsteuer	Betrag der Mehrwertsteuer	Preis **mit** Mehrwertsteuer
20,60 €		
67,20 €		
	13,80 €	
	33,33 €	
		112,70 €
		838,35 €

2
Beim Räumungsverkauf eines Lagerbestandes werden alle Preise um 20% reduziert. Berechne die fehlenden Beträge.

ursprünglicher Preis	Nachlass in €	neuer Preis
98,00 €		
26,50 €		
		45,00 €
		112,50 €
	6,50 €	

3
Fülle die Tabelle im Heft aus.

Preis vor Abzug	Skonto	Preis nach Abzug
89,60 €	2%	
	2%	220,50 €
440,00 €		426,80 €
	2,5%	273,00 €
188,00 €		183,30 €

Das ist alles, was übrig blieb!
Ergänze die Rechnung.

4 €
Gegeben sind der Preis ohne MwSt. und der Skontosatz. Berechne den Preis einschließlich MwSt. und abzüglich Skonto.

a) 125 €; 2% Skonto
b) 380 €; 2,5% Skonto
c) 652 €; 3% Skonto
d) 96,50 €; 2% Skonto

5
Gegeben ist der reduzierte Preis. Berechne den Preis vor Abzug des Mengenrabatts $p_1\%$ und des Skontos $p_2\%$.

a) 73,13 €; $p_1\% = 9\%$; $p_2\% = 2\%$
b) 198,94 €; $p_1\% = 12,5\%$; $p_2\% = 2\%$
c) 827,56 €; $p_1\% = 11\%$; $p_2\% = 1,5\%$

6 €
Ein CD-Player kostet einschließlich 16% MwSt. und 2% Skonto noch 217 €. Berechne den Preis ohne MwSt. und Skonto.

7 €
Zu einem Rechnungsbetrag kommen noch 18 € Mehrwertsteuer hinzu. Berechne den Preis einschließlich MwSt., wenn noch 1,5% Skonto gewährt werden.

8
Der Preis für eine Jacke wird dreimal hintereinander um jeweils 10% gesenkt.
a) Wie hoch ist der gesamte Preisnachlass in Prozent?
b) Um wie viel Prozent müsste man den reduzierten Preis erhöhen, um wieder den ursprünglichen Preis zu erhalten?

7 Prozentrechnung. Preiskalkulation

Kalkulationsschema

Eine Firma bestimmt ihre Warenpreise durch eine **Kalkulation.** Dabei ist der Bezugspreis (BP) der Betrag, den die Ware gekostet hat, bis sie sich im Lager des Verkäufers befindet. In den Geschäftskosten (GK) sind dann alle betriebsbedingten Kosten (Löhne, Mieten, Energie, Fahrzeuge, Werbung, Verwaltung, Steuern und Abschreibungen) enthalten. Alles zusammen sind die Selbstkosten (SK). Hinzu kommt noch der Gewinn (GW), der den Unternehmerlohn, Zinsen für das Eigenkapital und Risikorücklagen enthält. Der Endpreis (EP) ist dann der um die Mehrwertsteuer erhöhte Nettopreis.

Bezugspreis	Geschäftskosten		
Selbstkosten		Gewinn	
Nettopreis			Mehrwertsteuer
Endpreis (Bruttopreis)			

1 €
Berechne den Endpreis.

	a)	b)	c)	d)
Bezugspreis	72 €	120 €	662 €	37,85 €
Geschäftskosten	30 %	42,50 €	26,5 %	21,3 %
Gewinn	10 %	15 %	113 €	11,5 %
Endpreis				

2 €
Bei der „Rückwärtskalkulation" wird vom Endpreis auf den Bezugspreis zurückgerechnet. Vervollständige die Tabelle im Heft.

	a)	b)	c)	d)
Bezugspreis				
Geschäftskosten	25 %	30 %	41,57 €	32 %
Gewinn	8 %	68,94 €	15 %	14 %
Endpreis	95 €	740 €	289 €	803 €

3 €
Berechne die fehlenden Angaben.

	a)	b)	c)	d)
BP (€)		12,50	992	2 000
GK (%)	28	30		
GK (€)				
GW (%)			18	15
GW (€)	10			317,39
MwSt. (€)			198,40	
EP (€)	48,72			4 892,17

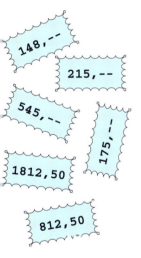

4 €
Der Bezugspreis für einen Schulrucksack beträgt 25,40 €. Der Händler kalkuliert mit 30 % Geschäftskosten und einem Gewinn von 28 %. Berechne den Endpreis.

5 €
Der Endpreis einer Volleyballfreiluftanlage beträgt 690 €. Der Händler kalkuliert mit 24 % Geschäftskosten und mit 30 % Gewinn.
a) Wie hoch ist der Bezugspreis?
b) Der Händler setzt den Endpreis auf 590 € herab. Wie hoch ist jetzt sein Gewinn in Euro und in Prozent? Die übrigen Angaben bleiben unverändert.

6 €
Beim Angebot eines Tischtennisschlägers kalkuliert das Sportgeschäft mit 22 % Geschäftskosten und 28 % Gewinn. Geschäftskosten und Gewinn betragen zusammen 16,79 €.
a) Berechne den Bezugspreis des Schlägers.
b) Wie hoch sind Geschäftskosten und Gewinn jeweils in Euro?
c) Mit welchem Preis wird der Schläger im Schaufenster ausgestellt?

7
Ein Großhändler bietet 10-kg-Hanteln zu einem Preis von 79 € (ohne MwSt.) an. Dies sind 168,9 % des Bezugspreises. Der Prozentsatz der Geschäftskosten liegt um 6 Prozentpunkte über dem Prozentsatz des Gewinns. Wie hoch sind die Prozentsätze für die Geschäftskosten und den Gewinn?

8 Prozentrechnung. Lohn und Lohnabzüge

Aus dem monatlichen Bruttolohn errechnet sich der Nettolohn wie folgt:
Bruttolohn (BL) – Lohnsteuer (LSt) laut Lohnsteuertabelle
– Kirchensteuer mit 8 % von der Lohnsteuer
– Solidarzuschlag mit 5,5 % von der Lohnsteuer
– Sozialversicherungsbeiträge mit 20,50 % vom Bruttolohn
bestehend aus Krankenversicherung (6,75 %)
Pflegeversicherung (0,85 %)
Rentenversicherung (9,65 %)
und Arbeitslosenversicherung (3,25 %)
= **Nettolohn (NL)** (01.01.2000)
Der Nettolohn lässt sich mit einer Formel berechnen: $NL = BL - LSt \cdot 1{,}135 - BL \cdot 0{,}205$

1 €
a) Ein Techniker erhält einen monatlichen Bruttolohn von 2631,80 €. Die Lohnsteuer beträgt 541,08 €. Wie hoch ist sein Nettoverdienst?

b) Eine Angestellte erhält monatlich einen Bruttolohn in Höhe von 3025,31 €. Die Lohnsteuer beträgt 686,29 €. Berechne den Nettolohn.

2 €
a) Vom Monatslohn eines Facharbeiters werden Sozialversicherungsbeiträge in Höhe von 499,48 € abgezogen. Die Lohnsteuer beträgt 472,58 €. Berechne den Brutto- und den Nettolohn.

b) Vom Bruttolohn einer Sachbearbeiterin werden 418,89 € Sozialversicherungsbeiträge und 342,29 € Lohnsteuer abgezogen. Wie hoch ist ihr Nettolohn?

3 €
Berechne den Bruttolohn mit Hilfe einer Gleichung.
a) Eine Versicherungskauffrau erhält nach Abzug von 453,37 € Lohnsteuer einen Nettolohn von 1378,37 €.

b) Ein Geselle erhält monatlich netto 1126,00 €. Als Lohnsteuer werden ihm 266,13 € abgezogen.

4 €
Frau Herrmann verdient brutto 3 285,29 €. Als Nettolohn bekommt sie 1 717,38 € ausbezahlt. Wie viel Lohnsteuer muss sie bezahlen? Wie viel Prozent des Bruttolohns macht die Lohnsteuer aus?

5 €
Herr Schwarz entnimmt seiner Gehaltsabrechnung, dass der Solidaritätszuschlag in Höhe von 5,5 % bezogen auf die Lohnsteuer bei ihm 54,73 € ausmacht. Außerdem beträgt sein Nettolohn 49,7 % seines Bruttolohns. Wie hoch ist der Bruttoverdienst von Herrn Schwarz?

6 €
Frau Arnolds Bruttolohn stieg durch eine 2,5 %ige Lohnerhöhung um 62,28 €. Gleichzeitig wuchs der Lohnsteuerbetrag von 492,00 € auf 513,21 € an.

a) Um wie viel Prozent erhöhte sich der Nettolohn?

b) Um welchen Geldbetrag hätte der Bruttolohn bei denselben Lohnsteuersätzen wie in a) ansteigen müssen, damit der Nettolohn um 2,5 % angewachsen wäre?

9 Zinsrechnung. Grundaufgaben

Wie beim Prozentrechnen gibt es beim **Zinsrechnen** drei Ausgangsgrößen:

Grundwert G	**Kapital K**
Prozentwert P	**Zinsen Z**
Prozentsatz p%	**Zinssatz p%**

Der Zinssatz bezieht sich in der Regel auf ein Jahr (p. a. ≙ pro anno).

$$P = G \cdot \frac{p}{100} \qquad Z = K \cdot \frac{p}{100}$$

Für andere Zeiträume ergibt sich:

$$Z = K \cdot \frac{p}{100} \cdot i \qquad Z = K \cdot \frac{p}{100} \cdot \frac{m}{12} \qquad Z = K \cdot \frac{p}{100} \cdot \frac{t}{360}$$

i – Bruchteil eines Jahres   m – Monate (p.M.)   t – Tage

Das **Girokonto** bei einer Bank oder Sparkasse dient zur Abwicklung des bargeldlosen Zahlungsverkehrs und zur Gutschrift des Gehalts.

1
Wie viel Zinsen bringen
a) 580 € in 6 Monaten bei 3,5 %
b) 1 250 € in 9 Monaten bei 6,2 %
c) 700 € in 2 Monaten bei 2,5 %
d) 8 675 € in 10 Monaten bei 4 %
e) 540,70 € in 7 Monaten bei 3,25 %?

2
Wie viel Zinsen bringen
a) 120 € in 200 Tagen bei 3 %
b) 950 € in 42 Tagen bei 4,1 %
c) 25 000 € in 95 Tagen bei 7,7 %
d) 385,50 € in 311 Tagen bei 3,25 %?

3
Bei welchem Zinssatz ergeben
a) 7 200 € in 10 Mon.   270 € Zinsen
b) 5 100 € in 5 Mon.   42,50 € Zinsen
c) 12 600 € in 80 Tagen   161 € Zinsen
d) 93,50 € in 11 Tagen   8 € Zinsen?

4
Welches Kapital bringt in
a) 9 Monaten bei 2 %   10,35 € Zinsen
b) 200 Tagen bei 4,25 %   23,61 € Zinsen
c) 111 Tagen bei 6 %   92,50 € Zinsen
d) 310 Tagen bei 7,4 %   589,43 € Zinsen?

5
Nach welcher Zeit ergeben
a) 8 000 € bei 7,5 %   350 € Zinsen
b) 9 900 € bei 8 %   726 € Zinsen
c) 6 200 € bei 5,5 %   34,10 € Zinsen
d) 1 500 € bei 4 %   47,50 € Zinsen?

6
Großvater Nolte legt 3 000 € zu einem Zinssatz von 4,5 % an.
Wie viel Euro Zinsen bekommt er nach 7 Monaten gutgeschrieben?

7
Frau Scheffold wurden für ihre Geldanlage nach 4 Monaten bei 7,5 % Verzinsung 300 € Zinsen gutgeschrieben. Wie viel Geld hat sie angelegt?

8
Herr Jakob-Meier hat sein Girokonto 54 Tage lang mit 1 800 € überzogen und dafür 39,15 € Zinsen angerechnet bekommen. Wie hoch ist der Kreditzinssatz?

9
Für 7 500 € mussten nach 8 Monaten einschließlich Zinsen 8 125 € zurückbezahlt werden. Berechne den Zinssatz.

10
Frau Fetzer überzieht ihr Girokonto bei einem Zinssatz von 14 % um 500 €. Sie bezahlt 7 € Schuldzinsen. Wie viele Tage hatte sie ihr Konto überzogen?

11
Ein Geldbetrag in Höhe von 6 000 € wurde am 15. April des Jahres zu einem Zinssatz von 9 % ausgeliehen. Zurückgezahlt wurden 6 148,50 €. Wann wurde der Betrag zurückgezahlt?

10 Zinsrechnung. Zinseszins

Werden die Zinsen bei Geldgeschäften von mehr als einem Jahr Dauer mitverzinst, spricht man von **Zinseszinsen**. Bei einer bestimmten **Anzahl n** von ganzen **Jahren** lässt sich aus dem **Anfangskapital K_0** das **Endkapital K_n** mit einer Formel entsprechend dem exponentiellen Wachstum berechnen. Ist die Laufzeit keine ganze Zahl von Jahren, so wird für den ganzzahligen Teil nach der Zinseszinsformel und für den Rest mit der Anzahl der Tage gerechnet.

$$K_n = K_0 \cdot q^n = K_0 \cdot (1 + \tfrac{p}{100})^n$$

1
Berechne das Endkapital K_n für
a) $K_0 = 600$ €;   p% = 3,0%;   n = 3
b) $K_0 = 9\,400$ €;   p% = 5,5%;   n = 5
c) $K_0 = 12\,150$ €;   p% = 9%;   n = 8.

2
Berechne das Anfangskapital K_0 für
a) $K_2 = 856,98$ €   und p% = 3,4%
b) $K_5 = 4\,817,61$ €   und p% = 6%
c) $K_9 = 20\,140,69$ €   und p% = 10,5%.

3
Berechne den Zinssatz für
a) $K_0 = 120$ €   und $K_2 = 127,30$ €
b) $K_0 = 840$ €   und $K_4 = 950,00$ €
c) $K_0 = 5\,900$ €   und $K_7 = 10\,276,55$ €.

4

OK-Bank
Unsere aktuellen Angebote

1. Angebot: **6,75%**
OK-Bank Sparbrief
Laufzeit: 4 Jahre
Anlagebetrag:
ab 5 000 €

2. Angebot: **6,0%**
OK-Bank
Festzinssparbuch
Laufzeit: 2 Jahre
Anlagebetrag:
ab 10 000 €

a) Das Ehepaar Seitz legt 7 500 € laut erstem Angebot an. Wie viel Euro Zinsen werden am Ende ausbezahlt?
b) Der Anlagebetrag von Frau Bolz wächst nach dem 2. Angebot auf 27 528,20 € an. Wie hoch war das Anfangskapital?

5
Ein Guthaben erbringt bei einem Zinssatz von 6,25% nach 7 Jahren 6 343,57 DM Zinsen. Die Zinsen wurden mitverzinst. Berechne das anfängliche Guthaben.

6
Familie Kuhl erbt 25 000 €. Dieses Geld soll zu einem festen Zinssatz so angelegt werden, dass es nach Ablauf von 15 Jahren auf das Dreifache angewachsen ist. Berechne den Zinssatz.

7
Ein Kapital soll entweder 6 Jahre lang zu 5% oder 5 Jahre lang zu 6% verzinst werden. In welchem Fall ergibt sich das höhere Endkapital?

8
Miriam zahlt ihre Ersparnisse in Höhe von 360 € auf ihr Sparbuch bei einem Zinssatz von 3% ein. Auf welche Summe ist der Betrag nach einem Jahr und weiteren 7 Monaten angewachsen?

9
Herr Teichmann zahlt einen Geldbetrag zu Beginn eines Jahres auf sein Sparkonto ein. Der Zinssatz beträgt 3,75%. Nach einem Jahr und 10 Monaten ist der eingezahlte Betrag auf 1 604,88 € angewachsen. Wie hoch war das Anfangskapital?

10
Ein zu einem Zinssatz von 9% angelegtes Kapital wird während des zweiten Anlagejahres abgehoben. Es ist bis zu diesem Zeitpunkt um 12,27% angewachsen. Wie lange war das Geld angelegt?

11
Eine Bank wirbt mit folgendem Angebot: „Ein Kapital wächst in 4 Jahren um ein Viertel, Zinsen werden mitverzinst." Mit welchem Zinssatz rechnet die Bank?

? ? ?
Angenommen, zu Christi Geburt sei 1 Cent zu einem Zinssatz von 1% auf Zinseszins angelegt worden. Auf welchen Betrag würde er im Jahre 2000 angewachsen sein? Wie hoch wäre ein Turm aus 1-Cent-Stücken über diesen Betrag?

11 Zinsrechnung. Zuwachssparen

Beim **Zuwachssparen** bieten Banken und Sparkassen für Geldanlagen in der Regel von Jahr zu Jahr unterschiedlich hohe Zinssätze an. Gewährt eine Bank für das erste Jahr $p_1\%$, für das zweite Jahr $p_2\%$ und für das dritte Jahr $p_3\%$, lässt sich das nach drei Jahren angesparte Kapital so berechnen:

$$K_3 = K_0(1+\tfrac{p_1}{100})(1+\tfrac{p_2}{100}) \cdot (1+\tfrac{p_3}{100})$$

oder $K_3 = K_0 \cdot q_1 \cdot q_2 \cdot q_3$

1
Herr Haase legt 8 000 € bei seiner Bank auf 3 Jahre zu folgenden Zinssätzen an (Zinsen werden mitverzinst):

    1. Jahr: 5,5 %
    2. Jahr: 6,5 %
    3. Jahr: 7,8 %.

a) Auf welchen Betrag wächst das Kapital bis zum Ende des dritten Jahres an?
b) Um wie viel Prozent hat sich das Kapital insgesamt erhöht?

2
Frau Beck benötigt in zwei Jahren für den Kauf neuer Möbel 18 000 €. Das Angebot ihrer Bank lautet:

    1. Jahr: 4,4 %
    2. Jahr: 7,75 %
    ab 10 000 €.

a) Welches Anfangskapital muss Frau Beck anlegen?
b) Bei welchem jährlich gleich bleibenden Zinssatz wächst das Anfangskapital auf denselben Endbetrag?

3
Ein Anfangsguthaben beträgt 21 000 €, das Endguthaben beläuft sich nach 3 Jahren auf 26 575,29 €.

    Zinssatz im 1. Jahr: 7,5 %
    Zinssatz im 2. Jahr: 8,0 %

a) Wie hoch ist der Zinssatz im dritten Jahr?
b) Wie viel Euro Zinsen werden jeweils am Jahresende gutgeschrieben?
c) Mit welchem festen Zinssatz wäre das Kapital in 3 Jahren auf denselben Endbetrag angewachsen?

4
Für ein Anfangskapital von 15 000 € werden nach drei Jahren 3 202,32 € Zinsen gutgeschrieben. Die Zinssätze des 1. und 2. Jahres sind gleich, der Zinssatz im 3. Jahr beträgt 8,0 %.

a) Wie hoch ist der Zinssatz im ersten und zweiten Jahr?
b) Bei welchen gleichen Zinssätzen im ersten und zweiten Jahr wäre bei sonst gleich bleibenden Bedingungen das Endkapital auf 20 000 € angewachsen?

5
Familie Seeger legt ihren Lottogewinn in Höhe von 16 372,55 € für zwei Jahre an. Der Zinssatz beträgt im zweiten Jahr zwei Prozentpunkte mehr als im ersten Jahr. Zinsen werden mitverzinst. Am Ende ist das Kapital auf 19 272,54 € angewachsen. Berechne die Zinssätze.

6
Ein Verein legt eine Spende von 5 000 € zu Jahresbeginn an. Der Zinssatz steigt jährlich um gleich viel Prozentpunkte an und beträgt im zweiten Jahr 6,5 %.
Nach Ablauf von 3 Jahren ist das Kapital einschließlich Zinsen auf 6 037,62 € angewachsen. Berechne die Zinssätze.

7
Ein Kapital nimmt in zwei Jahren um 25 % zu. Der Zinssatz im zweiten Jahr liegt um zwei Prozentpunkte höher als im ersten Jahr; die Zinsen werden mitverzinst. Wie hoch war der Zinssatz im zweiten Jahr?

12 Zinsrechnung. Ratensparen

Ratensparen

Mindestsparrate 20.– €
Höchstsparrate 1 000.– €

Sparrate 3 Jahre gleich bleibend

Zinssatz pro Jahr 6,50 %

Beim **Ratensparen** wird bei der Bank oder der Sparkasse in gleich bleibenden Zeitabständen stets dieselbe Rate eingezahlt. Der Zinssatz bleibt während der Laufzeit in der Regel unverändert. Bei einer Laufzeit von fünf Jahren mit fünf gleichen Raten R jeweils zu Beginn des Jahres und gleich bleibendem Zinssatz berechnet sich das Endkapital aus der ersten Rate, die fünfmal verzinst wird (q^5), der zweiten Rate, die viermal verzinst wird (q^4), usw. Das ergibt die Formel:
$$K_5 = R(q^5 + q^4 + q^3 + q^2 + q)$$
oder allgemein:
$$K_n = R(q^n + q^{n-1} + q^{n-2} + \ldots + q)$$

Angebot A
Jahresrate: 1 250 €
Zinssatz: 8,5 %

Angebot B
Jahresrate: 1 400 €
Zinssatz: 6,75 %

1
Familie Sommer liegen zwei Angebote zum Ratensparen vor.
a) Wie hoch ist die Sparsumme bei beiden Angeboten nach 3 Jahren?
b) Nach wie vielen Jahren übersteigt der Sparbetrag des Angebots A den von Angebot B?

2
Herr Baran bekommt nach Ablauf von 4 Jahren 19 953,10 € aus seinem Ratensparvertrag ausbezahlt. Der Zinssatz beträgt 7,0 %.
a) Wie hoch ist seine jährliche Sparrate?
b) Wie hoch sind die Zinserträge am Ende eines jeden Jahres?
c) Um welchen Geldbetrag und um wie viel Prozent liegt der Zinsertrag des letzten Jahres über dem des vorletzten Jahres?

3
Isabell zahlt zu Beginn eines Jahres auf einen Sparvertrag ein, der ihr gleich bleibend 4,5 % Zinsen sichert. In den nächsten Jahren erhöht sich ihre Sparrate um jeweils 250 € gegenüber dem Vorjahr.
Am Ende des dritten Jahres beträgt ihr Guthaben 3 745,88 €.
Wie hoch sind die jeweils eingezahlten Sparraten?

4
Die Village-Bank gewährt bei einem Ratensparvertrag steigende Zinssätze:

Zinssatz im ersten Jahr: 4,0 %
Zinssatz im zweiten Jahr: 5,5 %
Zinssatz für jedes weitere Jahr: 7,0 %.

Welchen jährlich gleich bleibenden Betrag müsste man zu Beginn eines jeden Jahres einzahlen, wenn man nach 4 Jahren 20 000 € gespart haben wollte?
Runde auf volle Euro.

5
Auf einen Ratensparvertrag wurden jeweils zu Anfang eines Jahres 2 500 € eingezahlt. Der Zinssatz wurde im zweiten Jahr um 1,5 Prozentpunkte gegenüber dem ersten Jahr erhöht.
Nach Ablauf von zwei Jahren beträgt das Guthaben 5 575,50 €. Berechne die beiden Zinssätze.

6
Frau Rapisarda zahlt zwei Jahre hintereinander jeweils zu Jahresanfang 6 200 € auf ihr Sparbuch ein. Am Ende des zweiten Jahres ist ihr Guthaben auf 13 586,72 € angewachsen. Die Zinsen werden mitverzinst. Der jährliche Zinssatz ist unverändert.
Wie hoch ist dieser?

13 Zinsrechnung. Darlehen und Tilgung

Zum Erwerb eines Grundstücks oder Eigenheims bieten Banken und Sparkassen **Darlehen** in vielfältiger Form an. Diese Darlehen oder Kredite sind die Überlassung von Geld mit der Verpflichtung zur **Tilgung** (Rückzahlung) der Schuld in vorgegebenen Zeiträumen oder zu einem Zeitpunkt und der Zahlung eines Entgelts dafür, dem **Zins**.

Für die Rückzahlung eines Kredits in Höhe von 100 000 € lässt sich bei einer jährlichen Verzinsung von 7 % und einer jährlichen Rate von 12 000 € folgender Tilgungsplan aufstellen:

Jahr	Restschuld zu Jahresanfang	Rate R = 12 000 € Zinsen	Tilgung	Restschuld zu Jahresende
1	100 000,00 €	7 000,00 €	5 000,00 €	95 000,00 €
2	95 000,00 €	6 650,00 €	5 350,00 €	89 650,00 €
3	89 650,00 €	6 275,50 €	5 724,50 €	83 925,50 €
4	83 925,50 €			

Oft wird noch eine einmalige Gebühr verlangt, das so genannte **Disagio**, die Einbehaltung eines Kreditanteils.

Heute werden Darlehensberechnungen ausnahmslos über den Computer erstellt. Erstelle mit Hilfe eines Tabellenkalkulationsprogramms den ganzen Tilgungsplan des Beispiels.

Benutzt man den Taschenrechner, so kann der Tilgungsplan wenigstens schrittweise berechnet werden.

100 000 €
→ Min
  ×
  0,07
  =
  −
  12 000 €
  =
  +
  MR
  =

1
Stelle für das Darlehen K, das bei einem Zinssatz von p % und einer Jahresrate R getilgt wird, einen Tilgungsplan für n Jahre auf.
a) K = 90 000 €
   p % = 6,5 %
   R = 8 100 €
   n = 5 Jahre
b) K = 75 000 €
   p % = $7\frac{1}{4}$ %
   R = 6 800 €
   n = 7 Jahre

2
Wie hoch ist der tatsächlich aufzunehmende Kreditbetrag bei einem benötigten Darlehen von 85 000 € (bei einem Auszahlungskurs von 96 % (95 %; 93,5 %; 96,25 %)?

3
Familie Aigner benötigt zum Kauf einer Eigentumswohnung noch 130 000 €. Die Bank bietet einen Zinssatz von 8,5 % an. Der anfängliche Tilgungsanteil beträgt 3 % des anfänglichen Darlehensbetrages.
a) Wie hoch ist die jährlich gleich bleibende Rate?
b) Wie hoch ist die Restschuld zu Beginn des 4. Jahres?
c) Um wie viel Prozent liegt die Restschuld zu Beginn des 4. Jahres unter dem ursprünglichen Kreditbetrag?
d) In welchem Jahr wird die Hälfte der Kreditsumme unterschritten?
e) Wie hoch ist die letzte Tilgungsrate?

4
Für eine Finanzierung werden 54 000 € benötigt. Das Angebot der Bank lautet:
   Auszahlungskurs: 95 %
   Zinssatz pro Jahr: 8,75 %
   Rate für Zins und Tilgung: 11 000 €.
Wie viel Euro Zinsen müssen bis zum Ende des vierten Jahres insgesamt bezahlt werden? Wie hoch ist dann die Restschuld?

5
Zum Bau einer Garage gewährt eine Bank einen Kredit in Höhe von 36 000 € mit einer Laufzeit von zwei Jahren. Die Rückzahlung erfolgt in zwei gleich hohen Raten am Ende des ersten und zweiten Jahres, wobei die jeweilige Restschuld mit 9,0 % verzinst wird. Wie hoch ist die zu zahlende Rate?

6
Eine Firma will ein Darlehen in Höhe von 250 000 € aufnehmen.
a) Zu welchem Zinssatz wurde das Darlehen gewährt, wenn bei einer jährlichen Rate von 65 000 € für Zins und Tilgung die Restschuld nach zwei Jahren 170 000 € beträgt?
b) Am Ende des dritten Jahres erfolgt eine Sondertilgung in Höhe von 80 000 €. Nach insgesamt wie vielen Jahren ist das Darlehen vollständig getilgt?

14 Zinsrechnung. Kleinkredit

Im privaten Bereich werden Kredite für Anschaffungen wie zum Beispiel den Kauf eines Autos aufgenommen.

Der **Kleinkredit** wird in vereinbarten gleich bleibenden Raten regelmäßig getilgt. Die Zinsen werden meist in Form eines Monatszinssatzes (p % p. M.) angegeben. Hinzu kommt eine einmalige Bearbeitungsgebühr von meistens 2 % des Kreditbetrags. Die Höhe der monatlichen Raten wird häufig auf volle Euro aufgerundet; die Differenz wird von der ersten Rate abgezogen.

Kreditbetrag:	20 000 €
Zinssatz:	0,40 % p. M.
Bearbeitungsgebühr:	2 %
Laufzeit:	36 Monate

Kreditbetrag:		20 000,00 €
Zinsen für 36 Monate:	20 000 · 0,0040 · 36	2 880,00 €
Bearbeitungsgebühr:	20 000 · 0,02 €	400,00 €
		23 280,00 €
Höhe einer Rate:	23 280,00 € : 36	646,67 €
Aufgerundeter Betrag für die Raten 2 bis 36:		647,00 €
Höhe der ersten Rate:	23 280 – 35 · 647 €	635,00 €

Zu Vergleichszwecken muss der **effektive Jahreszinssatz** angegeben werden.

Zinssatz p % p. M.	Effektiver Jahreszinssatz p % bei einer Laufzeit von Monaten		
	⑫	㉔	㊱
0,30	10,85	9,01	8,33
0,34	11,83	9,97	9,27
0,35	12,08	10,21	9,51
0,36	12,33	10,45	9,75
0,40	13,32	11,42	10,69
0,42	13,82	11,91	11,16
0,45	14,57	12,64	11,87
0,48	15,33	13,37	12,58
0,50	15,84	13,86	13,06
0,55	17,12	15,09	14,25
0,60	18,42	16,33	15,44

1
Frau Eisemann nimmt von ihrer Bank einen Kleinkredit in Höhe von 3 300 € zu folgenden Bedingungen auf:
    Laufzeit: 15 Monate
    Bearbeitungsgebühr: 2 %
    monatlicher Zinssatz: 0,55 %
a) Wie hoch sind die Monatsraten?
b) Was kostet der Kredit insgesamt?

2
Ein Kreditinstitut bietet einen Kleinkredit an:
    Kreditbetrag: 10 000 €
    Laufzeit: 36 Monate
    einmalige Bearbeitungsgebühr: 2,5 %
    Rückzahlung: 35 Raten zu je 330 €,
                eine Rate zu 320 €
a) Wie hoch ist der monatliche Zinssatz?
b) Um wie viel Prozent liegt der gesamte Rückzahlungsbetrag über dem Kreditbetrag?
c) Welcher durchschnittlichen jährlichen Verzinsung entsprechen die Kreditkosten?

3
Eine Bank bietet einen Kredit mit einer Laufzeit von 30 Monaten an. Der monatliche Zinssatz beträgt 0,65 %, die Bearbeitungsgebühr 2 %. Die Rückzahlung erfolgt durch 29 Raten zu je 345,00 € und eine erste Rate in Höhe von 322,50 €.
a) Welcher Kreditbetrag wurde aufgenommen?
b) Wie würde sich der monatliche Zinssatz ändern, wenn die Bank 3 % Bearbeitungsgebühr erheben würde, aber derselbe Gesamtbetrag zurückgezahlt würde?

4
Zur Finanzierung einer Kücheneinrichtung nimmt Familie Groß einen Kleinkredit auf:
    Kreditbetrag: 8 400 €
    monatlicher Zinssatz: 0,48 %
    Bearbeitungsgebühr: 210,00 €
Die erste Rate beträgt 495,76 €, die anderen Raten jeweils 520,00 €.
Wie viele Monate beträgt die Laufzeit?

15 Variable. Gleichungen. Ungleichungen

Schreibe als Term.
a) Das Siebenfache einer Zahl.
b) Die Differenz aus 8 und einer Zahl.
c) Die Summe aus der Hälfte einer Zahl und ihrem Quadrat.
d) Das Produkt einer um 4 vermehrten Zahl und ihrer Gegenzahl.

Terme vereinfachen
Gleichartige Terme wie 5x, 6x oder 9x lassen sich durch Addieren oder Subtrahieren zusammenfassen, verschiedenartige dagegen nicht.
$4x + 7x - 2x = 9x$ $\qquad$ $8x + 5y - 3x + 2y = 5x + 7y$
Bei einem Produkt aus Termen werden die Zahlfaktoren (Koeffizienten) und die Variablen getrennt multipliziert.
$12 \cdot 3a = 36a$ $\qquad$ $7x \cdot 3y = 21xy$ $\qquad$ $5a \cdot 4a = 20a^2$
Quotienten von Termen lassen sich vereinfachen, indem man den Quotienten der Zahlfaktoren (Koeffizienten) mit dem Quotienten der Variablen multipliziert.
$42a : 6 = 7a$ $\qquad$ $12xy : (-2y) = -6x$ $\qquad$ $21x^2 : 7x = 3x$

Berechnung eines Terms

x	y	4·(y–3x)
3	4	
1,5	–5	
–2	2,5	
–5,5	3	
–7	0,5	

1
Fasse zusammen.
a) $9p + 73p$
b) $-5x - 18x - 21x$
c) $26a + 24b - 18a + 11b + 9a - 17b$
d) $0,1x^2 - 0,4y^2 - 1,2 - 0,7x^2 + 0,85 + 0,5y^2$
e) $-0,04ab - 0,46a^2 + 0,13ab - 0,77b^2a$

2
Vereinfache.
a) $4a \cdot 3b$
b) $8s \cdot (-9t)$
c) $8x \cdot (-4x) \cdot 7y$
d) $4vw \cdot (-3v) \cdot (-10vz) \cdot 9z \cdot 5w^2$
e) $5xy + 4x \cdot (-7y) - 12y \cdot 3x$

3
Ergänze.
a) $\square \cdot 7x = 28xy$
b) $(-5b) \cdot \square = -35be$
c) $\square \cdot 16x^2 = -80x^2z$
d) $13v \cdot \square = 91v^2w$
e) $\square \cdot \square = -32a^2c$

4
Vereinfache.
a) $(-18w) : 6$
b) $13rst : 10s$
c) $30p^2q : (-3p)$
d) $\frac{5}{6}x : \frac{2}{3}$
e) $42yz - 40yz : 8 + 25yz - 20yz \cdot 3$

Auflösen von Klammern
Durch Ausmultiplizieren lassen sich Klammern auflösen.
Beim Auflösen einer Minusklammer erhalten die Summanden in der Klammer das entgegengesetzte Vorzeichen.

$(3x + 5)(x - 7) - (2x^2 - 15x)$
$= 3x^2 - 21x + 5x - 35 - 2x^2 + 15x$
$= 3x^2 - 2x^2 - 21x + 5x + 15x - 35$
$= x^2 - x - 35$

$a-(b+c) = a-b-c$
$a-(b-c) = a-b+c$
$a-(-b+c) = a+b-c$
$a-(-b-c) = a+b+c$

5
Löse die Klammern auf und fasse dann zusammen.
a) $3x + 2(x - 4) + (4x - 9)$
b) $14x - (13 - 17x) + (-21y + 11x - 7)$
c) $(-33a + 47b) - (-27 + 58a - 23b) + 95$
d) $10x + [5y - (12x + 7y)]$

6
Achte auf die Minusklammern.
a) $7(1,5x - 2,5) - 3(0,5x + 1,5)$
b) $100x - [50y - 10(x + 2y)]$
c) $2a - [b - a(b - 1)] - b(a - 2)$
d) $4x - [(3x - 2y) \cdot 5 - 2xy] - (9x - 12x - xy)$

7
Multipliziere aus und vereinfache.
a) $(3x + 1)(1 + 5x)$
b) $(2a + 5)(3a - 2) + 5(6a - 1)$
c) $(2y - 11)(9 + 5y) + (y - 1)(y + 10)$
d) $(2a + b + 1)(a + 2b) - a(2a + 5b)$
e) $(3x + 2y + z) \cdot (x - 2y - 3z)$

8
Klammere geeignete Faktoren aus.
a) $56x^2 + 88xy - 8x$
b) $35xy^2 - 77x^2y^2 + 63x^2y$
c) $1,25a^2b^3c - 6,25ab^2c^3 - 12,5a^2b^2c^2$
d) $\frac{3}{8}x^2y^2 - \frac{5}{8}x^4y + \frac{7}{8}x^3yz$

Variable. Gleichungen. Ungleichungen

Binomische Formeln
1. $(a+b)^2 = a^2 + 2ab + b^2$
2. $(a-b)^2 = a^2 - 2ab + b^2$
3. $(a+b)(a-b) = a^2 - b^2$

$(7x+12y)^2 = 49x^2 + 168xy + 144y^2$
$(1{,}5v - 8w)^2 = 2{,}25v^2 - 24vw + 64w^2$
$(2{,}4z + 0{,}9)(2{,}4z - 0{,}9) = 5{,}76z^2 - 0{,}81$

9 Fülle die Lücken im Heft.
a) $x^2 - 8x + \square = (x-4)^2 + 2$
b) $y^2 + \square + 14 = (y+5)^2 - 11$
c) $0{,}64y^2 - \square = (\diamond + 1{,}1z)(\diamond - 1{,}1z)$

10 Schreibe die Summe als Produkt.
a) $x^2 - 16x + 64$
b) $4a^2 + 36a + 81$
c) $324x^2 - 441y^2$
d) $\frac{4}{9}a^2 + \frac{4}{5}ab + \frac{9}{25}b^2$

11 Fasse zusammen.
a) $(8a-6)^2 + (4+5a)^2$
b) $(12x - 11y)(12x + 11y) + (5x - 2y)^2$
c) $2(8x+2)^2 + (4{,}5x - 10)(10 + 4{,}5x)$

12 Achte besonders auf die Minuszeichen.
a) $(3a-5)^2 - (5a-3)^2$
b) $(7x+5)^2 - (5x-7)^2$
c) $(3x-4)(3x+4) - 2(3x-4)^2$

13 Die Ergebnisse sind stets ganze Zahlen.
a) $(6x-5)^2 + (2x+8)^2 - (10x-2)(4x-2)$
b) $(3x-8)^2 + (4x-9)^2 - (5x-12)^2$
c) $(6x-4)^2 - (2x+6)^2 - (4x-8)(8x-2)$

14 Faktorisiere mit den binomischen Formeln. Klammere zuerst geeignete Faktoren aus.
a) $3x^2 + 6x + 3$
b) $4a^2 - 40a + 100$

Lineare Gleichungen

Eine **lineare Gleichung** lässt sich mithilfe von Äquivalenzumformungen lösen:
1. Vereinfachen der Terme auf beiden Seiten
2. Ordnen und Zusammenfassen der Summanden mit Variablen auf der einen Seite und der Summanden ohne Variablen auf der anderen Seite
3. Dividieren beider Seiten durch den Koeffizienten der Variablen

$x + \frac{1}{10} = \frac{4}{5}x + \frac{1}{2}x \quad |\cdot 10 \text{ (HN)}$
$10x + 1 = 8x + 5x$
$10x + 1 = 13x \quad |-13x \quad |-1$
$-3x = -1 \quad |:(-3)$
$x = \frac{1}{3}$

Äquivalenzumformungen:
1. Auf beiden Seiten der Gleichung darf dieselbe Zahl addiert oder subtrahiert werden.
2. Man darf beide Seiten der Gleichung mit derselben Zahl (außer 0) multiplizieren oder dividieren.

Probe
Gleichung:
$6x - 11 = 3x + 4$
Lösung: $x = 5$
$6 \cdot 5 - 11 = 3 \cdot 5 + 4$
$30 - 11 = 15 + 4$
$19 = 19$

15 Löse die Gleichung. Führe die Probe aus.
a) $3x + 6 = 33$
b) $4y - 9 = 35$
c) $-52 + 8y = -4$
d) $-3x + 11 = -4$
e) $\frac{3}{4}x - 8 = 25$
f) $3x - 33 = 7x - 53$

16 Multipliziere zuerst mit dem Hauptnenner.
a) $\frac{1}{2}x - 20 = \frac{1}{4}x - 15$
b) $\frac{x}{3} + \frac{1}{4} = \frac{x}{4} + \frac{x}{6} - \frac{3}{4}$
c) $\frac{3}{5}x - \frac{3}{10}x - 1 = \frac{1}{2}$

17
a) $9x + 30 - (45 - 15x) = 15 - 3x$
b) $6x - (8x - 10) = 87 - (21 + 10x)$
c) $(19x - 17) - (3x - 72) = -13 + (13x + 83)$

18 Löse die Gleichung.
a) $5(2x - 8) = (2 + 6x) \cdot 6$
b) $7(6x+3) - 12(3+2x) = 161 + 8(3-4x)$
c) $(x+5)(x+7) = x^2 + 20x + 27$
d) $(4x+6)(3x-4) = (2x+12)(6x-2)$

19
a) $\frac{x-6}{2} + \frac{2x-10}{6} = x - 5$
b) $\frac{3x+14}{4} - \frac{5x-6}{6} = \frac{1}{2}x + 8$

20 Löse die Gleichung nach x auf.
a) $2x + 5a = 5x - a + 6$
b) $x(x + 2a) = (x-a)(x+a)$
c) $x(4x + a) = (2x - a)^2 + 4a^2$

Variable. Gleichungen. Ungleichungen

21
Die Summe dreier aufeinander folgender natürlicher Zahlen ist 3 483.
Wie heißt die größte dieser drei Zahlen?

22
Der Umfang eines gleichschenkligen Dreiecks beträgt 89,0 cm. Die Basis hat eine Länge von 26,0 cm.
Wie lang ist ein Schenkel dieses Dreiecks?

23
Herr Reichmann verkauft drei verschiedene Baugrundstücke mit einer Gesamtfläche von 22 a. Dabei ist ein Grundstück doppelt so groß wie das andere und das dritte Grundstück 2 a größer als das kleinere der beiden erstgenannten.
Wie groß ist jedes der drei Grundstücke?

24
Fred findet in seinem Sparschwein zwei 5-Euro-Scheine, doppelt so viele 1-Euro-Münzen wie 2-Euro-Münzen und 24 10-Cent-Münzen mehr als 1-Euro-Münzen. Insgesamt sind es 25 €.
Wie viel 10-Cent-Münzen waren in dem Sparschwein?

25
Berechne jeweils x und den Flächeninhalt der Vierecke.

a) 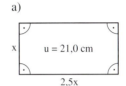   b)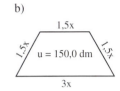

Lineare Ungleichungen
Lineare Ungleichungen löst man – bis auf zwei Ausnahmen – wie lineare Gleichungen:

$-4 < 6$ (w)
$(-4) \cdot (-2) < 6 \cdot (-2)$
$8 < -12$ (f)
aber: $8 > -12$ (w)

$12x + 3 < 8x + 19$; $x \in \mathbb{N}$
$\quad 4x < 16$
$\quad x < 4$; $L = \{0; 1; 2; 3\}$

$1,6x + 2,5 > 0,8 - 0,6x$; $x \in \mathbb{R}$
$\quad 2,2x > -1,7$
$\quad x > -\frac{17}{22}$

Ausnahmen: Bei Multiplikation oder Division einer Ungleichung mit einer negativen Zahl ist das entgegengesetzte Ungleichheitszeichen zu setzen.
$15 - 2x < 21 + x$; $x \in \mathbb{Z}$
$\quad -3x < 6 \quad |:(-3)$
$\quad x > -2$; $L = \{-1; 0; 1; 2; 3; ...\}$

26
Gib die Lösungsmenge jeweils im Bereich der natürlichen Zahlen an.
a) $4x + 17 < x + 38$
b) $32 + 2x + 33 > 19x + 7 - x$
c) $251 > 250 + 15x$
d) $\frac{2x+5}{5} < \frac{x-7}{2}$

27
Welche durch 16 teilbaren natürlichen Zahlen sind größer als 272 und kleiner als 300?

28
$0,1 + 0,7x - 2,3 - 0,5x > -0,8x$; $x \in \mathbb{N}$

29
Gib die jeweilige Lösungsmenge im Bereich $\mathbb{Z}$ der ganzen Zahlen an.
a) $14x - 21 > 16x - 23$
b) $-23 - 44 + 52 < 2x - 3x + 8x$
c) $-8 \leq 5x \leq 8$
d) $4x + 7,5 < x - \frac{x-2}{4}$

30
Stelle die Lösungsmenge im Bereich der rationalen Zahlen grafisch dar.
a) $33 - 17x > -x + 11$
b) $\frac{1}{4} - 0,5x + 0,05 > \frac{3}{4}x - 0,15$
c) $-2x - 1,1 - x < -1,1x - 0,8$
d) $-\frac{2}{5} \leq x \leq -\frac{1}{4}$

16 Lineare Funktionen

Eine Funktion ist die Zuordnung, bei der zu jeder Größe aus dem Definitionsbereich D genau eine Größe aus dem Wertebereich W gehört. Sie kann als Funktionsgleichung, in einer Wertetabelle, als Menge geordneter Paare, als Graph in einem Koordinatensystem oder mit Worten beschrieben werden.
Eine Funktion mit der Gleichung
y = f(x) = mx + n   mit $m, n \in \mathbb{R}$ heißt
lineare Funktion. Ihr Graph ist eine Gerade, die die Steigung m hat und die im Punkt P(0;n) die y-Achse schneidet.
Ihre Nullstelle errechnet sich mit der linearen Gleichung

$$0 = mx + n \quad \text{mit} \quad x_0 = -\frac{n}{m}.$$

Sie ist das Argument des Schnittpunktes mit der x-Achse: $N(-\frac{n}{m};0)$.

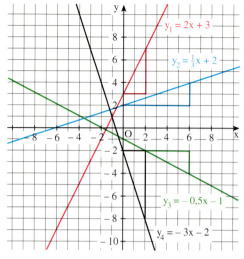

$x_1 = -1,5; \quad x_2 = -6; \quad x_3 = -2; \quad x_4 = -\frac{2}{3}$

1
Fertige Wertetabellen an und zeichne die Funktionsgraphen.
a) $y = 4x - 3$ b) $y = -2x + 1$
c) $y = -0,5x - 1$ d) $y = 0,25x + 2$

2
Gib den Anstieg m und den Schnittpunkt mit der y-Achse n an.
a) $y = 2,5x + 3$ b) $y = -0,75x + 1$
c) $y = -3x - 0,5$ d) $y = 0,25x - 1,5$
e) $y = \frac{1}{3}x + 2$ f) $y = -\frac{2}{3}x + 1$

3
Zeichne die Gerade mithilfe des Steigungsdreiecks und dem Schnittpunkt mit der y-Achse. Berechne die Nullstellen.
a) $y = -1,5x + 3$ b) $y = -0,75x - 2$
c) $y = \frac{1}{4}x + \frac{1}{2}$ d) $y = \frac{1}{2}x - 1$
e) $y = -0,5x - 3$ f) $y = -3x + 1$
g) $y = 3x + 2$ h) $y = 1,5x - 4$

4
a) $y = 2,5x - 0,5$ b) $y = 0,5x + 1$
c) $y = -2,5x - 1$ d) $y = 0,25x + 2$
e) $y = -\frac{1}{4}x + 3$ f) $y = \frac{1}{4}x - \frac{1}{4}$
g) $y = \frac{2}{3}x + \frac{1}{2}$ h) $y = -\frac{1}{3}x - \frac{1}{2}$

5
Zeichne sechs parallele Geraden zu $y = 1,5x + 1$. Gib deren Gleichungen an. Was fällt dir auf?

6
Zeichne ein Geradenbüschel im Punkt P(0; −2) mit den Anstiegen 0,5; 1; 2; 3; −0,5; −1; −2; −3. Beschrifte es mit den Funktionsgleichungen. Was fällt dir auf?

7
Gib jeweils die Geradengleichungen an.
a) 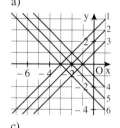   b)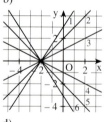

c) 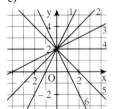   d)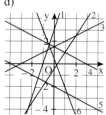

Lineare Funktionen

8
Prüfe rechnerisch nach, ob die Punkte A(1; −3), B(−1; −1), C(4;6) und D(−1;1) zum Graphen der Funktion gehören.
a) $y = 3x + 2$ b) $y = -x - 2$
c) $y = 2x - 2$ d) $y = x + 2$
e) $y = -2x - 1$ f) $y = -0,5x + 2$

9
Bestimme zeichnerisch die Funktionsgleichung der Geraden g, die durch den Punkt I geht und den Schnittpunkt mit der y-Achse n aufweist.
a) I(1;2); n = 4 b) I(3;2); n = 1
c) I(−2;−1); n = −2 d) I(−2;−5); n = 1

10
Berechne die fehlenden Argumente bzw. Funktionswerte für die jeweils gegebenen Funktionen.
A(2; ...), B(...;3), C(−1; ...), D(...;−2), E(0,5; ...), F(...;−0,5), G(−1,5; ...), H(...;0,5)
a) $y = 0,5x - 3$ b) $y = -2x + 4$
c) $y = -x - 3$ d) $y = 3x + 0,5$

11
Zeichne zu dem gegebenen Schnittpunkt mit der y-Achse Geraden durch alle Punkte. Formuliere die Funktionsgleichungen.
K(−1;3), L(2;−2), M(−1;−1), N(2;1), O(−4;1), P(2;5), Q(−3;1), R(1;−5), S(−1;−4), T(3;−1)
a) n = 2 b) n = −3 c) n = 0

12
Bestimme im Kopf die Funktionsgleichung der Geraden durch die beiden Punkte.
a) P(0;1) b) P(0;1) c) P(0;1)
 P(1;2) P(1;4) P(1;−2)
d) P(0;2) e) P(0;5) f) P(0;−3)
 P(1;3) P(1;3) P(1;3)
g) P(0;2) h) P(0;2) i) P(0;2)
 P(3;3) P(−2;3) P(−3;−4)

⑬
Berechne die Nullstelle.
a) $y = -3x - 6$ b) $y = -4x + 2$
c) $y = -0,25x - 3$ d) $y = 0,5x + 1$
e) $y = -2,5x - 5$ f) $y = 1,5x - 1,5$
g) $y = 3,5x + 7$ h) $y = 0,75x + 4,5$

14
Beschreibe die Funktionsgraphen und gib die Quadranten an, die vom Graphen durchquert werden. Gib die Nullstellen an.
a) $y = 2x + 3$ b) $y = -2x - 3$
c) $y = -0,5x + 4$ d) $y = 0,5x - 4$
e) $y = 1,5x - 0,5$ f) $y = -1,5x + 0,5$

15
Familie Franke benötigt einen Leihwagen. Die Autovermietung verlangt eine tägliche Grundgebühr von 90,00 €. Zusätzlich werden für jeden gefahrenen Kilometer 0,50 € berechnet.
a) Die Familie legt 540 km an drei Tagen zurück. Was wird berechnet.
b) Wie heißt die Funktionsgleichung unter Berücksichtigung der Tage und gefahrenen Kilometer?
c) Wie weit könnte Familie Franke an einem Tag für 200,00 € fahren?

16
Eine Kerze von 20 cm Länge brennt in einer halben Stunde 0,4 cm ab.
a) Wie lang ist die Kerze noch nach einer Brenndauer von 12 Stunden?
b) Wann ist die ganze Kerze abgebrannt?
c) Wie lange brannte sie, wenn sie noch 12 cm lang ist?
d) Erstelle eine Gleichung zur Beschreibung dieses Vorgangs.
e) Stelle den Vorgang grafisch dar.

17 €
In Kaufhäusern, Handelsketten und Drogeriemärkten gibt es oft Foto-Angebote.

Anbieter	Filmentwicklung	Preis je Bild
1	Gutschein	0,19 €
2	1,75 €	0,14 €
3	2,45 €	0,09 €

a) Nenne die drei Funktionsgleichungen.
b) Zeichne für alle drei Anbieter den Graphen der Funktion gemeinsam in ein Koordinatensystem auf Millimeterpapier.
c) Ermittle die Kosten für die Entwicklung von Filmen mit 12, 24, 24 + 2 und 36 Bildern. Wer ist wann am günstigsten?
d) Was passiert, wenn Anbieter 2 auch Entwicklungsgutscheine mitverkauft?

17 Lineare Gleichungssysteme

Zwei lineare Gleichungen mit zwei Variablen bilden zusammen ein **lineares Gleichungssystem.** Wenn man die Lösung dieses Gleichungssystems sucht, muss man für die beiden Variablen Zahlen finden, die beide Gleichungen erfüllen. Dafür gibt es drei grundlegende rechnerische Lösungsverfahren:

Gleichsetzungsverfahren:
(1) $y = -2x + 3$
(2) $y + 2 = 0{,}5x \qquad |-2$
Auflösen von (2) nach y:
(1) $y = -2x + 3$
(2′) $y = 0{,}5x - 2$
Gleichsetzen von (1) und (2′):
$-2x + 3 = 0{,}5x - 2 \qquad |-0{,}5x$
$-2{,}5x + 3 = -2 \qquad |-3$
$-2{,}5x = -5 \qquad |:(-2{,}5)$
$x = 2$
Einsetzen in (1):
$y = -2 \cdot 2 + 3$
$y = -1$
$L = \{(2; -1)\}$

Einsetzungsverfahren:
(1) $y - x = 1 \qquad |+x$
(2) $6x - 3y = 6$
Auflösen von (1) nach y:
(1′) $y = x + 1$
(2) $6x - 3y = 6$
Einsetzen von (1′) in (2):
$6x - 3(x + 1) = 6$
$6x - 3x - 3 = 6 \qquad |+3$
$3x = 9 \qquad |:3$
$x = 3$
Einsetzen in (1):
$y - 3 = 1 \qquad |+3$
$y = 4$
$L = \{(3; 4)\}$

Additionsverfahren:
(1) $2x + 4y = 8$
(2) $-x + y = -1 \qquad |\cdot 2$
Erweitern von (2):
(1) $2x + 4y = 8$
(2′) $-2x + 2y = -2$
Addieren von (1) und (2′):
$6y = 6 \qquad |:6$
$y = 1$
Einsetzen in (2):
$-x + 1 = -1 \qquad |-1$
$-x = -2 \qquad |\cdot(-1)$
$x = 2$
$L = \{(2; 1)\}$

Die Lösung $L = \{(x; y)\}$ kann man auch grafisch ermitteln, sie ist der Schnittpunkt $S(x; y)$ der beiden dazugehörigen linearen Funktionen:

(1) $y = -2x + 3$
  $f_1(x) = -2x + 3$
(2) $y + 2 = 0{,}5x \qquad |-2$
  $f_2(x) = 0{,}5x - 2$

(1) $y - x = 1 \qquad |+x$
  $f_1(x) = x + 1$
(2) $6x - 3y = 6 \qquad |-6x$
  $-3y = -6x + 6 \qquad |:(-3)$
  $f_2(x) = 2x - 2$

(1) $2x + 4y = 8 \qquad |-2x$
  $4y = -2x + 8 \qquad |:4$
  $f_1(x) = -0{,}5x + 2$
(2) $-x + y = -1 \qquad |+x$
  $f_2(x) = x - 1$

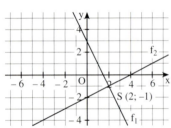
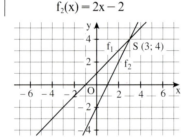
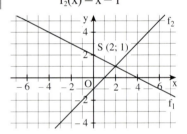

Ein lineares Gleichungssystem kann
  eine Lösung (Lösungspaar), d. h. einen Schnittpunkt der beiden Geraden,
  keine Lösung (Widerspruch), d. h. parallele Geraden oder
  unendlich viele Lösungen (Trivialaussage), d. h. deckungsgleiche Geraden haben.

1
Löse das lineare Gleichungssystem mit einem günstigen Verfahren rechnerisch.
a) $y = 3x - 4$
 $y = 2x + 1$
b) $3x + 4y = 48$
 $x = 31 - 3y$
c) $5x + y = 8$
 $y = 3x$
d) $3x + 4y = 5$
 $14y - 31 = 3x$
e) $3x + y = 8$
 $2x - y = 7$
f) $3x - 2y = 3$
 $3x - y = 5$

2
a) $5y = 2x - 1$
 $4x + 3 = 5y$
b) $3x + 5y = 17$
 $5y = 6x - 1$
c) $12x - 5y = 6$
 $2x + 5y = 36$
d) $-28 - 5x = 6y$
 $5x + 3y = -19$
e) $2x - 3y = 7$
 $2x = 5y$
f) $5x = y + 6$
 $5x - 12 = 2y$
g) $5x + 2y = 20$
 $9x - 3y = 3$
h) $5x + 4y = 13$
 $2x + y = 1$

Lineare Gleichungssysteme

3
Löse das Gleichungssystem zeichnerisch.
a) $y = x + 1$
   $y = -x - 1$
b) $y = -2x - 1$
   $y = -x + 3$

4
Forme um und löse das Gleichungssystem.
a) $2(x - 2) = 4(y - 3)$
   $4(y + 1) = 3(x + 4)$
b) $2(x + 1) + 3(y - 2) = 9$
   $3(3 - x) + 1 - 2y = -2$

5
Die Summe zweier Zahlen ist 20, ihre Differenz 6. Wie heißen die Zahlen?

6
Die Summe zweier Zahlen ist 10. Addiert man zum Dreifachen der ersten Zahl das Doppelte der zweiten, so erhält man -14. Wie heißen die beiden Zahlen?

7
Die Differenz einer zweistelligen Zahl und ihrer Quersumme beträgt 81. Die Einerziffer ist um 2 kleiner als die Zehnerziffer. Wie heißt die Zahl?

8 €
Frau Fey bezahlt für 10 Sesambrötchen und 5 Roggenbrötchen 6,50 €. Frau Koch bezahlt für 8 Sesambrötchen und 7 Roggenbrötchen 7,00 €.
Wie viel kosten die beiden Brötchensorten?

9
Verkürzt man eine Seite eines Rechtecks um 3 cm und verlängert die andere um 5 cm, so wächst die Fläche um 14 cm². Verlängert man die erste Seite um 2 cm und verkürzt die andere um 3 cm, so verringert sich die Fläche um 21 cm². Wie groß war die Fläche des Rechtecks?

10
Der Umfang eines gleichschenkligen Dreiecks beträgt 36 cm. Die Schenkel sind 6 cm kürzer als die Basis. Wie lang sind die einzelnen Seiten des Dreiecks?

11
Aus einem 36 cm langen Draht soll ein Rechteck gebogen werden, dessen lange Seite 3 cm länger als die kürzere Seite ist. Berechne die Fläche dieses Rechtecks.

12
Ein Vater sagt zu seinem Sohn: „Vor fünf Jahren war ich dreimal so alt wie du, in sechs Jahren bin ich doppelt so alt wie du". Wie alt sind beide?

13
Ein Betrieb bezieht von zwei Herstellern Bauteile. Firma A hat einen Versandkostenanteil von 30 € je Lieferung und einen Stückpreis von 2 €. Firma B berechnet 10 € Versandkosten und einen Stückpreis von 2,50 €. Für welche Bestellmenge ist welche Firma günstiger?

14
Zwei Familien fahren mit Karawangespannen gemeinsam in den Urlaub. Die eine Familie kann erst eine Stunde später starten, fährt aber durchschnittlich 70 km/h und damit 10 km/h schneller als die andere. Nach welcher Zeit und nach wie viel Kilometern haben sie die erste eingeholt?

15
Zwei Gruppen laufen von zwei 15 km entfernt liegenden Orten aufeinander zu. Sie starten zur gleichen Zeit. Die eine Gruppe läuft 6 km/h, die andere 4 km/h. Welche Strecke laufen beide Gruppen bis zum Treffen und wie viel Zeit vergeht bis dahin?

16
In einem Sporthotel gibt es Drei- und Vierbettzimmer. Ein Sportclub bestellt für 27 Fußballer 8 Zimmer. Wie viele Zimmer jeder Art reserviert das Hotel?

17
In einem Labor sollen aus 96%iger und 60%iger Säure 2 l einer 80%igen Säure gemischt werden. Welche Ausgangsmengen sind dazu erforderlich?

18 Quadratische Funktionen und Gleichungen

Der Graph einer **quadratischen Funktion** $y = ax^2 + bx + c$ ist eine Parabel.
Ihre Funktionsgleichungen lauten für $a = 1$
in der **Scheitelpunktsform** oder in der **Normalform**
$$y = (x + d)^2 + e \qquad y = x^2 + px + q.$$
Für die grafische Darstellung muss man eine Wertetabelle anlegen oder den Scheitelpunkt mit folgender Formel bestimmen:

$$S(-d;\ e) \qquad\qquad S\left(-\tfrac{p}{2};\ q - \left(\tfrac{p}{2}\right)^2\right)$$

Bei diesen Funktionen werden der Definitionsbereich, der Wertebereich, die Symmetrie, besondere Punkte und die Nullstellen genauer betrachtet.
Eine Parabel kann dabei keinen, einen oder zwei Schnittpunkte mit der x-Achse haben, also keine, eine oder zwei Nullstellen. Um diese Nullstellen rechnerisch bestimmen zu können, muss man die dazugehörigen **quadratischen Gleichungen** lösen:

$$0 = (x + d)^2 + e \qquad\qquad 0 = x^2 + px + q.$$

Für die quadratische Gleichung in Scheitelpunktsform erhält man folgende zwei Lösungen, für die quadratische Gleichung in Normalform verwendet man die Lösungsformel:

$$x_1 = -d + \sqrt{-e}$$
$$x_2 = -d - \sqrt{-e}$$

$$x_{1,2} = -\tfrac{p}{2} \pm \sqrt{\left(\tfrac{p}{2}\right)^2 - q}.$$

$y = (x - 1)^2 - 4$
$S(+1;\ -4)$
$x_1 = -(-1) + \sqrt{-(-4)}$
$x_1 = 3$
$x_2 = -(-1) - \sqrt{-(-4)}$
$x_2 = -1$

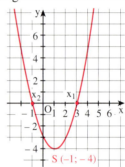

$y = x^2 - 2x - 3$
$S(+1;\ -4)$

$8x^2 - 10x = 12$
$8x^2 - 10x - 12 = 0 \ |:8$
$x^2 - \tfrac{5}{4}x - \tfrac{3}{2} = 0$
$x_{1/2} = \tfrac{5}{8} \pm \sqrt{\tfrac{25}{64} + \tfrac{3}{2}}$
$\phantom{x_{1/2}} = \tfrac{5}{8} \pm \sqrt{\tfrac{25 + 96}{64}}$
$x_1 = \tfrac{5}{8} + \tfrac{11}{8} = 2$
$x_2 = \tfrac{5}{8} - \tfrac{11}{8} = -\tfrac{3}{4}$

1
Bestimme die Koordinaten des Scheitelpunktes S, zeichne die Parabel und lies die Nullstellen ab.
a) $y = x^2 + 6x + 8$ b) $y = (x + 1)^2 + 2$
c) $y = (x - 2)^2$ d) $y = x^2 + 1{,}5$
e) $y = x^2 - 2x$ f) $y = x^2 - 4x + 4$
g) $y = x^2 - 8x + 13$ h) $y = x^2 + 10x + 27$
i) $y = x^2 - 4$ k) $y = (x + 3)^2 - 3$
l) $y = x^2 - 24x + 145$ m) $y = (x + 4{,}5)^2$

2
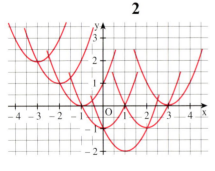
Gib von den Parabeln im Parabelschwarm die Scheitel an, bestimme die Funktionsgleichung und berechne dann die Nullstellen.

3
Eine nach oben geöffnete Normalparabel hat den Scheitel S. Zeichne die Parabel in ein Koordinatensystem und gib die zugehörige Funktionsgleichung in der Form $y = x^2 + px + q$ an.
a) $S(-4;\ 3)$ b) $S(5;\ -3)$
c) $S(-1{,}5;\ -5{,}5)$ d) $S(2{,}5;\ 0{,}5)$

4
Zeichne den Graphen der quadratischen Funktion. Ermittle aus der Zeichnung die Koordinaten der Schnittpunkte mit der x-Achse und der y-Achse.
a) $y = (x + 3)^2 - 1$ b) $y = x^2 - 8x + 7$
c) $y = x^2 - 5x + 4$ d) $y = x^2 - x$

5
Prüfe nach, ob P auf der Parabel liegt.
a) $y = x^2 - 6x + 13;$ $P(8;\ 29)$
b) $y = x^2 + 8x + 9;$ $P(-7;\ 1)$

Quadratische Funktionen und Gleichungen

6
Berechne die fehlenden Koordinaten der Punkte P und Q, die auf der vorgegebenen Parabel liegen.
a) $y = x^2 + 8x + 10$; $P(2; \ldots)$; $Q(\ldots; 3)$
b) $y = x^2 + 6x + 1$; $P(-1,5; \ldots)$; $Q(\ldots; 8)$
c) $y = x^2 + 5x + 6,5$; $P(-0,5; \ldots)$; $Q(\ldots; 12,5)$
d) $y = x^2 - 4x - 5$; $P(-1; \ldots)$; $Q(\ldots; 7)$

7
Berechne die Koordinaten der Schnittpunkte mit der x-Achse.
a) $y = x^2 - x - 2$
b) $y = x^2 + x - 12$
c) $y = x^2 - 2x - 8$
d) $y = x^2 + 14x + 45$
e) $y = x^2 - 6x - 11,25$

8
Löse die Gleichung und überprüfe grafisch.
a) $0 = x^2 + 4x + 1$ b) $0 = (x-3)^2 - 1$
c) $0 = x^2 - 2x + 2$ d) $0 = (x+4)^2 + 3$
e) $0 = x^2 - 1$ f) $0 = x^2 + 6x + 9$

9
Löse die Gleichung.
a) $(x-2)(2x+2) - 2(3x-1) = (x-3)^2 - 11$
b) $(x-3)(2x+1) - (x-1)^2 = (x+1) - 2(2x+1)$
c) $(7-x)(2x+3) - 3x(9-x) + 42 = 0$
d) $8x - 11 - (2x-1)^2 + (x-3)^2 = 4x(1-x)$

10
Bestimme die Lösungen der Gleichung.
a) $7,5x^2 - 3,2x - 1,6 = 6,5x^2 - 1,2x + 1,4$
b) $3x(x-1) - (x^2 - 5x + 9) = x^2 + 6$
c) $(2x-8)(2x-5) - 28 = 0$
d) $x^2 + 7(1+2x) = x - (x-3)(x-1)$
e) $3x(x-4) - 2(x-3)(x+1) = 26$
f) $5(x^2 - 7(x-5)) + 5 = 8(15 - 5x) - x(5x + 50)$

11
Berechne die Lösungen ohne zu runden.
a) $(3x-2)(3x+2) = 0$
b) $5x(3x-2) + 1 = -x(3x+1)$
c) $7(x^2 + 1) - 10 = 10(5x - 1)$
d) $x(x - 3\sqrt{2}) + 4 = 0$
e) $(x+2)(x-3) = 5(x-1) - 2x$
f) $(2x-4)(\frac{1}{2}x - 2) + 3x = x + 7$

12
Bestimme die Lösungsmenge.
a) $(2x-1)(x+1) - 1 = (5+x)(2-4x) - 2x$
b) $(x-2)^2 - x(3-x) = x - 2$
c) $(3x+2)^2 - (2x-1)^2 = (1-x)(3x-1) + 12$
d) $(3x-4)^2 - 2(x-1)^2 - x(2x+1) = -(x+1)$
e) $(x-1)(\frac{1}{2}x + 2) - x(x-2) = 1$
f) $(\frac{1}{2}x - 1)^2 - \frac{1}{2}(x-1)(x+1) = \frac{1}{4}$
g) $\frac{x(x+1)}{5} - \frac{x-1}{2} = 1$
h) $\frac{x-6}{6} - \frac{7x-8}{3} = \frac{1}{2}x^2$

13
Für welche Werte von x ist die Gleichung nicht definiert?
a) $\frac{x+3}{2x+1} = \frac{3x+1}{4x-1}$
b) $\frac{x+2}{2x-5} = \frac{x-5}{3x+1}$
c) $\frac{5x}{(x-2)(x+4)} = \frac{2}{x-3}$
d) $\frac{5}{x+2} = \frac{5}{x^2-4}$
e) $\frac{10}{2x+3} - \frac{15}{6x+9} = \frac{x^2+24}{4x^2+12x+9}$
f) $\frac{2}{x^2-5x+6} = \frac{15}{x^2-1}$

14
Löse die Verhältnisgleichungen. Beachte den Definitionsbereich ($x \in \mathbb{R}$).
a) $\frac{2,5}{x} = \frac{x}{40}$
b) $\frac{x-1}{x+2} = \frac{x+2}{x+7}$
c) $\frac{2x-3}{x} = \frac{x-9}{x-1}$
d) $4 : x = x : 9$
e) $2x : (x+1) = 4x : (x+0,5)$
f) $x : (x+1) = (x+1) : x$

15
Versuche, die Lösungen durch Überlegen zu finden.
a) $(x+2)(x-1) = 0$
b) $x(x-1,25) = 0$
c) $(x+3)(x-1) = (x+3)$; $x \neq -3$

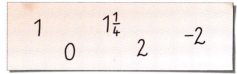

IMTIHAN εξέταση 학교 시엄치다

Quadratische Funktionen und Gleichungen

16
Zeichne beide Parabeln in ein Koordinatensystem und lies die Koordinaten des Schnittpunktes P ab.
a) $y = (x-1)^2 - 2$
   $y = (x+2)^2 + 1$
b) $y = x^2 + 10x + 18$
   $y = x^2 - 2x - 6$
c) $y = x^2 + 5x + 0,75$
   $y = x^2 - 5x + 5,75$

17
Bestimme zeichnerisch und rechnerisch den Schnittpunkt der beiden Parabeln.
a) $y = x^2 - 2x + 2$ b) $y = x^2 + 2x + 2$
   $y = x^2 + 8x + 12$ $y = x^2 - 4x + 2$

18
Berechne den Schnittpunkt der Parabeln.
a) $y = x^2 - 5x + 2$ b) $y = (x-5)^2 - 7$
   $y = x^2 - 3x - 4$ $y = (x+1)^2 + 5$
c) $y = (x-1,5)^2 - 1$ d) $y = (x+2)^2 - 4$
   $y = (x+0,5)^2 - 3$ $y = x^2 - 2x - 6$

19
Zeichne die Parabel p und die Gerade g in ein Koordinatensystem. Entnimm dem Bild die Koordinaten der Schnittpunkte.
a) p: $y = (x-2,5)^2 - 4$
   g: $y = x - 0,5$
b) p: $y = x^2 + 2x + 4,5$
   g: $y = -x + 2,5$
c) p: $y = x^2 - x$
   g: $y = 3x - 3$

20
Zwei Schnittpunkte, ein Schnittpunkt oder kein Schnittpunkt? Überprüfe durch Zeichnung und Rechnung.
a) $y = -2x + 3$ b) $y = (x+2)^2 - 2$
   $y = (x-2)^2 - 4$ $y = 0,5x - 2$

21
Eine nach oben geöffnete Normalparabel geht durch die Punkte A(4;2) und B(1;5). Berechne die Koordinaten des Scheitels S. Beachte: Setze die Punkte einzeln in die Normalform und betrachte die beiden entstandenen Gleichungen als System.

22
Die Punkte A und B liegen auf derselben Parabel. Gib die Funktionsgleichung in der Form $y = x^2 + px + q$ an.
a) A(13;1); B(4;28)
b) A(−6;5); B(−1;20)
c) A(−4,5;8,5); B(2,5;1,5)

23
Eine quadratische Funktion hat die Gleichung $y = x^2 + 6x + 7,5$. Bestimme die Koordinaten des Scheitels und zeichne die Parabel in ein Koordinatensystem. Die Gerade g mit der Gleichung $y = 2x + 4,5$ schneidet die Parabel. Berechne die Koordinaten der Schnittpunkte von Parabel und Gerade und den Abstand der beiden Schnittpunkte voneinander.

24
Eine Parabel hat die Gleichung $y = x^2 + 5x + q$ und verläuft durch den Punkt P(0,5;5). Berechne die Koordinaten des Scheitels, zeichne das Funktionsbild und berechne die Nullstellen.

25
Die nach oben geöffnete Normalparabel p_1 mit dem Scheitel S(−3;0) wird von der Parabel p_2 mit der Gleichung $y = -x^2 + 5$ geschnitten. Berechne die Koordinaten der Schnittpunkte der beiden Parabeln p_1 und p_2. Bestimme die Gleichung der Geraden, die durch beide Schnittpunkte verläuft.

26
Der Punkt P(−3;7) liegt auf der Parabel der Form $y = x^2 + px + 4$. Berechne den Scheitel und zeichne den Graphen. Berechne die fehlenden Koordinaten der Parabelpunkte Q(−4,2;...) und R(...;3,04).

27
Eine nach oben geöffnete Normalparabel schneidet die x-Achse im Punkt N(2,5;0) und geht außerdem durch den Punkt P(3,5;5). Berechne die Koordinaten des Scheitelpunkts und die Koordinaten des zweiten Schnittpunktes mit der x-Achse.

Lösungsbeispiel für Aufgabe 19 a)

19 Potenzen und Potenzfunktionen

Die **Potenz** a^n ist ein Produkt mit n gleichen Faktoren a.
$$a^n = a \cdot a \cdot a \cdot \ldots \cdot a$$
n Faktoren

$a^1 = a$
$a^0 = 1$
$a^{-n} = \frac{1}{a^n}$

1
Schreibe als Potenz.
a) $2 \cdot 2 \cdot 2 \cdot 2 \cdot 2 \cdot 2$ b) $(-3) \cdot (-3) \cdot (-3)$
c) $7x \cdot 7x \cdot 7x \cdot 7x$ d) $\frac{1}{4} \cdot \frac{1}{4} \cdot \frac{1}{4}$

2
Berechne.
a) 2^3; 2^2; 2^1; 2^0; 2^{-1}; 2^{-2}; 2^{-3}
b) 5^3; 5^2; 5^1; 5^0; 5^{-1}; 5^{-2}; 5^{-3}
c) $0{,}1^2$; $0{,}1^1$; $0{,}1^0$; $0{,}1^{-1}$; $0{,}1^{-2}$
d) $(-3)^2$; $(-3)^1$; $(-3)^0$; $(-3)^{-1}$; $(-3)^{-2}$
e) $(-0{,}2)^2$; $(-0{,}2)^1$; $(-0{,}2)^0$; $(-0{,}2)^{-1}$

3
Schreibe als Potenz mit negativem Exponenten. Gib alle Möglichkeiten an.
Beispiel: $\frac{1}{16} = \frac{1}{4^2} = 4^{-2}$
$\frac{1}{16} = \frac{1}{2^4} = 2^{-4}$

a) $\frac{1}{27}$ b) $\frac{1}{32}$ c) $\frac{1}{125}$
d) $\frac{1}{128}$ e) $\frac{1}{343}$ f) $\frac{1}{289}$
g) $\frac{1}{256}$ h) $\frac{1}{400}$ i) $\frac{1}{729}$

4
Stelle in der Zehnerpotenzschreibweise dar.
a) 40 000   b) 7 200 000 000
c) 2 043 000   d) 908
e) 305 000   f) 62 714 000

5
Schreibe als Zehnerpotenz.
a) 0,01   b) 0,001
c) 0,000 1   d) 0,000 01
e) 0,000 000 1   f) 0,000 000 001

6
Die folgende Zahl gibt an, wie viele verschiedene Möglichkeiten bestehen, die ersten 10 Züge beim Schach zu spielen:
169 518 829 100 544 000 000 000 000 000
a) Schreibe die Zahl in Zehnerpotenzschreibweise.
b) Ein Schachcomputer benötigt pro Zug eine millionstel Sekunde. Wie lange würde er brauchen, um alle diese Züge zu spielen? Vergleiche mit dem Alter der Erde von ca. 4,5 Milliarden Jahren.

Beim Rechnen mit Potenzen gelten folgende Gesetze:
1. Multiplikation und Division von Potenzen mit gleicher Basis
$$a^m \cdot a^n = a^{m+n} \qquad \frac{a^m}{a^n} = a^{m-n}$$
2. Multiplikation und Division von Potenzen mit gleichen Exponenten
$$a^n \cdot b^n = (a \cdot b)^n \qquad \frac{a^n}{b^n} = \left(\frac{a}{b}\right)^n$$
3. Potenzieren von Potenzen
$$(a^m)^n = a^{m \cdot n}$$

7
Berechne.
a) $2^4 \cdot 2^3$ b) $2^5 \cdot 5^5$
c) $6^{-2} \cdot 6^5$ d) $(-2)^3 \cdot (-2)^{-4}$
e) $5^{-2} \cdot 4^{-2}$ f) $(-25)^{-4} \cdot 4^{-4}$

8
a) $\frac{3^8}{3^5}$ b) $\frac{(-7)^{11}}{(-7)^9}$ c) $\frac{84^5}{28^5}$
d) $\frac{5^{-3}}{5^{-5}}$ e) $\frac{30^{-4}}{15^{-4}}$ f) $\frac{(-2)^{-2}}{(-2)^{-12}}$

9
Schreibe mit möglichst kleiner Basis.
Beispiel: $25^3 = (5^2)^3 = 5^{2 \cdot 3} = 5^6$
a) 16^5 b) 49^4 c) 100^3
d) 27^2 e) 81^4 f) 64^3
g) 128^5 h) 125^6 i) 1024^7

10
Was musst du für $\square$ einsetzen?
a) $5^{\square} \cdot 5^{-2} = 5^{-6}$ b) $\square^{-4} : a^{-1} = a^{-3}$
c) $(2y)^2 \cdot (\square)^2 = 64y^2$ d) $(\square)^4 : (4a)^4 = 81$

Welches Zifferkärtchen hat den größten, welches den kleinsten Potenzwert?

139

Potenzen und Potenzfunktionen

11
Forme mithilfe eines Potenzgesetzes um und berechne.
a) $20^{-3} \cdot 5^{-3}$ b) $(-2)^{-3} \cdot (-2)^4$
c) $3^{-4} \cdot 3^7$ d) $20^{-4} \cdot 0{,}5^{-4}$
e) $\dfrac{6^{-3}}{6^{-5}}$ f) $\dfrac{18^{-3}}{72^{-3}}$
g) $\dfrac{0{,}2^{-6}}{0{,}2^{-4}}$ h) $(2^{-4})^{-3}$
i) $\left(\tfrac{12}{13}\right)^{-11} : \left(\tfrac{12}{13}\right)^{11}$ k) $\left(\left(\tfrac{2}{3}\right)^{-2}\right)^2$
l) $\left(\tfrac{8}{21}\right)^{-2} \cdot \left(\tfrac{7}{16}\right)^{-2}$ m) $\left(-\tfrac{3}{5}\right)^{-3} : \left(-\tfrac{3}{5}\right)^{-2}$

12
Schreibe das Produkt als Potenz mit kleinstmöglicher Basis.
Beispiel: $2^3 \cdot 4^2 = 2^3 \cdot (2^2)^2$
$\qquad\qquad = 2^3 \cdot 2^4$
$\qquad\qquad = 2^7$
a) $4 \cdot 2^3$ b) $2^4 \cdot 32$ c) $3^2 \cdot 27$
d) $3^6 \cdot 9^2$ e) $25^4 \cdot 125^5$ f) $49^5 \cdot 343^3$

13
Vereinfache mithilfe der Potenzgesetze.
a) $x^4 \cdot y^4$ b) $a^{-2} \cdot a^7$ c) $(a^3)^{-4}$
d) $x^{-2} \cdot 2x^{-3}$ e) $(2x^{-2})^{-4}$ f) $\tfrac{1}{2}a^{-3} \cdot \tfrac{3}{2}a^{-1}$
g) $\dfrac{x^{-2}}{x^4}$ h) $\dfrac{t^{-3}}{v^{-3}}$ i) $(x^{-3})^{-4}$
k) $\dfrac{(2ab^2)^{-2}}{(a^2b)^{-2}}$ l) $\dfrac{x^3 \cdot y^{-2}}{x^{-4} \cdot y^3}$ m) $[(3x^{-4})^0]^{-5}$

14
Wende die Potenzgesetze an.
a) $x^{-2m} \cdot x^m$ b) $a^{-3n} \cdot b^{-3n}$
c) $y^{m-1} \cdot y^{1-m}$ d) $z^{2n+3} \cdot z^{1-n}$
e) $\dfrac{x^{2n+1}}{x^{n-3}}$ f) $\dfrac{9y^{-n-2}}{3y^{-2n-3}}$

15
Schreibe als Potenz mit positiven Exponenten.
a) x^{-2} b) 4^{-1} c) 10^{-3}
d) $\dfrac{1}{x^{-1}}$ e) $\dfrac{2}{4^{-1}}$ f) $\dfrac{1}{a^{-3}}$

Funktionen mit der Gleichung $y = f(x) = ax^n$ $(a \neq 0; n \in \mathbb{Z})$ heißen **Potenzfunktionen**.

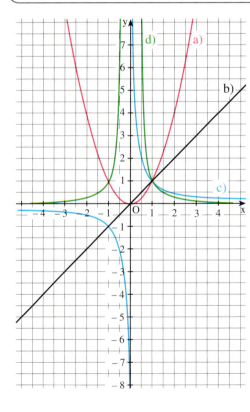

16
Bestimme die Gleichungen der in der Abbildung dargestellten Funktionen.

17
Zeichne die Graphen jeweils in dasselbe Koordinatensystem.
a) $y = x^0$; $y = x^2$; $y = -x^2$
b) $y = x$; $y = x^3$; $y = -x^3$

18
Liegen die Punkte auf dem Graphen der angegebenen Funktion?
a) $y = -2x^2$; $A(1{,}5; -4{,}5)$; $B(-1{,}5; 4{,}5)$
b) $y = x^{-2}$; $A(0{,}2; -25)$; $B(0{,}4; 6{,}25)$
c) $y = 0{,}5x^{-1}$; $A(0{,}5; 1)$; $B(-1; 0{,}5)$

19
Vervollständige die Wertetabelle und zeichne den Graphen.

x	−2	−1	−0,5	0	0,5	1	2
$-0{,}5x^2$							
$2x^{-1}$							

20 Wurzeln

Löse die Gleichungen.
$x^4 = 625$
$x^8 = 256$
$x^5 = 0$
$x^6 = 729$
$x^9 = 1$
$x^3 = 216$

Die **n-te Wurzel** einer positiven Zahl b ist die positive Zahl a, deren n-te Potenz gleich der Zahl b ist. $\sqrt[n]{b} = a$, wenn $a^n = b$ und $a, b \geq 0$; $n \in \mathbb{N}$; $n \neq 0$

1
Berechne im Kopf.
a) $\sqrt[3]{27}$ b) $\sqrt{64}$ c) $\sqrt[5]{32}$
d) $\sqrt{1{,}69}$ e) $\sqrt[5]{1024}$ f) $\sqrt[3]{0{,}008}$
g) $\sqrt{\frac{9}{25}}$ h) $\sqrt[3]{\frac{64}{27}}$ i) $\sqrt[4]{\frac{16}{81}}$

2
Bestimme mit dem Taschenrechner auf drei Nachkommastellen genau.
a) $\sqrt{3{,}236}$ b) $\sqrt[3]{4813}$ c) $\sqrt{0{,}0089}$
d) $\sqrt[4]{30{,}8}$ e) $\sqrt[11]{130}$ f) $\sqrt[4]{0{,}25}$

Für Potenzen mit rationalen Exponenten gilt:
$$a^{\frac{1}{n}} = \sqrt[n]{a}$$
$a \in \mathbb{R}^+$; $n \in \mathbb{N}$; $n \neq 0$

$$a^{\frac{m}{n}} = \sqrt[n]{a^m} = \left(\sqrt[n]{a}\right)^m$$
$a \in \mathbb{R}^+$; $n \in \mathbb{N}$; $n \neq 0$; $m \in \mathbb{Z}$; $m \neq 0$

3
Schreibe als Potenz.
a) $\sqrt{8}$ b) $\sqrt[3]{12}$ c) $\sqrt[7]{27}$
d) $\left(\sqrt[3]{25}\right)^4$ e) $\left(\sqrt{112}\right)^3$ f) $\left(\sqrt[7]{77}\right)^5$
g) $\sqrt[3]{729^{\frac{1}{2}}}$ h) $\sqrt[4]{802^{\frac{1}{2}}}$ i) $\sqrt{148^{\frac{2}{3}}}$

4
Schreibe als Wurzel.
a) $14^{\frac{1}{2}}$ b) $8^{\frac{1}{3}}$ c) $81^{\frac{2}{3}}$
d) $14^{\frac{2}{3}}$ e) $100^{0{,}5}$ f) $100^{-0{,}5}$
g) $1^{0{,}1}$ h) $1^{-0{,}1}$ i) $16^{0{,}25}$

Bestimme die Kantenlänge eines Würfels mit
a) $V = 343 \, m^3$
b) $A_0 = 150 \, cm^2$

5
Berechne mit dem Taschenrechner.
a) $1331^{\frac{1}{3}}$ b) $500^{\frac{1}{2}}$ c) $32^{0{,}2}$
d) $\sqrt[7]{56^2}$ e) $\left(\sqrt[3]{34}\right)^5$ f) $\sqrt[3]{\sqrt{15625}}$
g) $124^{0{,}3}$ h) $67^{0{,}0}$ i) $300^{1{,}9}$

6
Wende binomische Formeln an.
a) $\sqrt{x^2 + 18x + 81}$ b) $\sqrt{y^2 - 20y + 100}$
c) $\sqrt{5x^2 + 30x + 45}$ d) $\sqrt{12x^2 + 60xy + 75y^2}$

7
Wende ein Potenzgesetz an und schreibe das Ergebnis als Wurzel.
a) $a^{\frac{1}{3}} \cdot a^{-\frac{1}{4}}$ b) $b^{\frac{3}{2}} : b^{\frac{1}{2}}$ c) $\left(x^{\frac{1}{5}}\right)^{\frac{5}{3}}$
d) $a^{\frac{3}{4}} \cdot (2a)^{\frac{3}{4}}$ e) $(2x)^{\frac{3}{2}} : x^{\frac{3}{2}}$ f) $y^{-\frac{2}{3}} : y^{-\frac{5}{6}}$

8
Vereinfache.
a) $\sqrt{8x} \cdot \sqrt{18x}$ b) $\sqrt{400y^2 \cdot 324x^2}$
c) $\dfrac{\sqrt{63x^3}}{\sqrt{7x}}$ d) $\sqrt{\dfrac{1024x^2}{144y^2}}$
e) $\sqrt{6x} \cdot \dfrac{\sqrt{30xy}}{\sqrt{5y}}$ f) $\dfrac{\sqrt{7x}}{\sqrt{75y}} : \dfrac{\sqrt{3x}}{\sqrt{28x^2y}}$

Funktionen mit Gleichungen der Form $y = f(x) = x^{\frac{1}{n}} = \sqrt[n]{x}$ ($n \in \mathbb{N}$; $n > 1$) heißen **Wurzelfunktionen**.

9
Zeichne die Graphen der folgenden Funktionen in dasselbe Koordinatensystem und vergleiche ihre Lage zueinander.
a) $y = f_1(x) = x$ für $0 \leq x \leq 9$
b) $y = f_2(x) = x^2$ für $0 \leq x \leq 3$
c) $y = f_3(x) = \sqrt{x}$ für $0 \leq x \leq 9$

10
Welche der Punkte gehören zum Graphen von $y = \sqrt[3]{x}$?
$P_1(27; 3)$; $P_2(0{,}08; 0{,}2)$; $P_3(3; 27)$

11
Ordne nach der Größe.
a) $\sqrt[4]{6}$; 6; $\sqrt{6}$ b) $\sqrt[5]{0{,}4}$; $0{,}4$; $\sqrt[3]{0{,}4}$

21 Winkelfunktionen

Beim Arbeiten mit Winkelfunktionen kann entweder das Gradmaß oder das Bogenmaß verwendet werden.

Gradmaß	α	0°	90°	180°	36°	...
Bogenmaß	x	0	$\frac{\pi}{2}$	π	2π	...

Formeln: $x = \alpha \cdot \frac{\pi}{180°}$; $\alpha = x \cdot \frac{180°}{\pi}$

Im rechtwinkligen Dreieck gilt:
$\sin \alpha = \frac{\text{Gegenkathete von } \alpha}{\text{Hypotenuse}}$
$\cos \alpha = \frac{\text{Ankathete von } \alpha}{\text{Hypotenuse}}$

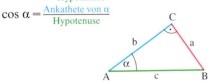

Winkelfunktionen im Einheitskreis

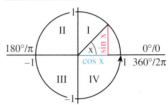

Sinusfunktion $y = \sin x$ und **Kosinusfunktion** $y = \cos x$

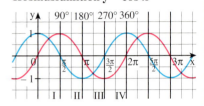

Gemeinsame Merkmale der Sinus- und Kosinusfunktion:
Definitionsbereich Sinusfunktion und Kosinusfunktion sind für alle reellen Zahlen definiert.
Wertevorrat Es gilt $-1 \leq \sin x \leq 1$ und $-1 \leq \cos x \leq 1$.
Periodizität Die kleinste Periode beträgt jeweils 2π.

Unterschiedliche Merkmale:
Symmetrie Die Kosinusfunktion ist achsensymmetrisch (Symmetrieachse ist die y-Achse).
Die Sinusfunktion ist zentralsymmetrisch (Symmetriezentrum ist der Ursprung).
Nullstellen für $y = \sin x$ für $y = \cos x$
im Intervall $0 \leq x \leq 2\pi$
$x_1 = 0, x_2 = \pi, x_3 = 2\pi$ $\quad x_1 = \frac{\pi}{2}, x_2 = \frac{3\pi}{2}$. Allgemein
$x_0 = k \cdot \pi$ (mit $k \in \mathbb{Z}$) $\quad x_0 = (2k+1) \cdot \frac{\pi}{2}$ (mit $k \in \mathbb{Z}$)

1
a) Zeichne die Sinuskurve und die Kosinuskurve im selben Koordinatensystem mit der Schablone.
b) Lies ab, für welche Winkel $\sin x = \cos x$ und $\sin x = -\cos x$ gilt.
Überprüfe mit dem Taschenrechner.

2
Gib die Winkel im Bogenmaß an.
23°; 160°; 326°, 79°; 115°; 224°; 0,5°

3
Gib die Winkel im Bogenmaß als Vielfache von π an.
150°; 270°; 60°; 135°; 15°; 330°; 45°

4
Gib die Winkel im Gradmaß an.
a) $\frac{\pi}{6}; \frac{2}{3}\pi; \frac{2}{5}\pi; \frac{7}{4}\pi; \frac{2}{9}\pi; \frac{7\pi}{10}; \frac{\pi}{8}$
b) 1,789; 2,500; 0,543; 0,902; 0,361

5
Gib alle Winkel α an, für die gilt:
$\sin \alpha = -0,5$ $\quad (0° \leq \alpha \leq 360°)$

6
Gib den zweiten Winkel α im Intervall $0° \leq \alpha \leq 360°$ an.
a) $\sin \alpha = \sin 60°$ b) $\cos \alpha = \cos 320°$
c) $\cos \alpha = \cos 50°$ d) $\sin \alpha = \sin 210°$
e) $\sin \alpha = \sin 170°$ f) $\cos \alpha = \cos 190°$
g) $\cos \alpha = \cos 150°$ h) $\sin \alpha = \sin 280°$

7
Je zwei der angegebenen Winkel ergeben denselben Wert der Sinusfunktion oder der Kosinusfunktion. Nenne die jeweiligen Paare zu den Funktionen.

200° 340° 240° 120° 330° 310°
210° 70°   50°   150° 110° 30°

Winkelfunktionen

8
Gegeben sei cos x = 0,8. Zeichne einen Einheitskreis und bestimme die zugehörigen Funktionswerte für sin x.

9
Zeichne einen Kreis mit dem Radius 5 cm und lies aus der Zeichnung die Winkelwerte ab, für die gilt:
a) $\sin \alpha = 0{,}7$ b) $\cos \alpha = 0{,}3$
c) $\cos \alpha = -0{,}4$ d) $\sin \alpha = -0{,}9$

10
Löse mithilfe des Taschenrechners.
Gib auch die zweite Lösung im Intervall $0 \leq x \leq 2\pi$ an.
a) $\sin x = 0{,}3$ b) $\cos x = 0{,}2$
c) $\sin x = 0{,}7$ d) $\cos x = 0{,}9$
e) $\sin x = -0{,}25$ f) $\cos x = -0{,}8$

11
Bestimme die Lösungen im angegebenen Intervall.
a) $\sin x = \frac{1}{2}\sqrt{3}$ $\quad (2\pi \leq x \leq 4\pi)$
b) $\cos x = \frac{1}{2}\sqrt{2}$ $\quad (2\pi \leq x \leq 4\pi)$
c) $\sin x = \frac{1}{2}\sqrt{2}$ $\quad (-4\pi \leq x \leq -2\pi)$
d) $\cos x = \frac{1}{2}\sqrt{3}$ $\quad (-2\pi \leq x \leq 0)$

12
Berechne die Koordinaten der Ecken der regelmäßigen Figuren.

a) 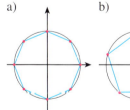 b) 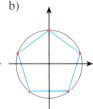 c) 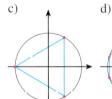 d)

13
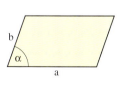
a = 5 cm
b = 3 cm

Gegeben sei ein Parallelogramm mit den Seitenlängen a = 5 cm und b = 3 cm. Durch welche Funktion des Winkels α wird der Flächeninhalt eines Parallelogramms beschrieben? Stelle für dieses gegebene Parallelogramm eine Wertetabelle im Intervall $0° \leq \alpha \leq 180°$ auf und skizziere den Funktionsverlauf.

14
Gegeben seien zwei Funktionen f und g:
(1) $y = f(x) = 1{,}5 \sin x$ $\quad (x \in \mathbb{R})$ und
(2) $y = g(x) = \cos x$ $\quad (x \in \mathbb{R})$.
a) Skizziere die Graphen beider Funktionen in ein und dasselbe Koordinatensystem im Intervall $-\pi \leq x \leq 2\pi$.
b) Gib den Wertebereich von f an.
c) Zum Graph der Funktion f gehört im Intervall $0 \leq x \leq \frac{\pi}{2}$ ein Punkt $P_1(x_1; \frac{3}{4})$.
Berechne x_1 und überprüfe rechnerisch, ob P_1 auch zum Graph der Funktion g gehört.

15
a) Welcher Steigungswinkel verbirgt sich hinter der Angabe 8 %?
b) Was muss auf dem Verkehrsschild stehen, wenn vor dem Gefälle einer Passstraße mit 8° Neigung gewarnt werden soll?
c) Welche Funktion beschreibt den Zusammenhang zwischen Steigungswinkel und der dazugehörigen Prozentangabe? Skizziere den Funktionsverlauf.
d) Ermittle, welches Intervall für die Deutsche Bahn AG und den Straßenverkehr nur Anwendung findet.

16
Auf Rummelplätzen gibt es Berg- und Talbahnen. Eine Runde ist z. B. 40 m lang, der Höhenunterschied beträgt 1 m und je Runde gibt es zwei Berge und zwei Täler.
a) Welche Funktion beschreibt eine Fahrt ohne Berücksichtigung der Kreisbewegung, wenn man auf dem „Berg" einsteigt?
b) Zeichne diese Funktion für zwei Runden in einem geeigneten Diagramm.

17
Die Unruh einer mechanischen Uhr führt eine Schwingung aus, die durch die Sinusfunktion beschrieben wird. Sie schwingt in einer Sekunde mit drei Perioden und einer Amplitude y_{max} von 5 mm.
a) Zeichne mit der Sinusschablone das Auslenkungs-Zeit-Diagramm und beschrifte es entsprechend der Aufgabe.
b) Berechne die Frequenz f und die Periodendauer T für diese Unruh.

22 Strahlensätze

1. Strahlensatz
Werden zwei Strahlen (zwei Geraden) von zwei Parallelen geschnitten, so stehen die Abschnittslängen des einen Strahls (der einen Geraden) im selben Verhältnis wie die entsprechenden Abschnittslängen des anderen Strahls (der anderen Geraden).

$$\frac{a_1}{a_2}=\frac{b_1}{b_2},\ \frac{a_1}{a_3}=\frac{b_1}{b_3}\ \text{und}\ \frac{a_2}{a_3}=\frac{b_2}{b_3}$$

2. Strahlensatz
Werden zwei Strahlen (zwei Geraden) von zwei Parallelen geschnitten, so stehen die Abschnittslängen der Parallelen zwischen den Strahlen (den geschnittenen Geraden) im selben Verhältnis wie die zugehörigen Abschnittslängen eines Strahls (einer Geraden).

$$\frac{c_1}{c_2}=\frac{a_1}{a_2}\ \text{und}\ \frac{c_1}{c_2}=\frac{b_1}{b_2}$$

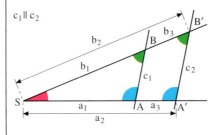
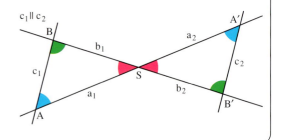

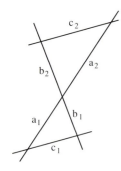

1
Berechne die fehlenden Werte.

	a_1	a_2	b_1	b_2	c_1	c_2
a)	15	☐	☐	5	10	4
b)	8	6	☐	4,5	☐	3,6
c)	☐	9,3	5,2	7,8	☐	4,8

2 Berechne jeweils die fehlenden Größen.

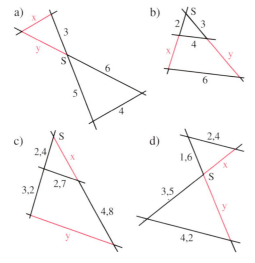

3
Mithilfe des 1. Strahlensatzes kann man eine gegebene Strecke $\overline{AB}$ in eine bestimmte Anzahl gleich großer Teile teilen.

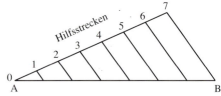

Teile wie im Beispiel:

	a)	b)	c)	d)	e)	f)
$\overline{AB}$ in cm	7	9	8,7	10	10	3,1
Anzahl der Teile	3	5	4	9	11	8

4
Löse zeichnerisch und prüfe rechnerisch.
a) $3:4=x:7,2$ b) $3:5,7=5:z$
c) $3,6:b=8,1:9$ d) $3,5:5,2=y:10,4$

5
Thorsten wirft bei einer Körpergröße von 1,82 m einen 1,15 m langen Schatten. Der Schatten eines Baumes beträgt 7,9 m. Wie hoch ist der Baum?

Strahlensätze

6
a) Welchen Höhenunterschied überwindet eine Straße auf 3,2 km, wenn ihre Steigung mit 11 % angegeben wird?
b) Wie viel Prozent Steigung hat eine Straße, wenn sie auf 2,8 km einen Höhenunterschied von 224 m überwindet?

7
Susanne bestimmt auf der Karte mit dem Maßstab 1 : 50 000 die Entfernung zu einer Brücke. Sie beträgt 3,2 cm. Im Gelände deckt Susanne die Brücke mit drei Daumenbreiten zu je 2 cm bei einer Armlänge von 64 cm ab. Welche Länge hat die Brücke?

8
Bestimme die Breite des Flusses aus $\overline{ZA} = 100$ m, $\overline{ZC} = 25$ m, $\overline{CD} = 20$ m.
Beschreibe auch das Messverfahren.

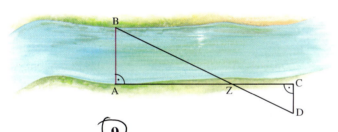

9
Ist die Entfernung eines Turms bekannt, so lässt sich seine Höhe mithilfe eines Lineals bestimmen, das man mit ausgestrecktem Arm hochhält: Man peilt den Turm an und misst seine scheinbare Höhe auf dem Lineal.

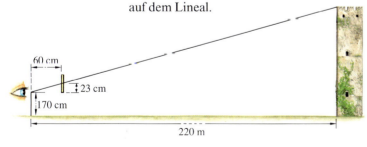

a) Wie hoch ist der abgebildete Turm?
b) Welche Ungenauigkeit entsteht durch einen Ablesefehler von 1 cm?
c) Welche weiteren Ungenauigkeiten hat das Verfahren?

10
Wie hoch muss eine unmittelbar hinter der Mauer stehende Stange mindestens sein, wenn ihr oberes Ende vom Punkt A aus gerade noch sichtbar sein soll?

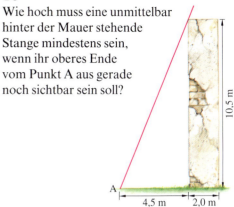

11

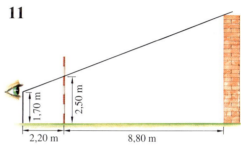

Eine Mauer wird aus der Augenhöhe von 1,70 m über eine Messlatte anvisiert.
Wie hoch ist die Mauer?
Hinweis: Lege eine Horizontale in Augenhöhe.

12
Die Skizze zeigt das Konstruktionsschema eines Dachbinders.
Bekannt sind $\overline{AB} = \overline{BC} = \overline{CD} = 2{,}40$ m und $\overline{DH} = 3{,}00$ m.
a) Berechne die Streckenlängen $\overline{BE}$ und $\overline{CF}$.
b) Berechne die Streckenlänge $\overline{AH}$.
c) Berechne die Größe des Winkels α.
d) Begründe, dass $\varepsilon = 2\alpha$ ist.

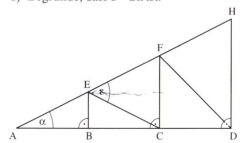

23 Satz des Pythagoras

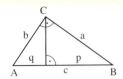

Satz der Pythagoras
In jedem rechtwinkligen Dreieck gilt: Die beiden Kathetenquadrate haben zusammen den gleichen Flächeninhalt wie das Hypotenusenquadrat.
Für das Dreieck ABC mit $\gamma = 90°$ gilt demnach: $a^2 + b^2 = c^2$
Umkehrung des Satzes von Pythagoras
Wenn für die Seiten a, b, c eines Dreiecks ABC die Beziehung $a^2 + b^2 = c^2$ gilt, so ist das Dreieck rechtwinklig und c ist die Hypotenuse.
Zur Satzgruppe des Pythagoras gehört der **Kathetensatz**
In jedem rechtwinkligen Dreieck gilt: Das Quadrat über jeder Kathete hat den gleichen Flächeninhalt wie das Rechteck aus der Hypotenuse und dem der betreffenden Kathete zugehörigen Hypotenusenabschnitt.
Für das Dreieck ABC mit $\gamma = 90°$ gilt demnach: $a^2 = c \cdot p$ und $b^2 = c \cdot q$

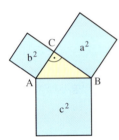

1
Berechne im Dreieck ABC ($\gamma = 90°$)
a) die Hypotenuse c
aus a = 5,9 cm und b = 8,2 cm,
aus a = 75 m und b = 96 m
b) die Kathete a oder die Kathete b
aus b = 3,8 cm und c = 6,9 cm,
aus a = 4,1 cm und c = 7,3 cm.

2
Berechne im Dreieck ABC ($\gamma = 90°$)
a) die Kathete a bzw. die Kathete b
aus c = 5,8 cm und p = 2,5 cm,
aus c = 18,9 cm und q = 7,7 cm
b) die Hypotenuse c
aus a = 5,6 cm und p = 1,8 cm,
aus b = 9,3 cm und q = 6,8 cm.

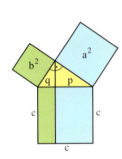

3
Überprüfe durch Rechnung, ob die Dreiecke mit den Seitenlängen s_1, s_2 und s_3 rechtwinklig sind.
a) $s_1 = 6$ cm, $s_2 = 24$ cm, $s_3 = 25$ cm
b) $s_1 = 9$ cm, $s_2 = 40$ cm, $s_3 = 41$ cm
c) $s_1 = 10$ cm, $s_2 = 11$ cm, $s_3 = 15$ cm
d) $s_1 = 15$ cm, $s_2 = 36$ cm, $s_3 = 39$ cm
e) $s_1 = 199$ cm, $s_2 = 19\,800$ cm, $s_3 = 19\,801$ cm

4
Zeichne das Dreieck ABC ins Koordinatensystem und berechne seinen Umfang.
a) A(−3;−2), B(7;2), C(1;6)
b) A(−2;2), B(5;0) C(4;6)
c) A(−4;−1) B(6;−1), C(0;8)

5
Berechne den Umfang und den Flächeninhalt eines Rechtecks mit der Seite a = 7,5 cm und der Diagonale e = 13,7 cm.

6
a) Der Bildschirm eines Monitors ist 27 cm breit und 19 cm hoch.
Welche Bildschirm-Diagonale hat er?
b) Ein Fernsehgerät hat einen „69er-Bildschirm". Wie breit ist das Bild, wenn es 40 cm hoch ist?

7
Zeichne einen Kreis mit dem Radius r = 4,0 cm und eine Sehne, die 5,2 cm lang ist. Berechne den Abstand dieser Sehne vom Kreismittelpunkt.

8
Ein Tennisspielfeld ist 23,77 m lang; die Breite beim Einzel beträgt 8,23 m, beim Doppel 10,97 m.
Wie lang sind die Diagonalen?

9
Formuliere für alle rechtwinkligen Dreiecke den Satz des Pythagoras.
a)

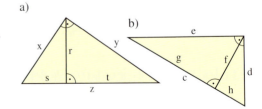

Satz des Pythagoras

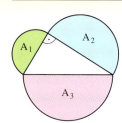

10
Über allen Seiten eines rechtwinkligen Dreiecks sind Halbkreise gezeichnet. (Siehe Skizze!)
a) Berechne die Inhalte der Halbkreisflächen A_1, A_2 und A_3, wenn die Katheten des rechtwinkligen Dreiecks 8,0 cm und 15,0 cm lang sind.
b) Stelle einen Zusammenhang zwischen den Inhalten der drei Halbkreisflächen her.

11
Berechne die Länge der Strecke x. (Maße in cm.)

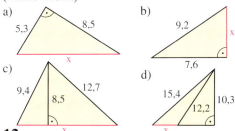

12

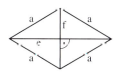
$a = b$

a) Berechne den Umfang des gleichschenkligen Dreiecks (a = b) aus a = 15,3 cm und h_c = 12,8 cm
b) Berechne die Höhe und den Flächeninhalt des gleichschenkligen Dreiecks mit a = b = 17,5 cm und c = 8,4 cm.
c) Berechne die Höhe und den Flächeninhalt des gleichseitigen Dreiecks mit der Seitenlänge 8 cm.
d) Wie lang ist die Seite eines gleichseitigen Dreiecks mit der Höhe 12 cm?

13
Von einem Rhombus sind die Seitenlänge a = 7,3 cm und die Länge der Diagonalen e = 6,8 cm gegeben. Berechne die Länge der Diagonalen f und den Flächeninhalt des Rhombus.

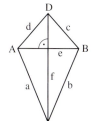

14
Von einem Drachenviereck sind die Diagonalen e = 12,4 cm, f = 21,6 cm und die Seiten a = b = 16,2 cm bekannt.
Wie groß ist der Umfang dieses Drachenvierecks?

15
a) Berechne die Höhe und den Flächeninhalt eines gleichschenkligen Trapezes mit a = 10,2 cm, b = d = 4,9 cm und c = 6,8 cm.
b) Berechne den Umfang eines gleichschenkligen Trapezes mit a = 17,2 cm, b = d = 8,4 cm und h = 7,4 cm.

16
Eine 10 m lange Feuerwehrleiter wird 4,50 m von einer Hauswand entfernt ausgefahren.
a) Wie hoch reicht die Leiter?
b) Wie nah muss man heranfahren, um ein 9,50 m hohes Fenster zu erreichen?

17
Berechne den Umfang und den Flächeninhalt der zusammengesetzten Figuren (Maße in cm).

a) 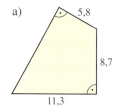   b)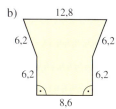

18
Berechne die Länge der Raumdiagonale eines Quaders mit den Kanten a = 18 cm, b = 11 cm und c = 7 cm.

19
Das Dach eines Kirchturms hat die Form einer Pyramide mit quadratischer Grundfläche. Die unteren Kanten sind 8,60 m und die Seitenkanten 10,80 m lang. Das Dach soll neu verschiefert werden.
Wie viel Quadratmeter Schiefer sind dazu nötig?

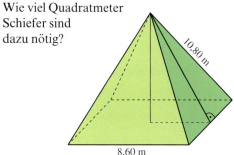

24 Flächenberechnungen

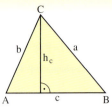

Flächeninhalt und Umfang des Dreiecks

Allgemeines Dreieck:	$A = \frac{1}{2}a \cdot h_a = \frac{1}{2}b \cdot h_b = \frac{1}{2}c \cdot h_c$	$u = a+b+c$
Rechtwinkliges Dreieck ($\gamma = 90°$):	$A = \frac{1}{2}a \cdot b$	$u = a+b+c$
Gleichseitiges Dreieck:	$A = \frac{a^2}{4}\sqrt{3}$ mit $h = \frac{a}{2}\sqrt{3}$	$u = 3 \cdot a$

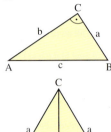

1
Berechne den Flächeninhalt des Dreiecks.
a) $c = 9{,}6$ cm
   $h_c = 4{,}4$ cm
b) $a = 6{,}8$ cm
   $h_a = 7{,}6$ cm
c) $b = 3{,}2$ dm
   $h_b = 0{,}4$ m
d) $a = 6{,}2$ cm ($\gamma = 90°$)
   $b = 4{,}0$ cm

2
Berechne die Seite a des Dreiecks.
a) $u = 10{,}65$ m; $c = 5{,}3$ m; $b = 29$ dm
b) $A = 34{,}34$ cm²; $h_a = 6{,}8$ cm
c) $A = 1692$ mm²; $b = 7{,}2$ cm; $\gamma = 90°$
d) $A = 35{,}1$ cm²; $\alpha = \beta = \gamma = 60°$

3
Gegeben ist ein gleichseitiges Dreieck.
a) Berechne h und A für $a = 10{,}2$ cm.
b) Berechne a und A für $h = 6{,}5$ cm.
c) Berechne a und h aus $A = 71{,}0$ cm².

4
a) In einem rechtwinkligen Dreieck sind $\gamma = 90°$, $c = 7{,}6$ cm und $a = 3{,}8$ cm bekannt. Berechne b, h_a, h_c, h_b, A und u.
b) In einem rechtwinklig gleichschenkligen Dreieck mit $\gamma = 90°$ und $a = b$ ist $c = 9{,}4$ cm. Wie groß ist a? Gib den Flächeninhalt an.

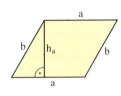

Flächeninhalt und Umfang von Vierecken

Quadrat:	$A = a^2$	$u = 4a$
Rechteck:	$A = a \cdot b$	$u = 2(a+b)$
Parallelogramm:	$A = a \cdot h_a$ oder $A = b \cdot h_b$	$u = 2(a+b)$
Trapez:	$A = \frac{1}{2}(a+c) \cdot h$	$u = a+b+c+d$
Rhombus:	$A = \frac{1}{2}e \cdot f$	$u = 4a$
Drachen:	$A = \frac{1}{2}e \cdot f$	$u = 2(a+b)$

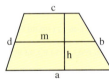

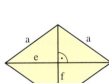

5
Berechne die fehlenden Stücke (Rechteck).
a) $a = 10{,}5$ cm; $u = 36{,}8$ cm
b) $a = 6{,}9$ cm; $A = 36{,}57$ cm²

6
Berechne den Flächeninhalt eines Trapezes mit $a = 14{,}3$ cm; $c = 5{,}8$ cm; $h = 9{,}0$ cm.

7
Berechne Flächeninhalt und Umfang
a) eines Rhombus mit $e = 9{,}6$ cm und $f = 2e$,
b) eines Drachens mit $e = 16{,}5$ cm und $f = \frac{1}{2}e$,
c) eines Parallelogramms mit $a = 29{,}2$ m; $b = 6{,}4$ m und $h_b = 29{,}1$ m,
d) eines Quadrates mit $a = 0{,}34$ dm.

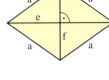

Flächeninhalt und Umfang vom Kreis: $A = \pi r^2 = \frac{\pi}{4}d^2$ $\qquad u = 2\pi r = \pi d$

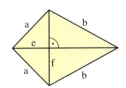

8
Berechne die fehlenden Angaben.

	r	d	A	u
a)	1,4 cm			
b)		2,6 dm		

9
Berechne die fehlenden Angaben.

	d	r	u	A
a)				0,95 dm²
b)			89 cm	

EXAMEN   ESAME   الامتحان   IMTIHAN

Flächenberechnungen

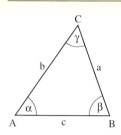

Der Flächeninhalt von Dreiecken kann mit der trigonometrischen Beziehung berechnet werden:

Allgemeines Dreieck: $A = \frac{1}{2} \cdot a \cdot b \cdot \sin \gamma$

Weiterhin gelten: Sinussatz: $\frac{a}{\sin \alpha} = \frac{b}{\sin \beta} = \frac{c}{\sin \gamma}$

Kosinussatz: $a^2 = b^2 + c^2 - 2bc \cdot \cos \alpha$
$b^2 = a^2 + c^2 - 2ac \cdot \cos \beta$
$c^2 = a^2 + b^2 - 2ab \cdot \cos \gamma$

Im rechtwinkligens Dreieck gelten: $\sin \alpha = \frac{a}{c}$; $\cos \alpha = \frac{b}{c}$; $\tan \alpha = \frac{a}{b}$

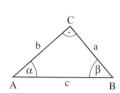

10
Von einem Dreieck ABC sind folgende Maße gegeben: $\overline{AB} = c = 8{,}9$ cm;
$\beta = 38{,}2°$
$\gamma = 65{,}6°$.
Berechne die Höhe h_a und die Seite $a = \overline{BC}$.

11
Ein Dreieck ABC ist mit den Maßen
$a = \overline{BC} = 10{,}5$ cm
$\alpha = 44{,}8°$
$\gamma = 72{,}5°$
gegeben.
Wie lang ist die Strecke $\overline{BD}$ und wie groß ist der Umfang des Dreiecks?

12
Vom Dreieck ABC sind gegeben:
$c = \overline{AB} = 15{,}4$ cm
$\beta = \sphericalangle CBA = 35{,}6°$
Ferner halbiert M die Strecke $\overline{AC}$.
Berechne die Strecke $\overline{BM}$ und den Winkel $\beta_1 = \sphericalangle MBA$.

13
Vom Dreieck ABC sind die Maße
$\alpha_1 = \sphericalangle BAD = 31{,}5°$
$\beta = 40{,}6°$
$\overline{AD} = 8{,}2$ cm
gegeben.
Berechne die Längen der Seiten $\overline{AC}$ und $\overline{BC}$.

14
Berechne die Schnittwinkel beider Diagonalen im Rechteck mit $a = 6$ cm und $b = 4$ cm.

15
Von einem Trapez ABCD sind gegeben:
$\overline{BC} = 6{,}9$ cm $\overline{AD} = 5{,}3$ cm
$\overline{CD} = 4{,}3$ cm $\beta = 47{,}3°$
Berechne die Länge der Seite $\overline{AB}$ und den Winkel α.

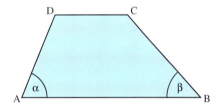

16
Im Viereck ABCD sind folgende Maße gegeben:
$\overline{AB} = 39{,}5$ cm $\overline{AD} = 32{,}8$ cm
$\overline{BC} = 27{,}4$ cm $\beta = 64{,}8°$
Berechne die Länge der Seite $\overline{CD}$.

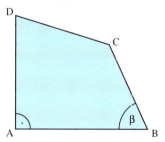

17
Der Drachen ABCD hat folgende Maße:
$\overline{AB} = \overline{AD} = 9{,}4$ cm
$\overline{AC} = 11{,}2$ cm
Außerdem gilt: $\overline{BC} = \overline{CD}$
Berechne die beiden Winkel α und γ sowie den Umfang des Drachens.

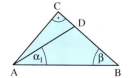

EXAMINATION ESTESAMES

Flächenberechnungen

18
Ein Rechteck, das dreimal so lang wie breit ist, hat einen Umfang von 72 cm. Berechne den Flächeninhalt.

19
Zwei Quadrate mit den Seitenlängen 8 cm und 11 cm haben zusammen einen doppelt so großen Umfang wie ein drittes Quadrat. Bestimme die Seitenlänge des dritten Quadrats.

20
Welchen Flächeninhalt hat der trapezförmige Querschnitt eines Deiches, dessen Kronenbreite 16,25 m, dessen Sohlenbreite 32,75 m und dessen Höhe 14,10 m beträgt?

21
Wie verändert sich der Flächeninhalt eines Rhombus, wenn die Länge einer Diagonalen verdreifacht und die der anderen verdoppelt wird?

22
Vom Fünfeck ABCDE sind gegeben:
$\overline{AB} = 15{,}6$ cm $\quad \overline{CD} = 16{,}7$ cm
$\overline{BC} = 12{,}4$ cm $\quad \beta = 112{,}5°$
Außerdem gilt: $\overline{AB} \parallel \overline{CE}$.
Berechne die Strecke $\overline{AE}$ und den Winkel ε.

23
Im Fünfeck ABCDE sind gegeben:
$\alpha = \beta = 125{,}8°$ $\quad \overline{AB} = 24{,}6$ cm
$\gamma = 129{,}4°$ $\quad \overline{CE} = 32{,}5$ cm
Außerdem gilt: $\overline{AB} \parallel \overline{CE}$.
Berechne die Seitenlänge $\overline{CD}$ und den Flächeninhalt des Fünfecks.

24
Gegeben ist ein Fünfeck ABCDE mit den Maßen:
$c = \overline{CD} = 2{,}15$ m
$d = \overline{DE} = 2{,}68$ m
$e = \overline{AE} = 2{,}43$ m
$\alpha = 118{,}4°$
Berechne die Länge der Seite $a = \overline{AB}$ und den Flächeninhalt des Fünfecks.

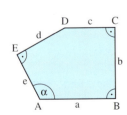

25
Gegeben ist ein Viereck ABCD mit den Maßen:
$\alpha = 56{,}3°$
$\overline{AB} = 12{,}6$ cm
$\overline{BC} = \overline{CD} = 7{,}9$ cm
Berechne die Länge der Diagonale $\overline{BD}$ und den Winkel γ.

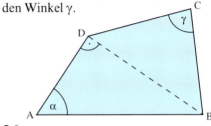

26
Vom Viereck ABCD sind gegeben:
$\overline{AB} = a = 25{,}6$ m
$\alpha_1 = \sphericalangle BAC = 29{,}2°$
$\gamma = 108{,}5°$
Berechne die Längen der Seiten $c = \overline{CD}$ und $d = \overline{AD}$.

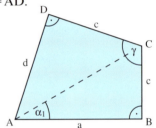

27
Berechne in dem regelmäßigen Achteck mit dem Umkreisradius $r = 4{,}5$ cm die Länge der Strecke $\overline{AD}$ sowie den Flächeninhalt des Achtecks.

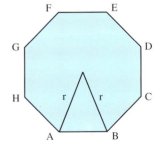

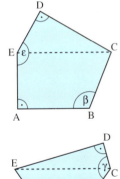

25 Körperdarstellungen

Jeder Körper lässt sich verschiedenartig darstellen.

Netz:
Wenn alle Begrenzungsflächen eines Körpers so nebeneinander gezeichnet sind, dass man diese Figur zu diesem Körper zusammenfalten könnte, dann nennt man diese Figur **Netz** des Körpers.

Netz einer Pyramide mit quadratischer Grundfläche

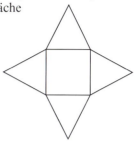

Schrägbild:
Alle Kanten und Flächen, die in der Frontebene liegen oder parallel zu ihr sind, bleiben in Länge und Richtung unverändert. Strecken, die senkrecht zur Frontalebene verlaufen, werden unter einem Winkel von 45° und auf die Hälfte verkürzt gezeichnet.

Schrägbild einer Pyramide mit quadratischer Grundfläche

Zweitafelbild:
Die zeichnerische Darstellung erfolgt auf zwei zueinander senkrecht stehenden Bildebenen, der **Grundrisstafel** und der **Aufrisstafel**.
Die Schnittgerade von Grund- und Aufrisstafel nennt man **Rissachse**.
Die Verbindungsgerade von Grund- und Aufriss eines jeden Punktes verläuft senkrecht zur Rissachse und heißt **Ordnungslinie**.

Zweitafelbild einer Pyramide mit quadratischer Grundfläche

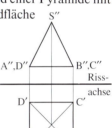

1

Zeichne die Netze, die Schrägbilder und die Zweitafelbilder von
a) einem Würfel mit a = 5 cm,
b) einem Quader mit a = 4 cm, b = 3 cm und c = 6 cm,
c) einer rechteckigen Pyramide mit a = 5 cm, b = 3 cm und h = 7 cm,
d) einem Kegel mit r = 3 cm und h = 6 cm,
e) einem Zylinder mit r = 3 cm und h = 5,5 cm,
f) eines Prismas mit einem allgemeinen Dreieck als Grundfläche mit c = 6 cm, $\alpha = 40°$, $\beta = 65°$ und h = 6 cm.

2

Zeichne das Schrägbild eines 7 cm hohen Prismas, das auf einer der Seitenflächen liegt.
a) Dreiecksprisma mit gleichschenkligem Dreieck als Grundfläche:
a = b = 5 cm, c = 3 cm
b) Trapezprisma mit einem gleichschenkligen Trapez als Grundfläche:
a = 7 cm, c = 3 cm, $\alpha = \beta = 60°$
c) Fünfeckprisma mit regelmäßigem Fünfeck als Grundfläche: r = 3 cm
d) Dreiecksprisma mit gleichseitigem Dreieck als Grundfläche: a = b = c = 4,5 cm.

Körperdarstellungen

3 Ein Körper besteht aus einem Würfel und einem darauf gesetzten Zylinder. Die Grundfläche des Zylinders hat einen Durchmesser wie die Seitenlänge des Würfels. Die Kantenlänge des Würfels beträgt 3 cm, die Höhe des Gesamtkörpers 7 cm. Zeichne das Zweitafelbild.

4 Konstruiere das Schrägbild des durch das Zweitafelbild gegebenen Körpers. Entnimm die Maße der Zeichnung auf der Randspalte.

5 Ein Körper besteht aus einem Würfel und einer darauf gesetzten quadratischen Pyramide. Die Grundfläche der Pyramide ist kongruent einer Seitenfläche des Würfels. Die Kantenlänge des Würfels beträgt 4 cm, die Höhe des Gesamtkörpers 7,5 cm. Zeichne das Schrägbild und das Zweitafelbild. Vergiss nicht, alle Eckpunkte zu bezeichnen.

6 Stelle das Zweitafelbild der Prismen dar. Entnimm die Maße den Schrägbildern. (Maße in cm.)

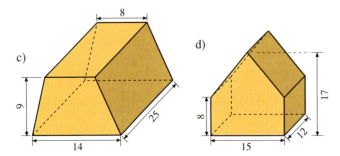

7 Das Prisma ist 6 cm hoch. Zeichne das Schrägbild mit der angegebenen Grundfläche.

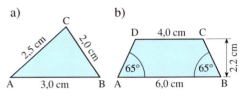

8 Konstruiere das Zweitafelbild des im Schrägbild dargestellten zusammengesetzten Körpers. Entnimm die Maße (in cm) der Zeichnung.

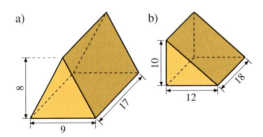

9

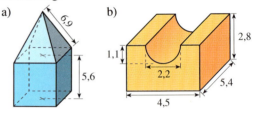

Von zwei geometrischen Körpern wurde jeweils ein Zweitafelbild gezeichnet.
a) Benenne und beschreibe die Körper.
b) Zeichne die Schrägbilder der Körper. Entnimm dazu die Maße der Zeichnung und zeichne in doppelter Größe.

10 Zwei gleich große quadratische Pyramiden sind mit ihren Grundflächen zusammengeklebt.
Zeichne das Schrägbild dieser Doppelpyramide mit der Grundkantenlänge 4 cm und der Gesamthöhe 7 cm.

26 Körperberechnungen

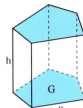

Volumen, Mantelfläche und Oberfläche
Prisma: $V = G \cdot h$ $M = u \cdot h$ $O = 2 \cdot G + M$
Zylinder: $V = \pi r^2 h$ $M = 2\pi r h$ $O = 2\pi r(r + h)$
            bzw. $O = 2\pi r^2 + 2\pi r h$
Kugel: $V = \frac{4}{3}\pi r^3 = \frac{1}{6}\pi d^3$ $O = 4\pi r^2 = \pi d^2$

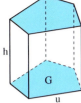

1
Berechne die Kantenlänge des Würfels.
a) $O = 937,5$ cm²   b) $O = 2500$ mm²
c) $V = 614,1$ cm³   d) $V = 1,8$ m³

2
Berechne die fehlende Kantenlänge des Quaders.
a) $V = 4000$ cm³; $a = 12$ cm; $b = 18$ cm
b) $V = 256,5$ dm³; $a = 6$ dm; $c = 45$ dm
c) $O = 350,5$ m²; $b = 9,0$ m; $c = 11,5$ m

3
Drei der Größen u, h, G, M, O, V eines Prismas sind gegeben. Berechne die fehlenden.
a) $u = 20$ dm; $G = 5,8$ m²; $V = 8,7$ m³
b) $h = 35$ mm; $G = 12$ cm²; $O = 94$ cm²
c) $h = 25$ cm; $M = 18$ dm²; $V = 10$ l

4
a) Von einem Prisma mit einem gleichseitigen Dreieck als Grundfläche sind $a = 35,0$ cm und $V = 20,0$ dm³ gegeben. Berechne O.
b) Von einem Prisma mit einem regelmäßigen Sechseck als Grundfläche sind $a = 12,0$ cm und $h = 28,0$ cm gegeben. Berechne O und V.

5
Gib die Oberfläche und das Volumen des Prismas in Abhängigkeit von a an.

6
Berechne Mantelfläche, Oberfläche und Volumen des Zylinders.
a) $r = 5,4$ cm   b) $d = 1,7$ m
   $h = 10,2$ cm $h = 8,9$ dm

7
Berechne den Radius des Zylinders.
a) $M = 7,25$ m²; $h = 1,20$ m
b) $O = 596,9$ cm²; $M = 29,8$ cm²
c) $V = 385$ cm³; $M = 140$ cm²

⑧
Ein Stahlrohr ist 4,20 m lang. Sein Außendurchmesser beträgt 16,2 cm, die Wandstärke 12 mm.
a) Berechne die gesamte Oberfläche.
b) Wie viel wiegt das Rohr, wenn 1 dm³ Stahl 7,85 kg schwer ist?

9
a) Berechne r und V einer Kugel mit der Oberfläche $O = 100$ dm².
b) Berechne r und O einer Kugel mit dem Volumen $V = 100$ l.

10
Auf das Wievielfache vergrößern sich jeweils Oberfläche und Volumen einer Kugel, wenn ihr Radius verdreifacht wird?

11
Stelle für die Drehkörper Formeln für V und O in Abhängigkeit von a auf.

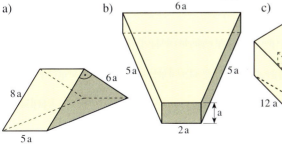

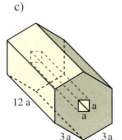

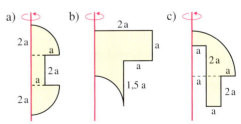

Körperberechnungen

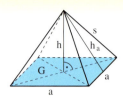
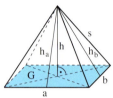
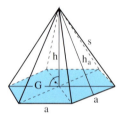
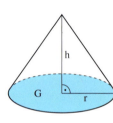

Volumen, Mantelfläche und Oberfläche

$V = \frac{1}{3} \cdot G \cdot h \qquad O = G + M$

quadratische Pyramide: $\quad G = a^2 \qquad V = \frac{1}{3} a^2 \cdot h \qquad M = 4 \cdot \frac{a \cdot h_a}{2}$

rechteckige Pyramide: $\quad G = a \cdot b \qquad V = \frac{1}{3} \cdot ab \cdot h \qquad M = 2 \cdot \frac{a \cdot h_a}{2} + 2 \cdot \frac{b \cdot h_b}{2}$

Kegel: $\qquad\qquad\qquad G = \pi r^2 \qquad V = \frac{1}{3} \cdot \pi \cdot r^2 \cdot h \qquad M = \pi \cdot r \cdot s$

12
Berechne Mantel, Oberfläche und Volumen einer quadratischen Pyramide.
a) $a = 10$ cm; $h_a = 6$ cm
b) $a = 2$ dm; $h = 3$ dm
c) $h = 5$ cm; $h_a = 6$ cm

13
Berechne Mantel, Oberfläche und Volumen einer rechteckigen Pyramide.
a) $a = 5$ cm; $b = 3$ cm; $h = 10$ cm
b) $a = 3$ m; $b = 2$ m; $h_a = 4$ m
c) $a = 4$ dm; $b = 3$ dm; $h_b = 7$ dm
d) $a = 8$ cm; $h_a = 10$ cm; $h = 9$ cm

14
Wenn man in einem gleichseitigen Dreieck von allen drei Seiten die Mittelpunkte miteinander verbindet, erhält man das Netz einer ganz besonderen dreiseitigen Pyramide, eines regelmäßigen Tetraeders. Die Mantelfläche beträgt 33 dm².
Wie groß ist die Oberfläche und wie lang sind alle Kanten?

15
Wenn man zwei quadratische Pyramiden, deren Grundkanten a gleich den Seitenkanten s sind, mit den Grundflächen aneinandersetzt, entsteht ein regelmäßiger Achtflächner, ein Oktaeder. Berechne bei $a = s = 10$ cm die Körperhöhe h der einzelnen Pyramiden und alle Raumdiagonalen im Gesamtkörper, sein Gesamtvolumen und die Oberfläche.

16
Eine gerade und regelmäßige sechsseitige Pyramide hat eine Grundkante $q = 3$ m und eine Körperhöhe $h = 5$ m. Berechne h_a, s, G, M, O und V.

17
a) Ein gleichseitiges Dreieck mit der Seitenlänge 7,5 cm ist Parallelschnittfläche einer quadratischen Pyramide.
Berechne Volumen und Oberfläche der Pyramide.
b) Ein rechtwinklig gleichschenkliges Dreieck mit der Hypotenusenlänge 12,4 cm ist Diagonalschnittfläche einer quadratischen Pyramide.
Berechne deren Oberfläche und Volumen.
c) Ein gleichschenkliges Dreieck mit der Schenkellänge 17,8 cm und der Basis 9,2 cm ist Seitenfläche einer quadratischen Pyramide.
Wie groß sind O und V?

18
Berechne Volumen, Mantel und Oberfläche des Kegels.
a) $r = 3$ cm; $h = 5$ cm
b) $d = 4$ dm; $s = 6$ dm
c) $h = 5$ m; $\;s = 7$ m
d) $d = 3$ dm; $h = 4$ dm
e) $r = 4$ cm; $s = 5$ cm

19
Berechne h und s vom Kegel.
a) $M = 500$ dm²; $r = 10$ dm
b) $O = 400$ m²; $\;r = 5$ m
c) $V = 300$ cm³; $r = 8$ cm
d) $M = 350$ cm²; $d = 14$ cm
e) $O = 650$ dm²; $d = 18$ dm
f) $V = 800$ m³; $\;d = 26$ m

20
Berechne das Volumen der Pyramide mit dreieckiger Grundfläche.
a) $a = 6{,}0$ cm; $h_a = 8{,}0$ cm; $h = 28{,}0$ cm
b) $c = 1{,}22$ m; $h_c = 7{,}92$ m; $h = 3{,}50$ m
c) $a = b = c$, $h = 2a$

Körperberechnungen

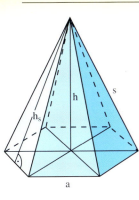

21
Gegeben ist eine regelmäßige sechsseitige Pyramide:
 Grundkante a = 25,8 cm
 Seitenkante s = 42,3 cm
Berechne die Körperhöhe h und das Volumen V der Pyramide.

22
Von einer regelmäßigen sechsseitigen Pyramide sind gegeben:
 Seitenhöhe h_s = 11,8 cm
 Mantelfläche M = 265,5 cm²
Berechne die Grundkante a und die Oberfläche der Pyramide.

23
Ein Kegel ist gegeben:
 Grundkreisradius r = 3,5 cm
 Körperhöhe h = 8,1 cm
Berechne die Oberfläche des Kegels.

24
Der Flächeninhalt eines pyramidenförmigen Daches über einer qudratischen Grundfläche beträgt 12,50 m². Die Grundkante ist 1,50 m lang.
Berechne die Höhe des Daches und die Dachneigung (Winkel zwischen Grundfläche und Seitenfläche der Pyramide).

25
In einer Fußgängerzone errichtet eine Kommune sechs runde Plakatsäulen, deren Werbeflächen vermietet werden. Die Skizze links zeigt die Schnittdarstellung einer solchen Säule.
a) Die kegelförmigen Dächer sind auf ihrer Oberseite mit Blech abgedeckt. Berechne den Gesamtbedarf an Blech für die sechs Dächer, wenn mit 9 % Zugabe gerechnet werden muss.
b) Der zylinderförmige Teil jeder Plakatsäule wird als Werbefläche genutzt. Die Kommune vermietet die gesamte Werbefläche zum Preis von 9,50 € pro Quadratmeter je Woche.
Ermittle die Mieteinnahmen für ein Jahr (52 Wochen).

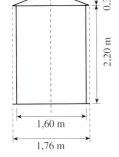

26
Das Dach eines Kirchturmes hat die Form einer regelmäßigen Sechseckpyramide. Zur Erneuerung der Kupferabdeckung werden die Grundkante a = 2,45 m und die Seitenkante s = 6,80 m gemessen.
Wie teuer ist das Material, wenn mit 10 % Verschnitt zu rechnen ist und wenn 1 m² Kupferblech 78 € kostet?

27
Ein Kegel und ein Zylinder haben dasselbe Volumen. Vom Kegel sind Grundkreisradius r = 6,8 cm und Mantellinie s = 9,5 cm bekannt. Die Höhe des Zylinders beträgt 5,5 cm.
Wie groß ist sein Grundkreisradius?

28
Das Volumen eines 15,8 cm hohen Kegels beträgt 278 cm³.
Berechne den Grundkreisradius und die Oberfläche des Kegels.

29
Von einem Kegel sind gegeben:
 Mantellinie s = 48,5 cm
 Mantelfläche M = 1 859 cm²
Berechne den Grundkreisradius r und den Winkel α zwischen Körperhöhe und Mantellinie.

30
Ein Förderband schüttet in einer Ecke eines quaderförmigen Lagerraumes Kokskohle auf. Wie viel Tonnen Kohle sind vorhanden, wenn der Schüttkegel 2,1 m hoch reicht und am Boden 4,5 m weit ausstreicht? (1 dm³ geschütteter Koks wiegt 1,2 kg).

31
Berechne das Volumen und die Oberfläche des zusammengesetzten Körpers.

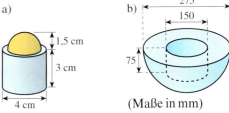

(Maße in mm)

27 Beweise

Will man zeigen, dass eine mathematische Aussage wahr ist, muss man sie beweisen. Der Beweis eines Satzes erfolgt dadurch, dass man, von geeigneten wahren Aussagen (den **Voraussetzungen**) ausgehend, durch **logische Schlüsse** zur **Behauptung** gelangt.

Beispiel für einen **geometrischen Beweis**:

Beweise: Wenn $\overline{AB}$ und $\overline{CD}$ gleich lange Sehnen eines Kreises k um M sind, so sind die Dreiecke ABM und CDM kongruent.

Beweisfigur

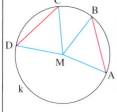

Voraussetzungen: A, B, C und D liegen auf k
$\overline{AB} = \overline{CD}$

Behauptung: Dreieck ABM ≅ Dreieck CDM

Beweis:

	Feststellungen	Begründungen
(1)	$\overline{AB} = \overline{CD}$	nach Voraussetzung
(2)	$\overline{AM} = \overline{CM}$	Radien von k, also gleich lang
(3)	$\overline{BM} = \overline{DM}$	Radien von k, also gleich lang

Aus (1), (2) und (3) folgt:
Dreieck ABM ≅ Dreieck CDM | Kongruenzsatz (sss)

Beispiel für einen **arithmetischen Beweis**:

Beweise: Wenn von drei aufeinander folgenden natürlichen Zahlen die kleinste Zahl gerade ist, so ist das Produkt dieser Zahlen durch 4 teilbar.

Vorüberlegung:
Jede gerade natürliche Zahl lässt sich in der Form $2 \cdot n$ ($n \in \mathbb{N}$) darstellen.

Voraussetzungen: $2n, 2n+1, 2n+2$ sind aufeinanderfolgende natürliche Zahlen
$2n$ ist eine gerade Zahl ($n \in \mathbb{N}$)

Behauptung: $4 | 2n \cdot (2n+1) \cdot (2n+2)$

Beweis:

Feststellungen	Begründungen
$2n \cdot (2n+1) \cdot (2n+2)$	Produkt der vorausgesetzten Zahlen
$= 2n \cdot (2n+1) \cdot 2 \cdot (n+1)$	Ausklammern des Faktors 2
$= 2 \cdot 2 \cdot n \cdot (2n+1) \cdot (n+1)$	Kommutativgesetz

Wegen $2 \cdot 2 = 4$ folgt, dass das Produkt den Faktor 4 enthält, also durch 4 teilbar ist.

1
Gegeben sei ein Kreis mit dem Mittelpunkt M.
Ein Punkt A dieses Kreises sei Endpunkt zweier gleichlanger Sehnen $\overline{AB}$ und $\overline{AC}$.
a) Zeichne eine entsprechende Planfigur.
b) Beweise unter Verwendung eines Kongruenzsatzes, dass die Dreiecke ABM und AMC kongruent sind.

2
Beweise:
Wenn $\overline{AB}$ und $\overline{CD}$ zwei Durchmesser eines Kreises um M sind, so sind die Dreiecke AMC und BMD kongruent zueinander.
(Gib den benutzten Kongruenzsatz an.)

3
Gegeben sei ein Kreis mit einer Sehne $\overline{AB}$, die nicht durch den Mittelpunkt des Kreises verläuft. Ferner seien $\overline{AC}$ und $\overline{BD}$ Durchmesser des Kreises.
a) Zeichne eine entsprechende Figur und trage die Strecken $\overline{AD}$ und $\overline{BC}$ ein.
b) Beweise, dass die Dreiecke ABC und ABD zueinander kongruent sind.

****
In einem Quadrat ABCD ist M der Mittelpunkt der Strecke $\overline{BC}$ und N der Mittelpunkt der Strecke $\overline{CD}$.
Beweise, dass die Dreiecke ABM und BCN zueinander kongruent sind.

156

Beweise

Will man beweisen, dass eine Aussage nicht stimmt, genügt es, ein **Gegenbeispiel** anzugeben.

Abb. 1

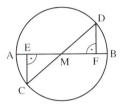

Abb. 2

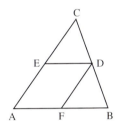

Abb. 3

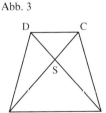

Abb. 4

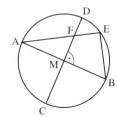

5
In einem gleichschenkligen Dreieck ABC sei $\overline{AC} = \overline{BC}$. Der Mittelpunkt der Seite $\overline{AC}$ sei D. Der Mittelpunkt der Seite $\overline{BD}$ sei E.
a) Zeichne die Figur. Benenne alle Punkte.
b) Zeichne das Lot von D auf $\overline{AB}$; der Fußpunkt sei F. Zeichne das Lot von E auf $\overline{AB}$; der Fußpunkt sei G.
c) Beweise unter Verwendung eines Kongruenzsatzes, dass die Dreiecke AFD und BGE zueinander kongruent sind.

6
Beweise, dass die in Abb. 1 dargestellten Dreiecke MFD und MEC kongruent sind.

7
Im Dreieck ABC sei D der Mittelpunkt der Strecke BC. Ferner gelte $\overline{ED} \parallel \overline{AB}$ und $\overline{FD} \parallel \overline{AD}$ (siehe Abb. 2).
Beweise unter Benutzung eines Kongruenzsatzes, dass die Dreiecke FBD und EDC zueinander kongruent sind.

8
Gegeben ist ein Trapez ABCD mit $\overline{AB} \parallel \overline{CD}$. Die Diagonalen schneiden einander im Punkt S (s. Abb. 3).
Beweise, dass die Dreiecke ABS und CDS einander ähnlich sind.

9
Gegeben ist ein rechtwinkliges Dreieck ABC mit $\sphericalangle ABC = 90°$.
a) Zeichne ein solches Dreieck.
b) Trage die Höhe h_b ein und bezeichne den Fußpunkt der Höhe mit D.
c) Beweise, dass die Dreiecke ABC und ABD einander ähnlich sind.

10
In einem Kreis sind $\overline{AB}$ und $\overline{CD}$ zwei Durchmesser, die aufeinander senkrecht stehen (s. Abb. 4).
a) Begründe, warum das Dreieck ABE rechtwinklig ist.
b) Beweise, dass die Dreiecke ABE und AMF einander ähnlich sind.

11
a) Gib unter Verwendung der Variablen n ($n \in \mathbb{N}$) drei aufeinanderfolgende natürliche Zahlen an, deren kleinste ungerade ist.
b) Beweise, dass die folgende Aussage wahr ist: Wenn die kleinste von drei aufeinanderfolgenden natürlichen Zahlen ungerade ist, so ist deren Summe durch 6 teilbar.
c) Zeige, dass die Summe von drei aufeinanderfolgenden Zahlen nicht immer durch 6 teilbar ist.

12
Beweise die folgenden Aussagen:
a) Die Summe von fünf beliebigen aufeinanderfolgenden natürlichen Zahlen ist stets durch 5 teilbar.
b) Wenn die kleinste von fünf beliebigen aufeinanderfolgenden natürlichen Zahlen gerade ist, dann ist die Summe auch durch 2 teilbar.

13
Vermindert man das Quadrat einer ungeraden natürlichen Zahl um 1, so ist diese Differenz stets durch 4 teilbar.
a) Wähle zu Beginn eine ungerade Zahl und zeige erst einmal, dass die Aussage für **diese** Zahl gilt.
b) Gib unter Verwendung von n ($n \in \mathbb{N}$) eine allgemeine Darstellung einer ungeraden natürlichen Zahl an.
c) Beweise, dass obenstehende Aussage für **jede** natürliche Zahl gültig ist.

14
Gegeben seien vier beliebige aufeinanderfolgende natürliche Zahlen.
a) Beweise, dass die Summe aus der ersten und der letzten Zahl stets gleich der Summe aus den beiden anderen Zahlen ist.
b) Es seien S_1 die Summe aus den Quadraten der ersten und der letzten Zahl und S_2 die Summe aus den Quadraten der beiden anderen Zahlen.
– Untersuche, ob S_1 gleich S_2 ist. Begründe das Ergebnis.
– Beweise, dass die Differenz $S_1 - S_2$ konstant ist.

28 Häufigkeiten und Mittelwerte

Die Anzahl, mit der bestimmte Ereignisse eintreten, heißt **absolute Häufigkeit**. Der Anteil bestimmter Ereignisse an der Gesamtheit heißt **relative Häufigkeit**.

$$\text{relative Häufigkeit} = \frac{\text{absolute Häufigkeit}}{\text{Gesamtzahl der Ergebnisse}}$$

Die Summe aller Werte geteilt durch die Anzahl der Werte wird als **Mittelwert** bezeichnet.
Für eine Rangliste kann ein Wert angegeben werden, der die Liste so aufteilt, dass mindestens eine Hälfte aller Ergebnisse einen Wert hat, der kleiner oder höchstens gleich diesem Wert ist. Ein solcher Wert heißt **Zentralwert**. In einer Stichprobe können einige Ergebnisse mehrfach auftreten. Das Ergebnis, das am häufigsten vorkommt, nennt man **Modalwert**.
In einem Ortsteil wird die Anzahl der Kinder pro Familie erfragt.

Kinderzahl	0	1	2	3	4	5	6	7
Anzahl der Familien	64	95	110	48	38	15	4	1

Die absolute Häufigkeit für Familien mit einem Kind beträgt 95. Die relative Häufigkeit dieses Ergebnisses ergibt sich aus
$\frac{95}{64+95+110+48+38+15+4+1} = 0{,}253$. Der Mittelwert beträgt $\frac{0 \cdot 64 + 1 \cdot 95 + 2 \cdot 110 + 3 \cdot 48 + 4 \cdot 38 + 5 \cdot 15 + 6 \cdot 4 + 1 \cdot 7}{375} = 1{,}912$.
In der Rangliste 0;0;...;0;1;...;1;2;...;2;3;...;3;4;...;4;5;...;5;6;...;6;7 sind 375 Werte erfasst. Der Zentralwert 2 kann aus dieser Rangliste ermittelt werden. Der Modalwert dieser Stichprobe beträgt 2, da 2 der am häufigsten vorkommende Wert ist.

1
In einer Lostrommel befinden sich 800 Lose. Von den insgesamt 150 Preisen sind 10 Hauptpreise und 100 Trostpreise. Berechne die relativen Häufigkeiten

2
Bei einer allgemeinen Verkehrskontrolle wurden nebenstehende Mängel registriert.
a) Bestimme für die einzelnen Mängel die relativen Häufigkeiten.
b) Zeichne dazu ein Rechteckdiagramm.
c) Wie viel Prozent der Mängel stellen die beiden Hauptmängel dar?

Mängel	Anzahl
Beleuchtung	24
Karosserie	3
Reifen	16
Warndreieck	4
Verbandskasten	5
ohne TÜV/AU	1
ohne Ausweis	2
sonstige Mängel	1

3
Zur Ermittlung der durchschnittlichen Fahrgastzahl im Berufsverkehr werden an sieben aufeinanderfolgenden Tagen morgens die Fahrgäste in einer Straßenbahn gezählt.

Tag	1	2	3	4	5	6	7
Anzahl	47	51	53	12	3	58	50

a) Wie groß ist die durchschnittliche Fahrgastzahl?
b) Bilde eine Rangliste und bestimme den Zentralwert. Vergleiche diesen Wert mit dem Ergebnis von a).

4
In einem Wissenstest wurden die unten aufgeführten Punktzahlen erreicht.
a) Stelle eine Rangliste auf.
b) Bestimme den Zentralwert.
c) Ermittle jeweils den Mittelwert für Jungen und Mädchen getrennt.

Agnes	23 •	Daniel	11 •	Markus	23 •
Anja	26 •	Helga	24 •	Monika	25 •
Andre	5 •	Holger	14 •	Nicole	12 •
August	11 •	Ignaz	19 •	Sandra	21 •
Beate	2 •	Ines	19 •	Theo	18 •
Birgit	6 •	Klaus	20 •	Tim	18 •
Conny	16 •	Karin	20 •	Volker	25 •

29 Wahrscheinlichkeit und Zufallsexperiment

Die Ausgänge eines Zufallsexperimentes bezeichnet man als **Ergebnisse**. Alle Ergebnisse bilden die **Ergebnismenge S**. Jede beliebige Zusammenfassung der Ergebnisse beschreibt ein **Ereignis** des Zufallsexperiments. Mehrstufige Zufallsexperimente lassen sich gut durch **Baumdiagramme** veranschaulichen. Zur Berechnung der Wahrscheinlichkeit eines Ereignisses gelten die folgenden Pfadregeln:

1. Pfadregel: Die Wahrscheinlichkeit eines Ergebnisses ist gleich dem Produkt der Wahrscheinlichkeiten längs des zugehörigen Pfades im Baumdiagramm.

2. Pfadregel: Die Wahrscheinlichkeit eines Ereignisses ist gleich der Summe der Wahrscheinlichkeiten der zu diesem Ereignis gehörenden Pfade im Baumdiagramm.

Eine Münze wird dreimal geworfen. Als Ergebnisse interessieren die Ausgänge „**Kopf**" oder „**Zahl**". Die Ergebnismenge S = {KKK;KKZ;KZK;ZKK;**KZZ**;**ZKZ**;**ZZK**;ZZZ} hat 8 Elemente.
Die Wahrscheinlichkeit des Ereignisses A: „Es wird genau einmal Kopf geworfen" ergibt sich aus

$$P(A) = \frac{\text{Anzahl der günstigen Ergebnisse}}{\text{Gesamtzahl der Ergebnisse}} = \frac{3}{8}$$

1
Zwei Würfel werden geworfen. Das beobachtende Merkmal ist die Augenzahl. Das Eintreten des jeweiligen Ergebnisses wird als gleichwahrscheinlich angenommen.
a) Wie viel Ergebnisse hat die Ergebnismenge?
b) Berechne die Wahrscheinlichkeiten folgender Ereignisse:
  A: Der erste Würfel zeigt eine „Eins" und der zweite Würfel zeigt eine „Sechs".
  B: Beide Würfel zeigen die gleiche Zahl.
  C: Die Summe der Augenzahlen beider Würfel ist größer als 10.
c) Wie viel Ereignisse „beide Würfel zeigen eine Sechs" sind bei 720 Versuchen zu erwarten?

2
In einer Urne befinden sich 3 rote, 4 gelbe und 3 blaue Kugeln. Es werden nacheinander drei Kugeln gezogen und deren Farbe festgestellt.
a) Zeichne das dazugehörige Baumdiagramm und gib die Ergebnismenge S an.
b) Berechne die Wahrscheinlichkeiten folgender Ereignisse:
  R: Alle Kugeln sind rot.
  G: Alle Kugeln haben die gleiche Farbe.
  V: Jede Kugel hat eine andere Farbe.
  N: Keine Kugel ist rot (verwende die Wahrscheinlichkeit des Ereignisses R).

3
Ein Kartenspiel besteht aus 10 Karten. Die Farbe einer Karte kann **r**ot oder **s**chwarz sein.
Ein Zufallsexperiment ergab folgende Ergebnismenge:
S = {(s);(r,s);(r,r,s);(r,r,r,s);(r,r,r,r,s)}
a) Beschreibe ein Zufallsexperiment, das diese Ergebnismenge besitzt.
b) Wie viele Karten sind rot?
c) Berechne die Wahrscheinlichkeiten für die Ergebnisse (r) und (r,s).

4
In eine Klasse sollen sich die 28 Schüler entscheiden, welcher der drei angegebenen Freizeitmöglichkeiten sie am liebsten nachgehen.

Schüler	Lesen	Fernsehen	Sport
männlich	3	7	5
weiblich	6	5	2

Eine Person wird zufällig ausgewählt. Wie groß ist die Wahrscheinlichkeit dafür, dass
a) es ein Mädchen ist, welches gern liest?
b) es ein für den Sport begeisterter Junge ist?
c) es ein Junge, aber kein Fernsehfan ist?
d) es ein Mädchen ist, das nicht gern Sport treibt?
e) es jemand ist, der nicht am liebsten fernsieht?

Die 10. Klassen der Leibniz-Mittelschule haben im Rahmen der Projekttage die Aufgabe, verschiedene Probleme des ruhenden und bewegten Verkehr mithilfe statistischer Methoden zu untersuchen.

Die Klasse 10 a erhält die Aufgabe, einen Vorschlag zur Neugestaltung des Schulhofes zu erstellen.
Zunächst einigt man sich über die Vorgehensweise und will mit einer Befragung der Schüler beginnen. Schwerpunkte dieser Befragung sind die Parkordnung, die Ausgestaltung des Schulhofes mit Grünanlagen und das Errichten von Freizeitstätten. Müssen alle Schüler der Schule befragt werden?

Da eine Befragung der gesamten Schülerschaft recht aufwendig ist, soll eine **repräsentative Stichprobe** Auskunft geben. Eine repräsentative Stichprobe stellt ein verkleinertes Abbild der Gesamtheit dar. Zum Beispiel sollte der Anteil an Mädchen und Jungen in der Stichprobe genauso groß sein wie in der Schülerschaft der Schule. Man erhält eine genauere Aussage aus der Stichprobe, wenn mehrere Merkmale (z. B. zusätzlich die Altersstufe) berücksichtigt werden.

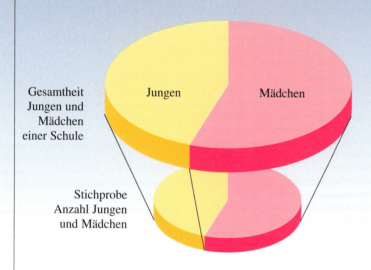

▲ Ermittle die fehlenden Werte in der Statistik.

▲ Berechne den prozentualen Anteil der Mädchen und Jungen je Altersstufe.

▲ Stelle den Anteil der Schüler je Altersstufe in einem Kreisdiagramm dar.

Aus der Statistik der Schule wurden folgende Daten entnommen:

Geschlecht	Altersstufe I Klassen 5 und 6	Altersstufe II Klassen 7 und 8	Altersstufe III Klassen 9 und 10	Summe
männlich	94	129	93	316
weiblich	105	131	111	347
Summe	199	260	204	663
%M	52,8	50,4	54,4	52,3
%J	47,2	49,6	45,6	47,9

PLÄTZE

Es sollen 80 Schüler der Schule so ausgewählt werden, dass sowohl das Geschlecht als auch die Altersstufe anteilig mit der Gesamtheit übereinstimmen.
Für die Altersstufe I ergibt sich:

$\frac{199}{663}$ von 80, davon $\frac{105}{199}$ Mädchen sind auszuwählen. Beachte, dass eventuell gerundet werden muss.

▸ Berechne für jede Altersstufe die Anzahl der zu befragenden Schüler und ermittle jeweils, wie viele Mädchen und Jungen auszuwählen sind.

▸ Stelle die Aufteilungen in einer geeigneten Form dar.

▸ Welche Probleme ergeben sich, wenn der Stichprobenumfang sehr klein bzw. sehr groß gewählt wird?

▸ Wie kann man erreichen, dass jeder Schüler die gleiche Chance hat, ausgewählt zu werden?

▸ Wie viele Fahrrad- und Mopedstellplätze sind aufgrund der Ergebnisse der Stichprobe für die Schule zu erwarten?

▸ Wie könnt sich der weitere Verlauf der Auswertung der Stichprobe gestalten?

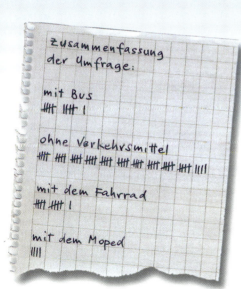

Anregung für weitere Projekte

Untersucht die Benutzung des Parkplatzes durch die Lehrerschaft.

Ermittelt mithilfe einer repräsentativen Umfrage das Medienverhalten der Schüler. Überlegt, nach welchen Merkmalen die Stichprobe aufgestellt werden soll und welche Interessen dabei zu erfassen sind.

Führt eine Umfrage zum Leseverhalten der Schüler durch. Geht davon aus, dass die Schulbibliothek neu ausgestaltet werden soll.

AUTOBAHN

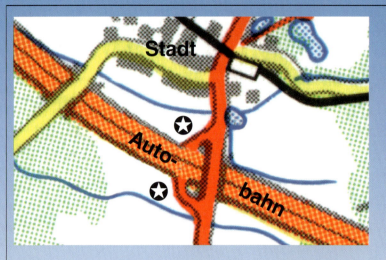

Sehr viele Transportaufgaben werden heute noch über das Straßennetz bewältigt. Besonders belastet sind dabei Autobahnen und Bundesstraßen. Orte, die unmittelbar an solchen Verkehrsadern liegen, müssen die erhöhte Verkehrsdichte und die Staugefahr bei der städtischen Planung des Verkehrsnetzes berücksichtigen. Eine Schülergruppe untersucht die Belastung des Verkehrs einer Stadt durch eine nahegelegene Autobahnabfahrt.

 Zählstelle

Uhrzeit	PKW				LKW/Lastzüge			
	0	1	2	3	0	1	2	3
7.00 – 8.00	139	68	62	54	9	7	5	8
8.00 – 9.00	79	45	43	30	12	10	6	9
9.00 – 10.00	70	38	38	34	16	14	8	10
10.00 – 11.00	57	41	40	27	18	13	12	14
11.00 – 12.00	72	41	37	37	13	9	12	10

Zuordnung der Kennzeichen:	
	Entfernungsklasse
Landkreis der Stadt	0
Angrenzende Landkreise	1
Landkreis bis 125 km	2
Landkreise über 125 km	3

Hinweise für eigene Untersuchungen

1. Erfasst an den beiden Zählstellen den Zulassungskreis des Fahrzeuges. (Notiert die dazu notwendigen Buchstaben des Kennzeichens).

2. Ordnet dem Zulassungskreis die entsprechende Entfernungsklasse zu.

3. Bewertet die Ergebnisse eurer statistischen Erhebung.

▸ Ermittelt aus den Werten der obenstehenden Tabelle die relativen Häufigkeiten für die einzelnen Entfernungsklassen für PKW je Stunde.

▸ Bestimmt die relativen Häufigkeiten auch für die anderen Zeitintervalle und für die Fahrzeugklasse der LKW.

▸ Wie viele PKW (LKW) kommen prozentual im Zeitraum von 7.00 Uhr bis 12.00 Uhr aus der Entfernungsklasse 0 (1, 2 oder 3)? Kann man dafür einfach das arithmetische Mittel der einzelnen relativen Häufigkeiten bilden?

▸ Eine andere Stadt in ähnlicher Situation möchte die prozentuale Verteilung der Fahrzeuge je Entfernungsklasse nutzen und eine Simulation durchführen. Überlege, wie man mithilfe eines Urnenmodells eine solche Situation nachgestalten kann.

VERKEHRSSTRÖME

Eine stark befahrene Straße soll saniert werden. Mithilfe von Verkehrsstromuntersuchungen will das Bauamt entscheiden, ob eine Verbreiterung der Straße notwendig wird. Ein Teil der Schüler möchte die Stadt unterstützen und durch eine statistische Erhebung Material zur Beurteilung bereitstellen. Die zu sanierende Straße ist Zubringer zur Autobahn und mündet auf eine Hauptstraße im Stadtzentrum.

⭐ Zählstelle

Es werden sechs verschiedene Richtungen erfasst.

AC bedeutet:
  Ein Fahrzeug kommt von der Hauptstraße und biegt links ab.
Dagegen bedeutet **CA**:
  Ein Fahrzeug kommt vom Zubringer und will nach rechts auf die Hauptstraße abbiegen.

Uhrzeit	Richtungen					
	AB	**AC**	**CA**	**CB**	**BA**	**BC**
6.00 – 6.30	411	159	128	120	79	41
6.30 – 7.00	337	155	158	127	62	38
7.00 – 7.30	264	151	147	105	49	33
7.30 – 8.00	382	147	104	89	42	29
8.00 – 8.30	351	111	78	73	34	19
8.30 – 9.00	334	136	110	91	41	24
9.00 – 9.30	329	112	118	88	49	20
9.30 – 10.00	325	104	107	72	35	14

▸ Wie viele Fahrzeuge fahren in der Zeit von 6.00 Uhr bis 7.00 Uhr in Richtung Autobahn?

▸ Ermittle die durchschnittliche Anzahl der Fahrzeuge je Stunde, die aus Richtung C kommen, die links abbiegen und die die Fahrtrichtung nicht ändern.

▸ Wie viele Fahrzeuge wird ein Schüler an der Zählstelle in der Zeit von 6.00 Uhr bis 7.00 Uhr ungefähr ermitteln?

▸ Stelle die Anzahl der Fahrzeuge pro halbe Stunde in einem geeigneten Diagramm grafisch dar.

▸ Bewerte das Diagramm.

Anregungen für eigene Projekte

Untersucht das Verkehrsverhalten an ampelgeregelten Kreuzungen. Welche Gesichtspunkte sind dabei interessant?

Informiert euch beim Bürgermeister über Verkehrsprobleme eures Ortes.

Sucht eine nicht zu große Kreuzung aus, um selbst eine Erhebung durchzuführen.

WITTERUNGSEINFLÜSSE

In den Wintermonaten wurde ein häufiges Zuspätkommen von Fahrschülern beobachtet. Schlechte Sichtverhältnisse und starker Schneefall beeinträchtigen die Geschwindigkeit der Fahrzeuge erheblich. Die Klasse 10 b stellte sich die Aufgabe, die Verkehrsdichte der zum Wohngebiet führenden Hauptstraße statistisch zu erfassen. Die Schüler ermittelten an einem Februartag die Anzahl der Kräder, PKW und LKW einschließlich Bussen in beiden Richtungen.

★ Zählstelle

Uhrzeit	Krad		PKW		LKW	
	A	B	A	B	A	B
6.00 – 7.00	15	44	391	704	36	36
7.00 – 8.00	18	28	354	508	30	27
8.00 – 9.00	10	20	274	404	48	39
9.00 – 10.00	11	27	302	387	63	50
10.00 – 11.00	20	8	291	322	51	45
11.00 – 12.00	8	19	284	292	39	58
12.00 – 13.00	4	5	256	361	28	35
13.00 – 14.00	7	13	192	256	25	34

▲ Übertragt die nebenstehende Abbildung und ergänzt die absoluten Häufigkeiten für beide Richtungen für PKW.

▲ Stellt auch für die beiden anderen Fahrzeugklassen ein solches Diagramm auf.

▲ Zu welchen Zeiten ist die Verkehrsdichte an der Zählstelle für PKW, Krad und LKW in beiden Richtungen am größten? Welche Schlussfolgerungen ergeben sich für die Aufgabenstellung der 10. Klasse?

▲ Frank und Dirk zählten in den Winterferien auf dem Weg von der Stadt zum Wohngebiet alle entgegenkommenden Fahrzeuge. Frank lief in der Zeit von 7.30 -7.40 Uhr und zählte 121 Fahrzeuge; Dirk war von 10.20 -10.32 Uhr unterwegs und ermittelte 78 Fahrzeuge. Begründe durch Berechnung, warum Franks Angaben nicht sehr wahrscheinlich sind.

Anregungen für weitere Projekte

Führt eine ähnliche Verkehrszählung durch, indem ihr eine geeignete Straße auswählt.

Wie könnte man das Stauverhalten an Kreuzungen untersuchen? Überlegt, welche Merkmale in der statistischen Erhebung erfasst werden müssen.

Lösungen

Rückspiegel, Seite 32

1
a) $(-2)^4 = 16$ b) $(\frac{2}{3})^3 = \frac{8}{27}$
c) $(\sqrt{3})^4 = 9$

2
a) $7 \cdot 10^4$ b) $9{,}5 \cdot 10^6$ c) $1{,}084 \cdot 10^7$
d) $3{,}0751 \cdot 10^8$

3
a) $5 \cdot 10^{-5}$ b) $7{,}84 \cdot 10^{-6}$ c) $9{,}082 \cdot 10^{-4}$
d) $-4{,}107 \cdot 10^{-4}$

4
a) $\sqrt[6]{a^5}$ b) $\sqrt[6]{a}$ c) $\sqrt[12]{a^{13}} = a \cdot \sqrt[12]{a}$
d) $\frac{1}{\sqrt[12]{a^5}}$ e) $\sqrt[6]{a}$ f) $\sqrt[3]{a^2}$

5
a) $m \cdot \sqrt{m}$ b) $5 \cdot \sqrt{3}$ c) $2 \cdot \sqrt[3]{2}$
d) $7 \cdot \sqrt{2}$ e) $x \cdot \sqrt[4]{x^2}$ f) $4 \cdot \sqrt[3]{3}$

6
a) $5\sqrt{2}$
b) $-2\sqrt{2} + 4 \cdot \sqrt[3]{2}$
c) $-\sqrt{5} - 7\sqrt{11}$

7
a) 9   b) 3   c) 2   d) 5
e) 0,5   f) 2   g) 3   h) $0{,}8 \cdot \sqrt{10}$

8
a) $\frac{1}{2}$ b) $\frac{\sqrt{10}}{5}$ c) $\frac{1}{3}$ d) $\frac{1}{2}$ e) $\frac{1}{5}$

9
a) $12 - 6\sqrt{3} = 1{,}61$
b) $4 + \sqrt{8} - \sqrt{2} - 1 = 3 + \sqrt{2} = 4{,}41$
c) $50 + 40 = 90$
d) -1
e) $25\sqrt{6} + 10\sqrt{15} - 10\sqrt{2} - 20$
    $= 61{,}23 + 38{,}73 - 14{,}14 - 20$
    $= 65{,}82$

10

a	u	d
$\sqrt{10}$	$6\sqrt{10}$ cm	$10\sqrt{5}$ cm
$(12 + \sqrt{8})$ cm	$(72 + 6\sqrt{8})$ cm	$\approx 14{,}82$ cm
2,79 cm	16,73 cm	$(4 + \sqrt{5})$ cm

11
$a = 5\sqrt{3}$ m
$u = (10\sqrt{3} + 2\sqrt{2})$ m

12
a) $\frac{\sqrt{20} + 1}{\sqrt{20} - 1} \approx 1{,}58$ b) 19   c) 420
d) 19   e) $22 + 2\sqrt{20} \approx 28{,}94$
f) $2 - \frac{1}{\sqrt{5}} = 1{,}55$ g) $\sqrt{20} + 1 \approx 5{,}47$
h) $\sqrt{20} + 2 \approx 6{,}47$

13
a) $x = 0{,}5$ b) $2x + 1 = -1$, $x = -1$
c) $x = -1$ d) $x = 1$

Rückspiegel, Seite 52

1

	größter Funktionswert	kleinster Funktionswert
a)	$f(4) = 18$	$f(0) = 2$
b)	$f(1) = 8$	$f(-) = -8$
c)	$f(100) = 20$	$f(0) = 0$
d)	$f(10) = -0{,}1$	$f(0{,}1) = -10$

2
a) um dem Faktor 2 gestreckt
b) um den Faktor 0,4 gestaucht
c) an der x-Achse gespiegelt

3
a) zu $y = -x^2$
b) zu $y = -x^{-2}$
c) zu $y = -x^3$
d) zu $y = -x^{-1}$

4
a) $a = -\frac{1}{8}$
b) $a = -8$
c) $a = -\frac{1}{32}$
d) $a = -32$
e) $a = -1$
f) $= a = -\frac{1}{128}$

5

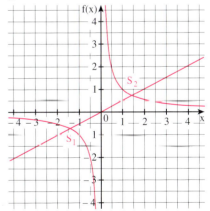

Schnittpunkte abgelesen:
$S_1(-1{,}4; -0{,}7)$
$S_2(1{,}4; 0{,}7)$

6
Die Graphen liegen symmetrisch zu der Winkelhalbierenden des 1. Quadranten.

Lösungen

7
a) (1) Mantelfläche: $M = 2\pi r^2$
   (2) Oberfläche: $O = 2\pi r(2r)$
   $= 4\pi r^2$
   (3) Volumen: $V = \pi r^3$

b)
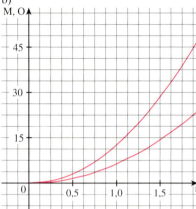

8
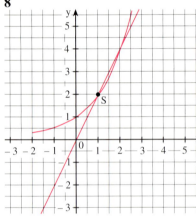

Schnittpunkt abgelesen: S(1;2)

9
a) 32 g   b) 256 g   c) 500 g   864 g

10

	Gewinn	Zahl der Mitarbeiter
Wachstumsrate	7,4 %	−16,3 %
Wachstumsfaktor	1,074	0,837

11
Anfangsbetrag: 15 000 €
Wachstumsrate: 20 %
Endbetrag: 18 031 €
Wachstumsfaktor: 1,2

12
a) (1) $v = 25 \frac{m}{s}$ $s = 31,25$ m
   (2) $v = 30 \frac{m}{s}$ $s = 45$ m
   (3) $v = 40$ $s = 80$ m
b) (1) $v = 90$ km/h
   (2) $v = 108$ km/h
   (3) $v = 144$ km/h

Rückspiegel, Seite 88

1
In jedem der 6 Dreiecke gibt es ein passendes Verhältnis. Beachte $\gamma_1 = \alpha$.
a) $\frac{BC}{AB}$, $\frac{EC}{DE}$, $\frac{GC}{AC}$, $\frac{FC}{DC}$, $\frac{BG}{BC}$, $\frac{EF}{EC}$
b) $\frac{GC}{BC}$, $\frac{FC}{EC}$, $\frac{AC}{AB}$, $\frac{DC}{DE}$, $\frac{AG}{AC}$, $\frac{DF}{DC}$
c) $\frac{AC}{BC}$, $\frac{DC}{EC}$, $\frac{GC}{GB}$, $\frac{FC}{FE}$, $\frac{AG}{GC}$, $\frac{DF}{FC}$

2
a) $a \approx 3,6$ cm, $b \approx 4,7$ cm
b) $c \approx 4,9$ cm, $b \approx 1,9$ cm
c) $a \approx 5,3$ cm, $c \approx 9,2$ cm

3
a) $\alpha \approx 52,3°$, $\beta \approx 37,7°$
b) $\alpha \approx 33,7°$, $\beta \approx 56,3°$

4
$b \approx 6,2$ cm, $c \approx 11,8$ cm, $d \approx 3,3$ cm
$f \approx 5,3$ cm, $g \approx 4,5$ cm, $h \approx 2,8$ cm
$e \approx 8,5$ cm, $i \approx 7,2$ cm

5
a) Das Trapez lässt sich in ein Rechteck und ein halbes gleichseitiges Dreieck zerlegen.
$u = (5 + \sqrt{3}) \cdot e$; $A = \frac{3}{2}\sqrt{3} \cdot e^2$

6
$e = \sqrt{a^2 + c^2} \approx 11,2$ cm
$d = \sqrt{a^2 + b^2 + c^2} \approx 12,7$ cm
$\sin \varepsilon = \frac{e}{d} = 0,88\ldots$
$\varepsilon \approx 61,9°$

7
a) $\beta \approx 75,0°$, $a \approx 4,8$ cm, $c \approx 7,8$ cm
b) $\beta \approx 38,4°$, $\gamma \approx 85,6°$, $c \approx 5,8$ cm

8
a) $a \approx 3,8$ cm   b) 4,5 cm

9
$A \approx 13,8$ cm²

10
$h \approx 5,3$ cm, $d \approx 5,6$ cm, $c \approx 4,3$ cm
$u \approx 29,7$ cm; $A \approx 43,2$ cm²

11

a) $\overline{FE} = \overline{IB} = \overline{CB} - \overline{CI}$
$= \overline{CB} - \overline{FC} \cdot \cos \gamma$
$\approx 23,4$ m

b) Höhe im Trapez EBCF:
$\overline{FI} = \overline{FC} \cdot \sin \gamma$
$\approx 33,9$ m
$A_1 = \frac{1}{2}(\overline{FE} + \overline{CB}) \cdot \overline{FI}$
≈ 934 m²

c) Das Viereck AEFD wird in das Trapez GEFD und das rechtwinklige Dreieck AGD zerlegt.

$A_{Trapez} = \frac{1}{2}(\overline{DG} + \overline{FE}) \cdot \overline{DK}$
Mit $\overline{DG} = \overline{HB} = \overline{CB} - \overline{CH}$
$= \overline{CB} - \overline{DC} \cdot \cos \gamma$
$\approx 16,6$ m
und $\overline{DK} = \overline{DF} \cdot \sin \gamma$
$\approx 27,4$ m
ergibt sich
$A_{Trapez} \approx 548$ m²
$A_{Dreieck} = \frac{1}{2}\overline{AG} \cdot \overline{DG}$
Mit $\overline{AG} = \overline{AB} - \overline{GB}$
$= \overline{AB} - \overline{DC} \cdot \sin \gamma$
$\approx 9,2$ m
ergibt sich
$A_{Dreieck} \approx 76$ m²
Damit: $A_2 \approx 624$ m²

Lösungen

Rückspiegel, Seite 108

1
a) 10° b) 58° c) 14°
d) 89° e) 90° f) 70°

2
a) $\frac{1}{2}\sqrt{2}$ b) $-\frac{1}{2}$ c) $\frac{1}{2}\sqrt{2}$
d) $-\frac{1}{2}$ e) $-\frac{1}{2}\sqrt{3}$ f) $-\frac{1}{2}\sqrt{3}$

3
a) 96° b) 200° c) 57° d) 69°

4
a) 13,3°; 166,7° b) 44,8°; 315,2°
c) 70,1°; 109,9° d) 100,4°; 259,6°
e) 328,7°; 211,3° f) 335,2°; 204,8°

5
a) | Rotorblatt | 1 | 2 | 3 |
   |---|---|---|---|
   | Winkel | 45° | 165° | 285° |
   | x in m | 5,66 | −7,73 | 2,07 |
   | y in m | 5,66 | 2,07 | −7,73 |

b) | Rotorblatt | 1 | 2 | 3 |
   |---|---|---|---|
   | Winkel | 175° | 295° | 55° |
   | x in m | −7,97 | 3,38 | 4,59 |
   | y in m | 0,70 | −7,25 | 6,55 |

6
Die Winkel sind
a) 270° und 360° b) 0° und 90°
c) 90° und 180° d) 180° und 270°
e) 45° und 225°
(einschließlich Grenzen)

7
a) 10° b) 70° c) 255°
Je eine weitere Lösung:
a) 170° b) 110° c) 285°

8
a) 60°, 120°, 420°, 480°
b) 150°, 210°, 510°, 570°

9
a) 30° b) 135° c) 120° d) 234°

10
a) $\frac{1}{4}\pi$ b) $\frac{1}{3}\pi$ c) $\frac{5}{6}\pi$ d) $\frac{7}{6}\pi$

11
a)
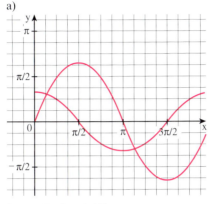

b) $\cos(0{,}72) = 0{,}75$ bzw.
$\cos(5{,}53) = 0{,}75$
$2 \cdot \sin(0{,}93) = 1{,}6$ bzw.
$2 \cdot \sin(2{,}21) = 1{,}6$
c) $x = 0{,}46$ oder $x = 3{,}61$

12
a) $A = 25 \cdot \sin\alpha$ cm²
b)
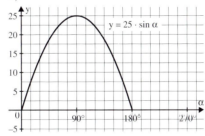

c) $\alpha = 90°$, $A_{max} = 25$ cm²
d) $\alpha_1 = 30°$ oder $\alpha_2 = 150°$

13
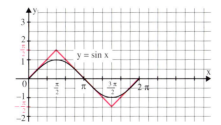

Mathematische Symbole und Bezeichnungen

=	gleich	g, h ...	Buchstaben für Geraden
<; >	kleiner als, größer als	A, B, ..., P, Q, ...	Buchstaben für Punkte
ℕ	Menge der natürlichen Zahlen	$\overline{AB}$	Streckpunkte mit den Endpunkten A und B
ℤ	Menge der ganzen Zahlen		
ℚ	Menge der rationalen Zahlen	A(2;4)	Gitterpunkt A mit der x-Koordinate 2 und der y-Koordinate 4
ℝ	Menge der reellen Zahlen		
$a^2; a^3$	Quadratzahlen; Kubikzahlen	S(Z;k)	zentrische Streckung mit Zentrum Z und Streckfaktor k
a^n	Potenz mit Basis a und Exponent n		
$5{,}92 \cdot 10^8$	scientific notation für 592 000 000	∢ ASB	Winkel mit dem Scheitel S und dem Punkt A auf dem ersten Schenkel und dem Punkt B auf dem zweiten Schenkel
$\sqrt{a}$	Quadratwurzel aus a		
$\sqrt[3]{a}; \sqrt[n]{a}$	Kubikwurzel aus a; n-te Wurzel aus a		
g ⊥ h; g; g ∥ h	die Geraden g und h sind zueinander senkrecht; parallel	α, β, γ ...	Bezeichnungen für Winkel
⌐	rechter Winkel (90°)	π	Kreiszahl, π = 3,14159 ...

Maßeinheiten und Umrechnungen

Einheiten der Länge

Beispiele:

1 m = 10 dm
1 dm = 10·10 mm
= 100 mm

Millimeter	Zentimeter	Dezimeter	Meter	(kein Name)	(kein Name)	Kilometer
1 mm	**1 cm**	**1 dm**	**1 m**	**10 m**	**100 m**	**1 km**

⟶ ·10 ⟶ ·10 ⟶ ·10 ⟶ ·10 ⟶ ·10 ⟶ ·10 ⟶

Einheiten des Flächeninhalts

$1\ m^2 = 100\ dm^2$
$1\ km^2 = 100 \cdot 100 \cdot 100\ m^2$
$= 1\,000\,000\ m^2$

Quadrat-millimeter	Quadrat-zentimeter	Quadrat-dezimeter	Quadrat-meter	Ar	Hektar	Quadrat-kilometer
1 mm²	**1 cm²**	**1 dm²**	**1 m²**	**1 a**	**1 ha**	**1 km²**

⟶ ·100 ⟶ ·100 ⟶ ·100 ⟶ ·100 ⟶ ·100 ⟶ ·100 ⟶

Einheiten des Rauminhalts (Volumen)

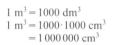

$1\ m^3 = 1000\ dm^3$
$1\ m^3 = 1000 \cdot 1000\ cm^3$
$= 1\,000\,000\ cm^3$

Kubik-millimeter	Kubik-zentimeter	Kubik-dezimeter	Kubik-meter	(kein Name)	(kein Name)	Kubik-kilometer
1 mm³	**1 cm³**	**1 dm³**	**1 m³**			**1 km³**
	1 Milliliter	1 Liter (1 ℓ)				

⟶ ·1000 ⟶ ·1000 ⟶ ·1000 ⟶ ·1000 ⟶ ·1000 ⟶ ·1000 ⟶

Gebräuchlich sind auch noch: 1 Hektoliter (hl) = 100 Liter, 1 Zentiliter (cl) = 10 cm³

Einheiten der Masse
(in der Umgangssprache oft als **Gewicht** bezeichnet)

1 kg = 1000 g

Milligramm	Gramm	Kilogramm	Tonne
1 mg	**1 g**	**1 kg**	**1 t**

⟶ ·1000 ⟶ ·1000 ⟶ ·1000 ⟶

Gebräuchlich ist auch noch: 1 Pfund = 500 g

Einheiten der Zeit

1 d = 24·60·60 s
= 86 400 s

Sekunde	Minute	Stunde	Tag	Jahr
1 s	**1 min**	**1 h**	**1 d**	**1 a**

⟶ ·60 ⟶ ·60 ⟶ ·24 ⟶ ·365* ⟶

*1 „Schaltjahr" hat 366 Tage; Geldinstitute rechnen mit 360 Tagen

---

Gebräuchliche Vorsilben:

milli = Tausendstel
(1 Millimeter = $\frac{1}{1000}$ Meter)

zenti = Hundertstel
(1 Zentimeter = $\frac{1}{100}$ Meter)

dezi = Zehntel
(1 Dezimeter = $\frac{1}{10}$ Meter)

kilo = Tausend
(1 Kilometer = 1000 Meter)

Register

Abnahme 41
–, exponentielle 45
Aufrisstafel 151
Ausklammern 18

Bogenmaß 101
Bruttolohn 122

Darlehen 127
Disagio 127
Distributivgesetz 18
Dreiecksberechnung 78
Dreisatz 114

Einheitskreis 90
Exponent 10
Exponentialfunktion 47

Flächeninhalt 112
Funktion
–, periodische 95
–, quadratische 136
–, lineare 132

Gleichung
–, quadratische 136
–, lineare 130
Grundrisstafel 151
Grundwert 115
–, vermehrter 116
–, verminderter 116

Häufigkeit
–, absolute 158
–, relative 158
Hyperbel 36

Jahreszinssatz 128

Kalkulation
-sschema 121
Kapital
–, Anfangs- 124
–, End- 124
Kathetensatz 146

Kosinus
-funktion 92, 142
-satz 76
Kreisdiagramm 117

Logarithmengesetz 26
Logarithmus 23
–, Zehner- 23

Mantelfläche 153
Maß
-einheit 110
-zahl 110
Masse 111
Mehrwehrtsteuer 120
Mittel
–, arithmetisches 27
–, geometrisches 27
Modalwert 158
monoton
–, wachsend 34
–, fallend 34

Nettolohn 122
Netz 151
Normalform 136

Oberfläche 153
Ordnungslinie 151

Periode 95
Periodizität 142
Polarkoordinate 60
Potenz 7, 8, 139
-faktor 116
-funktion 140
-gesetz 9
-rechnung 115
-satz 115
-streifen 117
-wert 115
potenzieren 14
Produktgleichheit 114

Quotientengleichheit 113

Rabatt 120
Ratensparen 126
Rissachse 151

Scheitelpunktsform 136
Schrägbild 151
Sinus
-funktion 92, 142
-satz 72
Skonto 120
Strahlensatz 144
Streifendiagramm 117

Tangensfunktion 99
Tilgung 127

Umkehrung 146
Ungleichung
–, lineare 131

Verfahren
–, Additions- 134
–, Einsetzungs- 134
–, Gleichsetzungs- 134
Vieleck 79
Viereck 79
Vierteleinheitskreis 56
Volumen 112, 153

Wachstum 41
–, exponentielles 45
-srate 43
-sfaktor 43
Wertevorrat 142
Winkelfunktion 38, 92, 142
Wurzelfunktion 141
Wurzelgesetz 22

Zins 127
-rechnen 123
Zinseszinsen 124
Zuordnung
–, proportionale 13
Zuwachssparen 125
Zweitafelbild 151